U0500355

通信领域
标准必要专利诉讼

解析

国家知识产权局专利局专利审查协作北京中心　组织编写

知识产权出版社
全国百佳图书出版单位
—北京—

图书在版编目（CIP）数据

通信领域标准必要专利诉讼热点问题解析/国家知识产权局专利局专利审查协作北京中心组织编写. —北京：知识产权出版社，2025.6. —ISBN 978 - 7 - 5130 - 9803 - 8

Ⅰ. D913.404

中国国家版本馆 CIP 数据核字第 2025NS9211 号

内容提要

本书聚焦通信领域标准必要专利诉讼热点问题，立足于国内外通信领域标准必要专利司法实践，深入剖析全球成熟的理论知识和司法判例，对 FRAND 原则、劫持和反劫持、禁令、费率、管辖、反垄断等问题进行重点解析，梳理总结各诉讼热点问题的背景、性质以及对策，可为本领域相关从业者学习、应对标准必要专利诉讼纠纷提供参考。

责任编辑：王祝兰　　　　　　　　　责任校对：王　岩

封面设计：杨杨工作室·张　冀　　　责任印制：刘译文

通信领域标准必要专利诉讼热点问题解析

国家知识产权局专利局专利审查协作北京中心◎组织编写

出版发行：知识产权出版社 有限责任公司	网　　址：http://www.ipph.cn
社　　址：北京市海淀区气象路 50 号院	邮　　编：100081
责编电话：010 - 82000860 转 8555	责编邮箱：wzl_ipph@163.com
发行电话：010 - 82000860 转 8101/8102	发行传真：010 - 82000893/82005070/82000270
印　　刷：三河市国英印务有限公司	经　　销：新华书店、各大网上书店及相关专业书店
开　　本：787mm×1092mm　1/16	印　　张：16.75
版　　次：2025 年 6 月第 1 版	印　　次：2025 年 6 月第 1 次印刷
字　　数：310 千字	定　　价：108.00 元

ISBN 978 - 7 - 5130 - 9803 - 8

本书编写组

刘庆峰　杨瑞丽　张　雪
熊金安　黄　菲　高　雁

—— 撰写分工 ——

第一章：黄　菲　张　雪

第二章：张　雪

第三章：高　雁

第四章：杨瑞丽

第五章：黄　菲

第六章：刘庆峰

第七章：熊金安

前　言

近 20 年来，我国通信技术及其协议标准和专利的发展异常迅猛。2G 时代，我国移动通信行业处于起步阶段，企业研发力量薄弱，没有能力参与协议标准的制定。3G 时代，我国移动通信企业的研发实力有了较大提高，所提出的 TD - SCDMA 作为 3G 标准之一被纳入国际通信协议标准。4G 时代，我国主导研发的 TD - LTE 协议标准成为全球通行的 4G 标准之一，广泛部署在全球很多国家，标志着我国在一定程度上在全球移动通信协议标准制定中占据了领导地位。目前的 5G 甚至 6G 时代，我国已经在移动通信技术上走在了世界的前列，各个企业都在深度参与 3GPP 协议标准的制定，标准必要专利成为目前我国移动通信企业核心竞争力的体现，持续获得大量专利特别是标准必要专利成为通信领域各大创新主体的一致追求。

随着标准必要专利的重要性凸显，通信领域标准必要专利诉讼越来越多，诉讼标的额也越来越高。从全球范围来看，通信领域的重大诉讼案例往往会涉及中国专利权人或实施主体，影响或制约着通信产业的发展，随之而来也产生了诸多像全球费率、禁令、管辖、反垄断等新问题。为了给通信领域的相关从业者提供有价值的参考借鉴信息，笔者开展相关研究并撰写了本书。

本书聚焦通信领域标准必要专利诉讼热点问题，立足于国内外通信领域标准必要专利司法实践，深入剖析全球成熟的理论知识和司法判例，对 FRAND 原则的性质、劫持和反劫持、禁令、费率、管辖、反垄断等问题进行重点解析，梳理总结各诉讼热点问题的背景、性质以及对策，以期给本领域相关从业者学习、应对标准必要专利诉讼纠纷提供参考。

目　录

第一章　标准与标准必要专利

一、标准

在科学技术突飞猛进的经济全球化时代，标准是人们日常生活中不可或缺的一部分，它不仅有助于加快技术创新，确保产品质量的一致性，还有助于提升市场推广的速度，消除贸易壁垒，加强全球经济的融合，推动社会的整体进步。特别是在通信领域，通信标准使得不同设备制造商设计和生产制造的设备可以互相兼容，互联互通，从而提高整个行业的效率。

（一）标准的定义

标准通常指的是一套规则或规范，它以科学技术和实践经验的结合成果为基础，经过深入探讨和研究，由主管机构批准，以特定形式发布作为共同遵守的准则。标准主要涉及技术规范、性能要求、测试方法、术语定义等内容，涵盖产品质量、安全、环保、健康等多个方面。《中华人民共和国标准化法》第 2 条规定：标准，是指农业、工业、服务业以及社会事业等领域需要统一的技术要求。在国际标准化组织（ISO）、国际电工委员会（IEC）、国际电信联盟（ITU）三大国际标准组织的定义中，标准是经协商一致，制定并由公认机构批准，共同使用和重复使用的一种规范性文件。

（二）标准的特性

标准具有诸多特性，这些特性影响了标准的制定、实施和应用。首先，标准通常由公认的权威机构制定，如国际标准化组织、国家标准化管理委员会等，这些权威机构赋予标准以强制力和公信力。标准的制定过程往往涉及多方利益相关者的参与和协商，以确保不同利益之间的平衡，因此，标准具有权威性和平衡性。其次，标准的制定建立在科学研究和技术发展的基础上，要确保其内容反映当前最佳实践和技术水平，而且适用于广泛的领域，解决实际问题，便于企业和其他组织实施和应用，因此，标准还具有科学性和实用性。最后，随着科学技术发展和市场需求的变化，标准也会不断更新和修订，以保持其时效性和相关性，因此，标准也具有动态性。

（三）标准的分类

标准可以根据不同的适用范围、不同的属性或不同的对象来进行分类。

1. 根据适用范围分类

根据适用范围的不同，标准可以分为国际标准、国家标准、行业标准和企业标准。

国际标准是由国际标准组织制定的，适用于全球范围内的产品、服务和系统。国际标准的制定通常有多个国家或地区的专家参与，因此具有很高的权威性和通用性。国际标准有助于促进国际贸易交流，提高产品质量和竞争力。例如，ISO 发布的各种标准在全球范围内被广泛应用。

国家标准是由国家标准化机构制定的，适用于全国范围内的产品、服务和系统。国家标准是保障国家安全、促进经济发展、提高人民生活水平的重要手段。国家标准通常涵盖了产品的性能、质量、安全和环保等方面的要求，是企业生产和产品销售的重要依据。例如，中国国家标准（GB 标准）在中国范围内被广泛应用。

行业标准是由特定行业的标准化组织制定的，适用于该行业内的产品、服务和系统。行业标准可以根据行业的特点和需求制定，推动行业的健康发展。行业标准通常涉及产品的设计、制造、检验、使用等方面的要求，是企业在行业内竞争的重要依据。例如，电信行业的标准规定了通信设备的技术要求和测试方法。

企业标准是由企业自行制定的，适用于该企业内部的产品、服务和系统。企业标准可以根据企业的战略、技术和市场需求制定，用以提升企业的竞争力和品牌形象。企业标准通常比国家标准和行业标准更为严格和具体，是企业追求卓越的重要体现。例如，苹果公司的标准明确规定了其产品设计规则。

2. 根据属性分类

根据属性的不同，标准可以分为强制性标准、推荐性标准。

强制性标准是国家或地区为了保障公共利益、安全、健康和环境保护等目的，通过法律法规的形式强制执行的标准。这类标准必须遵守，不遵守可能会受到法律制裁。

推荐性标准是由专业机构或行业协会制定，供企业自愿采纳的标准。这类标准通常涉及产品质量、工艺流程、服务水平等方面，主要提升行业整体的技术水平和服务质量。这类标准是推荐使用的，被广泛接受并应用于实际工作中。

强制性标准和推荐性标准各有侧重点，强制性标准更多关注公共安全和基本规范，推荐性标准则侧重于提升行业水平和市场竞争力，两者相辅相成，共同构成完整的标准体系，为社会经济的健康发展提供有力支撑。

3. 根据对象分类

根据标准所对应的对象的不同，标准可以分为技术标准、管理标准、工作标准。

技术标准主要涉及产品的技术参数、性能指标、测试方法、设计规范等方面。这类标准确保产品在技术层面的一致性和兼容性，是产品设计和制造过程中必须遵循的基准。

管理标准主要涉及组织的管理体系、流程控制、风险管理等方面。这类标准帮助组织建立高效的管理机制，提高运营效率和效果，如 ISO 9001 质量管理体系标准。

工作标准主要涉及在日常工作中，为了达到一定的工作质量和工作效率而制定的标准。这类标准涉及日常工作中的操作规程、工艺流程等方面的标准。

由此可见，技术标准、管理标准和工作标准分别从技术层面、管理层面和操作层面进行了规定，它们相互补充，共同构建了一个全面的标准体系。正确理解和运用这些标准对于保证产品质量、提高工作效率、推动科技进步都起着至关重要的作用。

（四）通信标准的发展

标准在通信领域尤其重要，通信标准定义了数据传输的格式、协议、错误检测与纠正方法等，为各种设备和系统能在共同的语言下进行通信提供了基础，其能确保不同设备之间的互操作性和互通性，降低通信系统的复杂性，提高通信的效率和可靠性。

通信标准的发展历程可以大致分为以下几个阶段。

1. 第一代移动通信技术（1G）

20 世纪 60 年代末至 70 年代，基于模拟技术的 1G 标准被制定，如美国的

AMPS（Advanced Mobile Phone System，先进移动电话系统）就是一种模拟蜂窝传输的800MHz频带的移动通信系统，这些系统的标准主要包括信号的传输方式和调制技术。

2. 第二代移动通信技术（2G）

20世纪80年代中期至90年代，2G标准被制定。典型的2G通信标准包括欧洲的GSM（Global System for Mobile Communications，全球移动通信系统）和美国的CDMA（Code Division Multiple Access，码分多址），二者属于典型的第二代移动通信标准，其所能提供的服务限于语音和简单的短消息服务。

3. 第三代移动通信技术（3G）

2000年前后，随着数据传输需求的增加，3G标准应运而生，其提供了更快的数据传输速率，使得移动互联网和视频通话成为可能。典型的3G通信标准包括：WCDMA（Wideband Code Division Multiple Access，宽带码分多址）、CDMA2000（Code Division Multiple Access 2000）和TD-SCDMA（Time Division-Synchronous Code Division Multiple，时分－同步码分多址），这些标准支持更高的数据传输速率和更广泛的移动互联网应用。

4. 第四代移动通信技术（4G）

21世纪初，随着智能手机的普及和移动互联网的发展，4G标准诞生并开始普及，标志着移动通信进入高速数据传输时代。LTE（Long-Term Evolution，长期演进）和WiMAX（Worldwide Interoperability for Microwave Access，全球微波接入互操作性）是4G时代的主要标准，提供了比3G更快的下载速度和上传速度。

5. 第五代移动通信技术（5G）

自2010年开始，5G通信标准逐渐崭露头角，其拥有超高速率、低延迟和大连接密度等特性，使得人与人、人与物、物与物的全方位互联成为可能，并开启了物联网和智能化社会的新时代。5G主要包括增强型移动宽带（eMBB）、超高可靠与低延迟通信（URLLC）和大规模机器类通信（mMTC）三大应用场景，提供比4G更高的数据传输速率和更广的覆盖范围，保证关键任务通信的实时性和可靠性，同时还能支持智能家居、智慧城市等物联网应用的快速发展。

6. 第六代移动通信技术（6G）

2019年，6G通信标准技术研发工作正式启动，目前6G仍处在早期探索阶段，预计2025年前后开始进入正式的标准制定阶段。6G相对于5G，在峰值速率、时延、流量密度、连接数密度、移动性、频谱效率等方面都将有大幅提升。

二、标准必要专利

(一) 标准必要专利的定义

标准必要专利（Standard Essential Patents，SEP）是指在特定领域行业标准中技术所涉及的专利，而且这些专利是在实施特定技术标准时，不可或缺且无法回避的专利。这类专利通常与强制性的行业标准紧密关联，意味着任何实施该标准的产品的制造或使用都不可避免地会使用这类专利，这类专利对于促进创新和保护知识产权起着至关重要的作用。由此可见，标准必要专利通过"标准"和"必要"两个方面对专利进行了限定，从而使得标准必要专利具有与普通专利不一样的属性。

标准一般具有公有属性，其是以公共利益为出发点，将技术标准化的过程就是实现公共利益的过程，主要目的是保证各个厂商之间提供的产品和服务具有互通性和兼容性，从而提高公众使用产品和服务的便捷性。

必要指的是必不可少且不可替代。标准必要专利所涉及的技术在标准中具有不可替代性，各个厂商如果想进入相应标准所涉及的市场，在生产产品和提供服务时，都必须遵循标准制定组织的规定，遵守标准制定的相应技术规范要求，因此，各个厂商在生产产品和提供服务时，就必然要使用纳入标准的相关技术，且无法避免地要使用纳入标准的相关技术专利。因此，标准必要专利就成为各个厂商在进入相应行业生产相关产品、提供相关服务时不可或缺的条件。可见，必要性是标准必要专利最关键的特点。

专利，从字面上看是指专有的权利和利益。专利权是一种专有权，具有独占的排他性。

由此可见，标准必要专利可能会存在各方利益的冲突。专利的核心在于对技术创新的独占使用权，技术标准则要求对技术进行开放和共享。代表私有权利的专利和代表公共利益的标准虽然本质上都是为了鼓励创新，促进科学技术的发展和社会的进步，但是由于本质属性与制度目的并不相同，在专利和标准之间存在着不可避免的冲突。

标准必要专利具有显著的经济价值，可能给企业带来可观的经济收入，例如据韩国知识产权局估算，每个标准必要专利能够为企业带来约 2240 万元人民币的收入。随着标准必要专利的规模化和国际化迅速发展，标准必要专利被视为一种战略性创新资源，对维护或争夺技术领先地位、抢占全球市场具有重要意义。

（二）标准必要专利的成因

标准必要专利的形成由诸多因素决定，这些因素包括技术发展、市场竞争、创新激励、政策法规以及专利策略等。

1. 技术发展因素

技术的快速发展带来了对设备或系统的高效、高速、高可靠性的需求，不同国家或地区的设备或系统可能需要在全球范围内无缝协作。为了满足这些需求，需要制定一系列技术标准来确保不同设备或系统之间的兼容性和互操作性。这些标准通常由国际标准组织制定，它们定义了设备或系统必须遵循的技术规范。在制定这些标准的过程中，一些企业可能会将自己的专利技术推进入标准，使其成为标准的一部分，从而形成标准必要专利。

2. 市场竞争因素

企业通过参与标准的制定，可以将自身的技术纳入行业标准，从而在市场上获得竞争优势。拥有标准必要专利的企业可以要求其他企业在使用这些标准时支付专利使用费，这为企业带来了额外的收入来源，同时也确保了企业在技术研发上的持续投入和领先地位。

3. 创新激励因素

标准必要专利的存在激励企业进行技术创新和研发投入，因为它们知道一旦自己的技术被纳入标准，就可以通过专利许可获得回报。这种机制激励了企业在技术研发上进行更多的投入，同时也促进了技术的共享和传播。标准化组织通常会要求标准必要专利权人以公平、合理和无歧视（fair, reasonable and non-discriminatory, FRAND）的条件提供专利许可，这有助于平衡专利权人的利益和整个行业的健康发展。

4. 政策法规因素

许多国家或地区的政府都认识到了标准的重要性，并出台了一系列政策和法规来支持标准必要专利的形成和发展。这些政策旨在保护专利权人的合法权益，同时确保技术标准的开放性和普及性，政府的支持为标准必要专利的产生和发展提供了良好的法律环境和政策导向。

5. 专利策略因素

技术的复杂性意味着在开发新技术时，企业可能会不可避免地依赖于现有的专利技术。一些企业可能会采取特定的专利策略，通过申请大量的标准必要专利来构建专利组合，以增强自身的市场地位和谈判能力。这种策略不仅可以帮助企业在专利许可谈判中获得有利地位，还可以作为防御其他企业专利侵权的手段。

综上所述，标准必要专利的成因是一个复杂的过程，它涉及技术、市场、政策、法律、经济等多个方面的因素。标准必要专利的形成和发展不仅对单个企业具有重要意义，而且对整个行业乃至全球经济的发展都有着深远的影响。

（三）标准必要专利的核查

全球范围内大部分标准化组织，都会制定相应的知识产权政策，要求针对可能被纳入标准而成为标准必要专利的相关专利进行声明，并要求专利权人承诺将其拥有的标准必要专利以 FRAND 条件承诺给需要使用标准必要专利的实施者。例如，欧洲电信标准协会（ETSI）的知识产权政策规定："在标准的提案或制定过程中，ETSI 成员如果发现自己拥有任何可能的标准必要专利，必须及时通知总干事。"因此，专利权人为了获取潜在利益或商业优势，可能会故意宣称自己的专利是标准必要的。除此之外，企业在向标准化组织作出承诺时，标准尚未正式确定，专利在授权时，其权利要求可能因已经修改而导致其不再与标准对标。因此，出现了标准必要专利"过度声明"的现象。某种程度上，过度声明可能会对潜在的实施者形成专利许可压力，导致专利许可费率被提高。在实践中，还存在一种现象，即有一些专利虽然被纳入了标准，但该标准是可选择的，此类专利也非标准必要专利。鉴于以上原因，对标准必要专利的核查是十分必要的。

标准必要专利的核查，主要涉及针对标准相关专利进行全面的评估，包括专利的有效性（例如专利权是否存在、是否已被宣告无效、是否在专利有效期内等）、对标性（即专利是否与相应的标准对应）、重要性（即专利所涉及的标准是强制性的、推荐性的还是可选性的等）。对标准必要专利的真实性和有效性的判断，涉及许可谈判、侵权诉讼、反垄断诉讼等不同阶段，因此，对标准必要专利进行核查是至关重要的一个环节。

在进行标准必要专利核查时，需要考虑多个因素。需要首先评估专利的有效性和权利要求的稳定性，并将标准必要专利的权利要求与技术标准的具体部分进行详细对比，以验证专利技术是否确实被纳入了标准，并且是实施该标准所必需的。由于不同的标准制定组织有不同的信息披露政策，因此核查过程还需要参考相应标准制定组织的政策，了解其对于标准必要专利披露的具体要求。在某些司法管辖区内，标准必要专利的专利权人可能需要向特定的职能中心或数据库注册其标准必要专利，以便进行核查和管理，因此可以利用标准必要专利数据库和相关信息资源，如国际标准必要专利数据库，进行辅助核查。还需核查标准必要专利声明的准确性，包括专利权人对标准必要专利的声明是否符合标准制定组织的要求。在核查时，还可以参考司法判决和先例，特别是在标准必要专利存在争议的案件中，法院如何判断标准必要专利的必要性。

目前，中国知识产权研究会联合中国标准化协会共同制定了团体标准《标准必要专利认定方法》（T/CIPS 05—2023），这为标准必要专利的必要性核查提供了官方指导和框架。此外，欧盟也在考虑实施标准必要专利监管新规草案，其中包括标准必要专利注册登记和必要性检查等措施，以提高标准必要专利许可的透明度和效率。这些措施和方案都对标准必要专利的必要性核查提供了方法依据。

（四）标准必要专利的影响

标准必要专利的产生，不仅持续推动着各国法律制度的完善，还影响着国际的合作和竞争、知识产权的服务水平以及技术的普及推广。

1. 法律与政策环境方面

随着标准必要专利重要性的凸显，各国政府和国际组织也在法律和政策层面提供了相应的支持和规范。FRAND 原则的提出和实施，就是在这种背景下产生的。为了平衡专利权人和标准实施者的利益，标准化组织通常要求标准必要专利的许可遵循 FRAND 原则。FRAND 原则要求专利权人在专利纳入标准前作出承诺，给予标准实施者公平的许可条件，以促进标准的广泛采用和技术的普及。各国政府和司法机关也出台了各种法律法规等来保护专利权人的合法权益，同时确保标准必要专利的公平使用和许可，避免专利滥用和市场垄断。

2. 国际竞争与合作方面

全球范围内的企业在标准必要专利的申请和布局上展开激烈竞争，同时也在国际标准组织的带领下进行合作，共同推动技术标准的制定和实施。这种竞争与合作并存的局面，推动了技术的快速发展。企业越来越重视专利质量，而不仅仅是专利数量。通过战略性的专利布局，企业可以保护其技术创新，并为未来的技术发展做好准备。高质量的标准必要专利不仅能够为企业带来经济收益，还能增强企业在国际市场中的竞争力。拥有标准必要专利的企业在市场中具有更强的议价能力和市场影响力。因此，专利标准化在一定程度上促进了公平的市场竞争和企业间的通力合作。

3. 专利诉讼与知识产权服务方面

标准必要专利的拥有者和使用者之间针对专利许可和费用方面的争议越来越多，这些争议往往通过专利诉讼来解决，特别是在通信领域，专利诉讼已经成为企业维权的手段。专利诉讼的结果往往对企业的市场地位和经济利益产生重大影响。企业在依赖某些标准必要专利时，可能会面临专利许可谈判失败、专利诉讼等风险。随着标准必要专利诉讼的增多，知识产权法律服务的需求也在增长。知识产权服务包括专利申请、专利诉讼、专利许可谈判等，服务机构数量和市场规模在不断扩大。知识产权服务的发展，为企业提供了专业的法律支持，帮助企业更好地管理和运用其专利资产。

4. 技术普及与社会进步方面

专利标准化对技术的普及和应用产生了积极的影响。通过标准化，新技术可以更快地被市场接受和广泛应用，从而推动社会的进步和发展。例如，5G 技术的标准化和普及，将给物联网、自动驾驶、远程医疗等领域带来革命性的变化，促进社会的进一步发展。

专利标准化的影响是全面而深远的。它不仅推动了技术的发展和创新，还对市场竞争、法律政策、经济利益等方面产生了重要影响。企业、政府和国际组织需要共同努力，制定合理的政策和规则，以确保专利标准化能够促进技术创新和行业发展。同时，企业也需要加强自身的专利管理和战略布局，以应对专利标准化带来的机遇和挑战。

第二章　通信领域标准化组织
及其知识产权政策

一、通信领域的主要标准化组织

在整个通信标准的发展过程中，标准化组织如国际电信联盟（International Telecommunication Union，ITU）、欧洲电信标准协会（European Telecommunications Standards Institute，ETST）、美国电气及电子工程师协会（Institute of Electrical and Electronics Engineers，IEEE）、固态技术协会（Joint Electron Device Engineering Council，JEDEC）、中国国家标准化管理委员会等发挥了重要作用，这些标准化组织负责协调全球的通信标准工作，确保不同国家和地区的通信设备和服务能够互操作。

（一）ITU

ITU 是联合国负责信息通信技术事务的专门机构，总部设于瑞士日内瓦。截至 2024 年底，ITU 有 194 个成员国和 1000 多个部门成员及部门准成员和学术成员。ITU 主要负责制定和管理国际电信规则和标准，以确保全球电信系统的兼容性和互操作性。❶ 1865 年 5 月 17 日，为了管理和协调早期的电报网络，欧洲多个国家的代表在巴黎共同签订了《国际电报公约》，成立了国际电报联盟，标志着国际电信合作的开始。随着电话和无线电技术的发展，各国代表于 1906 年在柏林签订了《国际无线电报公约》，进一步巩固了国际电信合作的基础。1932 年，《国际电报公约》和《国际无线电报公约》被合并为《国际电信公约》，并在此基础上建立了 ITU。自那时起，ITU 一直致力于推动电信技术的进步，促进

---

❶ ITU. 探索国际电联的历史 [EB/OL]. [2025 - 04 - 23]. https：//www. itu. int/zh/history/Pages/DiscoverITUsHistory. aspx.

全球电信市场的健康发展。

ITU 主要包括电信标准化部门（ITU-T）、无线电通信部门（ITU-R）和电信发展部门（ITU-D）三个部门。

ITU-T 包含 10 个研究组，分别是：

SG2：负责业务提供和电信管理的运营问题；

SG3：负责相关电信经济和政策问题研究及资费和结算原则；

SG5：负责环境和气候变化；

SG9：负责电视和声音传输及综合带宽有线网络；

SG11：负责信令要求、协议和测试规范；

SG12：负责性能、服务质量（QoS）和体验质量（QoE）；

SG13：负责包括下一代网络（NGN）在内的未来网络；

SG15：负责光传输网络及接入网基础设施；

SG16：负责多媒体编码、系统和应用；

SG17：负责安全等相关工作。

ITU-R 包括 6 个研究组，分别是：

SG1：负责频谱管理；

SG3：负责无线电传播；

SG4：负责卫星业务；

SG5：负责地面业务；

SG6：负责广播业务；

SG7：负责科学业务。

ITU-D 包括 2 个研究组，分别是：

SG1：负责电信发展政策和策略研究以及电信业务；

SG2：负责网络和 ICT 应用的发展和管理。

ITU-T 通过制定通用专利政策和《ITU-T/ITU-R/ISO/IEC 通用专利政策实施指南》来管理和维护技术标准和标准必要专利，确保所有标准实施者都能公平、公正地使用标准所涵盖的相关专利，不仅推动了全球电信技术的进步，也为全球电信市场的健康发展提供了重要的支持和保障。《ITU-T/ITU-R/ISO/IEC 通用专利政策实施指南》是关于信息和通信技术专利政策与标准化的指导文件，为处理制定标准时遇到的专利相关问题提供了框架和原则，从而避免在标准实施过程中出现专利纠纷，保证标准技术的公平使用。随着全球通信技术的不断发展和演进，ITU 也在不断地调整和更新其政策和标准，以适应新的技术和市场变化。

（二）ETSI

ETSI 是 1988 年成立的一个非营利性的电信标准组织，总部位于法国南部的尼斯，在比利时布鲁塞尔设有办事处。截至 2024 年底，ETSI 有来自五大洲 60 多个国家的 900 多名成员。ETSI 的主要任务是提供、制定和协调欧洲电信标准。ETSI 最初设立的目的是满足欧洲发展的需要，但是随着技术的发展，为了满足不同国家和地区的技术系统能够无缝对接和协同工作，ETSI 在接入技术、核心网络架构、数据传输和终端设备等各个方面都与全世界各地的标准化组织进行合作，为全球通信网络的互联互通与通信技术的创新和标准化方面提供了坚实的基础。此外，ETSI 还涉及新兴技术领域，比如物联网（IoT）、车联网（V2X）和第五代移动通信技术等。

ETSI 下设 14 个技术委员会，分别是：

TC EE（Environmental Engineering）：环境工程技术委员会；

TC ERM（EMC and Radio）：无线及电磁兼容技术委员会；

JTC Broadcasting（EBU/CENELEC/ETSI Joint Technical Commission）：播送联合技术委员会；

ECMA TC32（Communication，Networks & Systems Interconnection）：通信网络和系统的交互型连接技术委员会；

TC HF（Human Factors）：人机因素技术委员会；

TC MTS（Methods for Testing & Specification）：测试方法和指标技术委员会；

TC NA（Network Aspects）：网络总体技术委员会；

TC SEC（SECuiry）：安全技术委员会；

TC SES（Satellites Earth Stations & System）：卫星地面站及系统技术委员；

TC SPS（Signalling Protocol & Switching）：信令协议及交换技术委员会；

TC STQ（Speech Processing，Transmission & Quality）：语音处理传输质量技术委员会；

TC TM（Telecommunication Multiplexing）：传输和复用技术委员会；

TC TMN（Telecommunication Management Networks）：电信管理网技术委员会；

TC SAI（Securing Artificial Intelligence）：人工智能安全技术委员会。

ETSI 的知识产权政策最初于 1994 年 11 月 23 日正式确立，将标准必要专利的相关内容作为 ETSI 议事规则的附件 6 纳入了《ETSI 指令》。最新版本的

《ETSI知识产权政策》于 2022 年 11 月发布。❶

（三）IEEE

IEEE 是全球最大的专业技术组织之一❷，成立于 1963 年❸，会聚了来自世界各地的 43 万多名会员，总部设在美国纽约。IEEE 的主要职责是通过组织各种学术会议、出版专业期刊、制定技术标准等方式，推动电气和电子工程领域的学术研究和技术规范的研究与制定，促进电气和电子工程领域的技术创新。IEEE 已成为新兴技术领域标准的核心来源，其标准制定内容涵盖信息技术、通信、电力和能源等多个领域，如众所周知的 IEEE 802 有线与无线的网络通信标准和 IEEE 1394 标准。同时，IEEE 在物联网、人工智能、可穿戴设备、无人驾驶等方面还有多项标准正在研发的过程中。❹

IEEE 专业技术委员会下设的委员会主要包括❺：

Biometrics Council：生物测定学委员会；

Sensors Council IEEE：传感器委员会；

Council on Electronic Design Automation（CEDA）：电子设计自动化委员会；

Nanotechnology Council：纳米技术委员会；

Council on Superconductivity：超导电性委员会；

Council on RFID：射频识别（RFID）委员会；

Systems Council IEEE：系统委员会；

Transportation Electrification Council：交通电气化委员会。

（四）JEDEC

JEDEC 是一个全球性的微电子产业标准制定机构。截至 2024 年底，JEDEC 拥有代表 360 多家成员公司的 3000 多名志愿者。JEDEC 的主要职责是制定微电子产业的标准，涉及术语、定义、产品特性描述与操作、测试方法、机械外形、固态存储器、DRAM、闪存卡及模块以及射频识别（RFID）标签等。❻ JEDEC 的

---

❶　参见 https：//www. esti. org/imags/files/IPR/esti‐ipr‐policy. pdf。

❷　参见 https：//cn. ieee. org/standards/。

❸　参见 https：//cn. ieee. org/about‐history/。

❹　参见 https：//cn. ieee. org/standards/。

❺　参见 https：//cn. ieee. org/about‐society/。

❻　参见 https：//www. jedec. org/about‐jedec。

历程最早可追溯到 1958 年，当时是作为电子工业协会（EIA）的一个组成部分而创立的，后来在 1999 年，JEDEC 从 EIA 中分离出来，成为一个独立协会，标志着 JEDEC 在全球范围内的地位更加稳固，不再是一个标准化组织的分支机构，而是成为一个独立的国家化标准化组织，其会员包括世界各地的公司和专家。

JEDEC 包括服务委员会、产品委员会等多个技术委员会和分委员会，每个委员会负责不同领域的标准制定。

服务委员会负责关注影响产业发展的问题，例如，政府标准以及国际标准等，主要包括：

JC-10 委员会：术语、定义、与符号；

JC-11 委员会：机械（封装外形）标准化；

JC-13 委员会：政府联络；

JC-14 委员会：固态产品的质量与可靠性；

JC-15 委员会：半导体封装的热特征描述技术；

JC-16 委员会：接口技术。

产品委员会负责关注所指定的产品领域内的技术问题，例如，测试方法、器件规范格式以及最低配置、管脚引线、接口要求和应用等，主要包括：

JC-22 委员会：二极管与晶闸管；

JC-25 委员会：晶体管；

JC-40 委员会：数字逻辑；

JC-42 委员会：固态存储器；

JC-45 委员会：DRAM 模块；

JC-63 委员会：多芯片封装；

JC-64 委员会：嵌入式存储器与可插拔存储卡；

JC-65 委员会：射频识别标签。

JEDEC 制定的《JEDEC 组织和程序手册》第 8.2 节对标准必要专利相关知识产权政策进行了规定，这些政策确保了 JEDEC 标准的开放性和公平性，允许标准实施者在遵守一定条件的前提下使用和实施 JEDEC 标准相关的专利。

（五）中国国家标准化管理委员会

中国国家标准化管理委员会❶是中华人民共和国国务院授权履行行政管理职

---

❶ 参见 http：//spzx. sac. gov. cn/szhywb/ztzl/bzhkj/。

能、统一管理全国标准化工作的主管机构，成立于 2001 年 10 月。中国国家标准化管理委员会的主要职责是下达国家标准计划，审议并发布标准化政策、管理制度、规划、公告等重要文件，承担有关国际合作协议签署，以及承担国务院标准化协调机制日常工作等。❶

中国国家标准化管理委员会下设标准技术管理司和标准创新管理司。标准技术管理司主要负责拟定标准化战略、规划、政策和管理制度并组织实施。标准创新管理司主要负责协调、指导和监督行业、地方标准化工作。❷

中国国家标准化管理委员会与国家知识产权局在 2014 年 1 月共同发布了《国家标准涉及专利的管理规定（暂行）》，对制修订和实施国家标准过程中对国家标准涉及的专利问题相关情况进行了规定。❸

二、信息披露政策

通过制定信息披露政策来规定标准必要专利信息披露的义务，使得标准化组织及成员、社会公众可以及时获知标准必要专利的相关信息，从而有效解决标准必要专利权人和标准实施者之间的信息不对等问题，在很大程度上可以避免"专利劫持"等行为。

（一）信息披露的含义

标准必要专利的信息披露是指在标准制定的过程中，标准必要专利权人需要向标准化组织披露其拥有的可能成为标准必要专利的相关信息。

对于标准化组织来说，通过标准必要专利权人对标准可能涉及的专利信息进行披露，可以及时了解最新技术的相关专利信息，能更好地对标准涉及的专利信息进行评估，对标准采用该专利的推广成本和技术优势进行权衡。

对于标准实施者来说，在标准实施的过程中，由于标准必要专利权人对其持有的标准必要专利的相关信息进行了披露，标准实施者可以尽早地根据披露的相关专利信息和许可条件对标准实施进行选择，确定是否采纳该标准进行生产活动；如果不采用相关标准，可以在生产制造的过程中，提前避开相关标准必要专

---

❶ 参见 https：//www. sac. gov. cn/zzjg/index. html。

❷ 参见 http：//www. sac. gov. cn/。

❸ 国家标准化管理委员会，国家知识产权局 . 国家标准涉及专利的管理规定（暂行）［EB/OL］. (2021 – 07 – 01)［2024 – 10 – 18］. http：//www. catarc. org. cn/upload/202107/01/202107011726250850. pdf。

利，避免出现侵权行为。

（二）标准化组织的信息披露政策

标准必要专利权人根据标准化组织制定的信息披露政策，会披露潜在成为标准必要专利的相关信息，这些相关信息通常包括专利权人的身份信息、专利的详细描述、专利的法律状态以及专利的许可条件等。由于各个标准化组织的信息披露政策不同，因此其各自要求披露的内容也不尽相同。

1. 标准化组织信息披露政策的规定

（1）ITU

ITU、IEC 和 ISO 在 2006 年制定了 ITU-T/ITU-R/ISO/IEC 的通用专利政策，其中规定：参加 ITU、IEC 或 ISO 工作的任何当事人应该从一开始就提请 ITU 标准化局主任或 ISO 或 IEC 首席执行办公室注意，将任何已知的专利或者任何已知的未决专利申请告知上述机构，无论这些专利或专利申请是自己的还是第三方拥有的。[●] 为了更好地解释和实施 ITU-T/ITU-R/ISO/IEC 的通用专利政策，上述机构 2007 年 3 月正式公布了《ITU-T/ITU-R/ISO/IEC 通用专利政策实施指南》。《ITU-T/ITU-R/ISO/IEC 通用专利政策实施指南》第四次修订于 2022 年 12 月 16 日生效，其中规定了 ITU-T/ITU-R/ISO/IEC 鼓励尽早披露和确定可能与编制中的建议书/实际成果相关的专利，从而提高标准制定效率，并避免潜在的专利权问题。

ITU-T/ITU-R/ISO/IEC 的通用专利政策规定的"从一开始"和《ITU-T/ITU-R/ISO/IEC 通用专利政策实施指南》规定的"尽早"，意味着参与的专利权人应当第一时间披露专利相关信息。由于在第一次提出标准草案后，可能还会存在重大修改，因此，在披露时应当本着诚信原则和最大努力原则进行相关信息披露，但并不要求参与的专利权人为了高质量披露而开展针对性的专利检索。此外，由于标准的最终版本和最初版本存在本质的差异，可能会导致最早披露的专利信息并不是标准中包含的必要专利，因此这种尽早披露也会存在一定的风险。

《ITU-T/ITU-R/ISO/IEC 通用专利政策实施指南》中还规定标准化组织不应参与评估建议书/实际成果所涉专利的相关性或重要性的判断，也不应干涉许可

● 参见 https：//www.itu.int/en/ITU-T/ipr/Pages/policy.aspx。

谈判和参与解决专利纠纷，而应一如既往地留待各方自行解决。❶

在披露内容方面，参与组织工作的任何一方在披露其自有专利时，必须使用《ITU-T/ITU-R/ISO/IEC 通用专利政策实施指南》第 4 条规定的使用许可声明表格进行信息披露。在许可声明表格中规定了披露的信息包括专利持有人、建议书/实际成果相关信息、专利申请号、专利公开号、专利名称等信息。

任何提请组织注意的第三方专利的通信，都应以书面形式发送给相关组织；如果可行，有关标准组织会要求相应的专利权人提交声明的表格。

（2）ETSI

《ETSI 知识产权政策》第 4.1 条规定：每个成员应当使用其合理的努力，特别是在其参与的标准或技术规范的制定过程中，以其意识到的及时的方式向 ETSI 通知其自身以及其他人的必要的知识产权。成员针对标准或技术规范提交提案时，倘若该提案被采纳，ETSI 应该注意该成员的知识产权属于必要的知识产权。尽管 ETSI 要求成员尽力披露专利信息，但是在《ETSI 知识产权政策》第 4.2 条中规定成员并没有进行知识产权检索的义务，ETSI 也不负责检查披露信息的有效性。在第 8.1 条和第 8.2 条中规定了成员还有拒绝将自己的知识产权纳入标准的权利。❷ 由此可见，根据 ETSI 的信息披露政策，强调的是在参与标准或技术规范制定过程中及时披露，尽管政策提出了"及时"这一概念，但对于"及时"的具体界定并未给出明确的量化标准。这意味着，所谓的"及时"披露，更多地依赖于成员在实际操作中的自觉性，而非硬性的时间框架。

在披露的内容方面，ETSI 的信息披露表格要求成员在信息披露时对相关知识产权的详细信息进行披露。例如，披露的信息包括相关的标准或项目、专利申请号、专利公开号、专利名称等信息。

此外，ETSI 还在《ETSI 知识产权政策》第 4.3 条中对披露专利族的情形进行了规定：如果有会员已经及时通知 ETSI 同族专利信息，则可以认为该同族专利的现有和将来产生的全部专利均已经被披露。❸

（3）IEEE

2022 年 12 月公布的《IEEE 标准委员会章程》第 6.2 条规定：为了使 IEEE 的专利政策起有效作用，参与标准制定过程的个人：（a）应向 IEEE 通知专利权

---

❶　Guidelines for Implementation of the Common Patent Policy for ITU-T/ITU-R/ISO/IEC（applicable as from 16 December 2022）［EB/OL］.［2024 – 10 – 18］. https：//www. itu. int/oth/T0404000001/en.

❷　参见 https：//www. etsi. org/images/files/IPR/etsi – ipr – policy. pdf。

❸　参见 https：//www. etsi. org/images/files/IPR/etsi – ipr – policy. pdf。

人任何潜在的必要专利权利要求，这些权利要求还不是已接受的保证函的主题；以及（b）应当通知 IEEE 任何其他潜在的必要专利权利要求的专利权人，这些权利要求还不是已接受的保证函的主题。IEEE 鼓励必要专利的专利权人对其已知专利或未决专利进行早期披露。由此可见，IEEE 也是以鼓励的形式要求专利权人进行信息披露，而且不要求参与者必须对自己及其他组织的专利文件进行专利检索，披露目标只包含对知晓的或怀疑存在的专利信息。

在披露内容方面，IEEE 的信息披露政策要求所有标准制定的参与者在进行信息披露时披露相关知识产权的详细信息。例如信息披露的内容包括专利权人信息、IEEE 标准（提案）号和名称、专利号和专利名称等信息。此外，《IEEE 标准委员会章程》中还明确规定"保证函"（Letter of Assurance，LOA）是指以 IEEE SA 可接受的形式（例如，PDF）提交的文件，包括任何附件，用以说明提交人关于具体引用的 IEEE 标准的标准必要专利的所有权、实施或许可的立场，而且必须在相关标准提案为 IEEE SA 标准委员会批准之前提交保证函表格。❶

（4）JEDEC

JEDEC 在其《JEDEC 组织和程序手册》第 8.2 条中对信息披露政策进行了规定❷：所有 JEDEC 成员公司及其代表同意遵守 JEDEC 专利政策，公司及其代表的披露和许可义务仅限于其作为成员或参与的特定 JEDEC 委员会、工作组和联合工作组制定的标准。这些义务适用于在 JEDEC 委员会或工作组会议的任何时候有代表出席的所有实体，包括非委员会成员。所有公司及其代表都鼓励披露公司所知的拥有或控制的潜在必要专利权利要求，任何公司都没有义务对潜在的标准必要专利进行检索。❸

JEDEC 委员会和工作组应跟踪所有通知、披露和许可保证并对潜在标准必要专利进行审查，并定期审查先前披露的清单中包括的潜在标准必要专利。在每次委员会会议上，主席应提请所有出席会议的实体注意它们拥有的任何潜在的标准必要专利或由该委员会成员控制，并要求披露潜在标准必要专利。

在披露的内容方面，公司及其代表或委员会成员必须以书面的形式使用标准表格向 JEDEC 披露潜在的标准必要专利。根据潜在的标准必要专利的法律状态不同，披露信息略有不同。其中：

---

❶ 参见 https：//standards. ieee. org/about/policies/bylaws/sect6 – 7/。

❷ 参见 https：//www. jedec. org/sites/default/files/JM21V. pdf。

❸ 参见 https：//www. jedec. org/about – jedec/patent – policy。

对于已授权专利，主要披露信息包括披露专利所有人、代理人（如在披露时已知）的名称、地址和知识产权联系人；专利名称或专利号、授权国家或地区；以及提交人认为上述专利可能属于标准必要专利的理由。

对于已公布的专利申请，主要披露信息包括披露专利申请的所有人、代理人（如在披露时已知）的名称、地址和知识产权联系人、专利申请名称、专利申请号、申请国家或地区，以及提交人认为上述专利申请可能属于标准必要专利的理由。

对于未公开的待审专利申请，披露专利申请所有人、代理人（如在披露时已知）的名称、专利申请名称、地址以及知识产权联系人、专利申请号以及提交人认为上述专利申请可能属于标准必要专利的理由。此规定不妨碍披露方自愿披露未公开专利申请或根据保密协议披露未公开专利申请。❶

（5）中国国家标准化管理委员会

《国家标准涉及专利的管理规定（暂行）》中第 5 条规定：在国家标准制修订的任何阶段，参与标准制修订的组织或者个人应当尽早向相关全国专业标准化技术委员会或者归口单位披露其拥有和知悉的标准必要专利，同时提供有关专利信息及相应证明材料，并对所提供证明材料的真实性负责。在该条中还对没有按照要求披露的后果进行了规定：参与标准制定的组织或者个人未按要求披露其拥有的专利，违反诚实信用原则的，应当承担相应的法律责任。由此可见，《国家标准涉及专利的管理规定（暂行）》并没有对未按照规定披露信息应承担的具体法律责任进行明确。

针对没有参与国家标准制修订的组织或者个人，在《国家标准涉及专利的管理规定（暂行）》的第 6 条中鼓励其在标准制修订的任何阶段披露其拥有和知悉的标准必要专利，同时将有关专利信息及相应证明材料提交给相关全国专业标准化技术委员会或者归口单位，并对所提供证明材料的真实性负责。由此可以看出，国家标准化管理委员会对没有参与国家标准制修订的组织或者个人的披露义务是鼓励性的。

此外，《国家标准涉及专利的管理规定（暂行）》中第 7 条、第 8 条规定：全国专业标准化技术委员会或者归口单位应当将其获得的专利信息尽早报送国家标准化管理委员会。国家标准化管理委员会应当在涉及专利或者可能涉及专利的国家标准批准发布前，对标准草案全文和已知的专利信息进行公示，公示期为

---

❶ 参见 https：//www.jedec.org/sites/default/files/JM21V.pdf。

30 天。任何组织或者个人可以将其知悉的其他专利信息书面通知国家标准化管理委员会。由此可见，国家标准化管理委员会对涉及专利或者可能涉及专利的国家标准批准发布前，对标准草案全文和已知的专利信息进行 30 天的公示。

2. 标准化组织信息披露政策的比较

通过比较主要标准化组织的信息披露政策的规定发现，各个标准化组织对信息披露政策规定的要求具有诸多相似之处，但是由于各个标准化组织自身的使命和特性，也会具有一定的差异。

从披露主体来看，主要标准化组织对标准必要专利的信息披露的主体要求是类似的，但是具体的要求也有一些差异。ETSI、JEDEC 等组织规定包括标准必要专利权人在内的所有参与者都有披露的义务，ITU 规定披露的主体可以是标准制定组织的参与者和其他任何主体，而中国国家标准化管理委员会规定披露的主体是参与标准制修订的组织或者个人和没有参与国家标准制修订的组织或者个人。

从披露时间来看，主要标准化组织对标准必要专利的信息披露的时间要求是相似的，但是又不尽相同。ITU 的要求是"一开始"，就是说参与组织的任何一方在标准制定期间，要尽早告知标准组织其提案中涉及的专利。ETSI 虽然没有明确具体的披露时限，但是其也鼓励及时披露。IEEE 则是明确要求标准制定的参与者在标准开发过程中，在相关标准提案为 IEEE SA 标准委员会批准之前进行披露。JEDEC 要求所有公司及其代表都鼓励披露所知的公司拥有或控制的潜在必要专利权利要求。中国国家标准化管理委员会则是要求在国家标准制修订的任何阶段，参与标准制修订的组织或者个人应当尽早履行披露义务。

从披露内容来看，ITU、ETSI、IEEE、JEDEC、中国国家标准化管理委员会不仅可以披露自己持有的专利信息，还可以向标准化组织告知第三方持有的已知专利或者未决专利申请，要求尽力披露专利信息，从各个标准组织要求的表格来看，大部分要求披露专利权人/专利申请人、专利号/专利申请号、专利（申请）名称标准编号等相关信息，各个标准化组织的成员都不承担检索义务。

从信息披露的强制性要求来看，ITU、ETSI 和 IEEE、JEDEC 都是鼓励性的，并不强制要求信息披露，也没有规定不披露的后果。中国国家标准化管理委员会也是鼓励性的，但是对参与标准制修订的组织或者个人未按要求披露其拥有的专利情况，规定了如果违反诚实信用原则的，应当承担相应的法律责任。

（三）信息披露政策在诉讼中的应用与完善

1. 信息披露政策的应用

虽然各个标准化组织制定信息披露政策的目的是确保所有相关的专利信息都能被透明地公开，让所有潜在的标准实施者都能够在实施标准之前评估和理解可能涉及的知识产权风险。然而，在实际操作过程中，信息披露的问题可能会引起争议，从而引发诉讼。如果标准必要专利权人或者标准制定的参与者未能履行信息披露义务，其他参与标准制定的公司和组织可能会在不知情的情况下采纳这些专利技术，从而使得标准对这些未披露的标准必要专利产生依赖。然而一旦标准被采纳和推广，这些标准必要专利权人就可能利用自己的垄断地位，提出高于FRAND 原则的许可费率、不合理的许可条件或者禁止许可等，以此来提高市场价格或获取不正当的经济利益，产生不公平的竞争。

例如，在"Rambus 诉英飞凌"案中，Rambus 公司在 JEDEC 标准制定过程中未披露其相关专利信息，后来却试图对使用该标准的英飞凌公司主张专利权。2001 年 5 月，美国弗吉尼亚州法官判决英飞凌公司胜诉，裁定 Rambus 公司在参与 SDRAM 标准制定的过程中未披露的行为涉嫌欺诈垄断，英飞凌公司没有侵犯 Rambus 公司持有的与 SDRAM 标准相关的专利权。[1]

其实，标准必要专利权人通过未披露其标准必要专利，实际上在标准制定过程中扮演了双重角色：一方面，参与技术的讨论和标准的制定；另一方面，隐藏自己拥有的专利信息，以便在后续的许可谈判中占据有利地位。这种行为不仅违反了标准化组织的透明度和公平性原则，还可能扭曲市场竞争，阻碍技术创新和标准化工作的健康发展。

例如，在"Rambus 诉英飞凌"案中，Rambus 公司在参与 SDRAM 和 DDR SDRAM 标准制定的过程中未履行披露义务，并且利用在标准制定组织中了解到的相关信息，修改其相关专利申请，使得与正在制定中的标准中使用的相关技术相对应。[2]

除此之外，标准必要专利权人还有可能对其持有的标准必要专利的相关信息

---

[1] 刘莉. Rambus 诉 Infineon 公司案解析：知识产权拥有人退出标准制定与信息披露 [J]. WTO 经济导刊，2007（8）：88 - 89.

[2] 刘莉. Rambus 诉 Infineon 公司案解析：知识产权拥有人退出标准制定与信息披露 [J]. WTO 经济导刊，2007（8）：88 - 89.

进行部分披露，例如，保留某些敏感信息，而标准实施者则可能会认为他们需要更多的信息来进行有效的谈判和诉讼。

例如，在"华为诉交互数字"案中，华为公司请求法院责令交互数字公司披露其与苹果、三星等公司签订的许可费率，但是交互数字公司以"已签订保密协议，其签订的许可费率属于商业秘密"为由拒绝披露。华为公司只能通过公开信息来获取所需的信息。

由此可见，标准必要专利诉讼通常涉及标准必要专利权人和标准实施者之间的许可费用和许可条件的争议等。在这个过程中，信息披露都是至关重要的一个环节。标准必要专利权人必须严格遵守信息披露政策的规定，如此才能确保市场的公平竞争和技术创新的顺利进行。

2. 信息披露政策的完善

信息披露政策在标准必要专利的诉讼纠纷中具有非常重要的意义。一个有效的标准必要专利的信息披露政策需要标准化组织、标准必要专利权人和标准实施者三方的共同努力。

（1）对于标准化组织

对于标准化组织来说，首先，应当制定清晰明确的信息披露政策，对标准必要专利权人形成明确的限制性义务，包括具体的披露时间点、披露范围以及如果违反信息披露政策所应当承担的后果。其次，可以建立透明的信息披露平台，集中展示所有已披露的标准必要专利信息，从而方便标准实施者查看标准所涉及的相关专利信息，有助于标准实施者作出合理正确的决策。最后，还可以建立监督机制，起到对标准必要专利权人和标准实施者督促和指导的作用。

（2）对于标准必要专利权人

对于标准必要专利权人而言，首先，应当正确认识信息披露政策，对相关专利的信息披露应当诚信、积极，在标准制定的早期阶段就主动披露其拥有的潜在的与标准相关的专利。这种早期披露有助于标准实施者评估潜在的专利冲突，并避免未来的法律纠纷。其次，在披露标准必要专利时，应尽可能提供完整且准确的专利和许可信息等，具体包括专利号、申请状态、覆盖的标准条款以及预期的许可条件。最后，当标准必要专利权人与标准实施者产生纠纷时，标准必要专利权人应当积极沟通，提出合理的报价，并准备好就许可费率和其他条款进行协商，必要时寻求专业的法律和技术支持。

（3）对于标准实施者

对于标准实施者来说，首先，在实施相应标准之前，应当积极地获取标准可能所涉及的标准必要专利的相关信息，以便全面了解实施标准所涉及的知识产权风险。其次，要准确评估实施相关标准必要专利的许可费用和侵权风险。最后，当标准必要专利权人与标准实施者产生纠纷时，标准实施者应当与标准必要专利权人积极沟通，以便在许可谈判中及时解决问题。

总而言之，为了构建一个健全的标准必要专利的信息披露框架，必须依赖标准化组织、标准必要专利权人和标准实施者三方的密切合作，建立起一个更加公平、透明的市场环境，从而推动技术创新和可持续发展。

三、FRAND 原则

（一）FRAND 原则的含义

FRAND 原则是平衡标准必要专利权人、标准实施者和公众三者之间利益的一项重要原则。其主要目的是平衡标准必要专利权人和标准实施者之间的谈判地位：确保标准必要专利权人根据标准必要专利拥有合理收益❶，鼓励其进一步进行资金投入和技术创新；同时，也可以防止标准必要专利权人对标准实施者实施的诸如禁止许可、收取过高的许可费或者设置不合理的许可条件等垄断行为的发生。FRAND 原则通过利益平衡可以促进不同公司之间的许可合作与技术标准的普及和改进，进一步推动行业发展。

1. 公平和合理的含义

FRAND 原则中的公平、合理的核心体现为标准必要专利权人与标准实施者之间的利益平衡。

公平、合理原则最早起源于欧洲，并被引入许多国家的法律制度中。在 19 世纪末，欧洲的经济发展和知识产权保护面临新的挑战，针对专利权是否滥用的争议不断，公平、合理原则初步形成，并在 20 世纪逐渐发展成为法律和法规。例如，《欧洲专利公约》（European Patent Convention）和《与贸易有关的知识产权协议》（Agreement on Trade - Related Aspects of Intellectual Property Rights,

---

❶ LEMLEY M A, SHAPIO C. A simple approach to setting reasonable royalties for standard - essential patents［J］. Berkeley Technology Law Journal, 2013（2）：1135 - 1166.

TRIPS）等国际条约均采用公平、合理原则。

（1）一般专利中的公平合理

在市场环境中，公平、合理的核心内涵体现为交易的双方都拥有公平、合理、平等的利益分配。《中华人民共和国专利法》（以下简称《专利法》）第 11 条第 1 款规定："发明和实用新型专利权被授予后，除本法另有规定的以外，任何单位或者个人未经专利权人许可，都不得实施其专利，即不得为生产经营目的制造、使用、许诺销售、销售、进口其专利产品，或者使用其专利方法以及使用、许诺销售、销售、进口依照该专利方法直接获得的产品。"由此可见，专利权因为具有私有属性，专利权人有权利禁止任何单位或者个人，在没有得到专利权人许可的情形下实施其专利。此外，《专利法》第 12 条规定："任何单位或者个人实施他人专利的，应当与专利权人订立实施许可合同，向专利权人支付专利使用费。被许可人无权允许合同规定以外的任何单位或者个人实施该专利。"由此可见，专利权人在许可他人实施其专利时，被许可人根据订立的实施许可合同向专利权人支付专利许可费，从而拥有了实施其专利技术进入相关市场的入场券。

由于在一般的专利许可协商过程中，专利权人和被许可人处于平等的地位，双方可以根据自身所处的市场环境、成本等因素对许可条件、许可费率等许可合同中的事项以及后续的收益等进行充分的考量，来决定签订或者拒绝许可合同。此外，一般专利都具有可替代性，在拒绝签订许可合同时，还可以找寻其他许可谈判的目标。因此，一般专利的许可合同，是专利权人和被许可人基于对市场、自身成本和收益的充分分析自主协商完成并签订的，因此，协商签订的专利许可合同对于专利权人和被许可人双方来说是公平合理的。

（2）标准必要专利中的公平合理

对于标准必要专利来说，被标准采纳的标准必要专利具有强制性和不可替代性，而且由于标准会被广泛推广和应用，使得标准必要专利权人拥有了在市场环境中的优势地位，因此其可能会提出过高的许可费率或者极为苛刻的许可条件，例如不合理的搭售、限制技术改进等。此时，标准必要专利权人和标准实施者之间的利益不再是公平的，标准实施者如果想要参与到标准相应的市场中，就必须使用标准必要专利，而不可能像一般专利许可合同那样，可以选择其他许可谈判的目标，从而导致标准必要专利权人和标准实施者双方在许可谈判协商过程中处于不平等的地位。

因此，在标准必要专利许可谈判的过程中，FRAND 原则中的公平、合理首先保证标准必要专利权人和标准实施者之间的地位是公平和平等的，其次保证标准必要专利权人和标准实施者之间的利益是公平和平等的。

　　判断标准必要专利权人和标准实施者之间的利益是否公平、合理的一个重要关键因素就是标准必要专利权人和标准实施者之间的专利许可费和许可条件等是否合理。根据 FRAND 原则中的公平、合理原则，标准必要专利权人在相关专利技术被纳入标准以后，不得因为其拥有的技术优势而在专利许可协商过程滥用其市场支配地位，需要向标准实施者提供公平、合理的许可条件。例如需要充分考虑市场前景、双方所处的环境、领域内所有标准必要专利的累积许可费率不应超过行业平均利润的某个比例等多种因素设置合理的许可费率和许可条件，用来回报标准必要专利的合理价值，避免出现专利劫持的现象。同时，标准实施者在标准实施的过程中，付出合理的成本进入相关市场，不会因为过高的生产成本而退出市场，从而有机会参与市场的公平竞争。

　　因此，标准必要专利权人和标准实施者之间的公平许可协商地位、合理的许可费率和许可条件不仅可以促进有价值的标准必要专利在社会上进行积极推广，同时也可以让标准必要专利权人针对其标准必要专利收到合理回报，鼓励创新进步。

　　2. 无歧视的含义

　　无歧视是 FRAND 原则中的另一个重要方面，是指标准必要专利权人在对标准实施者进行许可时，应当提供相同的许可条件，不得因为标准实施者的身份、地域、自身条件或者市场环境等情况而进行差异化对待。

　　针对无歧视原则的含义：一方面，无歧视体现在许可费率和许可条件方面。《中华人民共和国价格法》第 14 条规定："经营者不得有下列不正当价格行为：……（五）提供相同商品或者服务，对具有同等交易条件的其他经营者实行价格歧视；……"对于标准必要专利的专利许可来说，标准必要专利权人应当给予处于相同条件或者相同环境下的标准实施者相同的许可费率和许可条件。专利许可中的"相同"并不是绝对的相同，而是标准必要专利权人，根据其自身以及标准实施者自身的实际情况、所处的市场环境等考虑因素，在合理的范围内进行的适当调整，但是适当调整的许可差异不能导致减少或者排除竞争。例如，当标准必要专利权人处于起步期，或者需要回笼资金或者标准必要专利权人与标准实施者是战略合作伙伴等情形，标准必要专利权人可能会给予标准实施者相对比较低的许可费率，但是不能要求标准必要专利权人对之后的所有标准实施者都给予相同的低许可费率，这对于标准必要专利权人来说也是不公平的。另一方面，无歧视原则还体现在禁止行为方面。禁止行为就是针对部分标准实施者禁止专利许可，无歧视原则就是要对所有标准实施者都进行专利许可，不得对个别标准实施者禁止专利许可，不得进行有歧视行为的专利许可。

2023 年 6 月 25 日国家市场监督管理总局公布的《禁止滥用知识产权排除、限制竞争行为的规定》第 14 条规定："具有市场支配地位的经营者没有正当理由，不得在行使知识产权的过程中，对条件相同的交易相对人实行差别待遇，排除、限制竞争。"也就是说，在专利许可的过程中，不应当对相同条件的标准实施者给予差别待遇，排除、限制竞争，应当针对相同条件的标准实施者给予无歧视的许可条件。

由此可见，FRAND 原则中的无歧视原则不仅是防止标准必要专利权人给予标准实施者禁止许可、收取过高的许可费或者设置不合理的许可条件，同时还避免了标准实施者要求过低的许可费，其目的都是实现市场的公平竞争，从而营造公平、有序的市场竞争环境。

（二）标准化组织的 FRAND 原则

1. 标准化组织 FRAND 原则的规定

（1）ITU

ITU 对涉及标准必要专利的许可政策，强调采用 FRAND 原则。这一原则主要是确保当某项专利技术被纳入技术标准后，拥有此项标准必要专利的权利人向所有希望实施标准的标准实施者进行许可时，其许可条件必须满足 FRAND 原则。在 ITU-T/ITU-R/ISO/IEC 的通用专利政策中对标准必要专利权人针对有关专利进行信息披露之后，将会存在的三种可能许可行为进行了规定：

在第 2.1 条中规定：标准必要专利权人愿意免费许可其拥有的专利，并且以公平、合理、无歧视的许可条件与标准实施者进行许可协商。此类谈判留待相关方在 ITU-T/ITU-R/ISO/IEC 以外进行，标准组织不参与上述的许可协商。

在第 2.2 条中规定：标准必要专利权人以公平、合理、无歧视的许可条件与标准实施者进行许可协商。此类谈判留待相关方在 ITU-T/ITU-R/ISO/IEC 以外进行，标准组织不参与上述的许可协商。

如果标准必要的专利权人不愿意进行上述第 2.1 条、第 2.2 条中规定的许可

行为，则标准中不应该包括其拥有的专利技术。❶

《ITU-T/ITU-R/ISO/IEC 通用专利政策实施指南》对三种许可情形的第一种情形中的"免费"理解进一步进行了说明，这里的免费并不是说标准必要专利权人在对标准实施者进行许可时，不要求任何财产补偿，而是仍然有权利与标准实施者就其他一些合理的许可条件、条款等进行许可协商，并签订许可协议。也就是说，"免费"许可，并不是要求标准必要专利权人放弃所拥有的标准必要专利的相关权利。❷

对于专利权转让的情况也进行了规定：根据 ITU-T/ITU-R/ISO/IEC 的通用专利政策第 2.1 或 2.2 条作出的许可声明，应被理解为对转让专利的所有利益继承人具有约束力的产权负担。当任何根据共同专利政策提交许可声明的专利持有人转让受此类许可声明约束的专利权时，应在相关转让文件中包含适当条款，以确保针对此类转让的专利，许可声明对受让人具有约束力，并且受让人在未来转让中同样包含适当条款，以约束所有利益继承人。

（2）ETSI

ETSI 组织制定的知识产权政策被认为是具有代表性的 FRAND 原则规则之一，这一原则对于促进技术创新和市场竞争至关重要，任何希望将其专利纳入 ETSI 的专利权人都必须承诺，一旦他们的专利被纳入标准，他们将按照 FRAND 原则实施许可。《ETSI 知识产权政策》第 6.1 条中规定，当涉及特定标准或技术规范的基本知识产权被提请 ETSI 注意时，ETSI 总干事应立即要求其所有人在 3 个月内以书面形式作出不可撤销的承诺，即其准备在该知识产权下按照公平、合理和无歧视的条款和条件授予不可撤销的许可证，至少达到以下程度：

——制造，包括根据被许可方自己的设计制造或已经制造用于制造的定制组件和子系统的权利；

——出售、租赁或以其他方式处置如此制造的设备；

——维修、使用或操作设备；以及

——使用方法。

上述承诺可以在寻求许可的人同意相互交换的条件下进行。

---

❶ IEC, ISO, ITU. Guidelines for Implementation of the Common Patent Policy for ITU-T/ITU-R/ISO/IEC (applicable as from 16 December 2022) [EB/OL]. [2024 – 10 – 18]. https：//www. itu. int/oth/T0404000001/en.

❷ ITU. Common Patent Policy for ITU-T/ITU-R/ITU-IEC [EB/OL]. [2025 – 04 – 23]. https：//www. itu. int/en/ITU-T/ipr/Pages/policy. aspx.

由此可见，ETSI 并没有给出公平、合理和无歧视的具体含义和标准的解释。当专利技术被纳入标准时，ETSI 总干事会通知标准必要专利权人作出 FRAND 原则的声明，且明确作出 FRAND 原则的声明的时限是 3 个月，并要求作出的 FRAND 原则的声明是不可撤销的。此外，ETSI 并不需要对 FRAND 原则的声明的具体许可承担评判责任，而是由专利许可的双方当事人自行进行协商。

对于标准必要专利权人在发布标准或技术规范之前，没有按照要求作出 FRAND 原则的声明的情形，《ETSI 知识产权政策》也进行了规定。其第 8.1 条中规定，在发布标准或技术规范之前，如果标准必要专利权人通知 ETSI 其没有准备就标准或技术规范进行 FRAND 原则的声明，则 ETSI 会检查标准或者技术规范的要求，以找到满足该标准或技术规范的替代技术方案。如果 ETSI 认为不存在满足该标准或技术规范的替代技术方案，则应停止标准或技术规范的工作。如果标准必要专利权人是 ETSI 成员，ETSI 总干事应要求该成员重新考虑其立场；如果该成员决定不撤回其拒绝对标准必要专利进行许可的规定，则应在收到ETSI总干事的请求后的 3 个月内，将其决定通知 ETSI 总干事，并针对其拒绝对该标准必要专利进行许可的原因提供书面说明。如果所述标准必要专利权人是第三方，ETSI 总干事应在适当的情况下向根据上述第 6.1 条抱怨无法获得许可证的任何成员请求完整的支持细节，和/或请求适当的成员使用他们的斡旋来找到问题的解决方案。在上述途径没有找到解决方案的情况下，ETSI 总干事应向有关知识产权所有人写信说明并最终要求根据上述第 6.1 条授予许可证。在收到总干事的请求后 3 个月内，标准必要专利权人拒绝总干事的请求并决定不撤回拒绝对知识产权进行许可或不答复信件的情况下，总干事应将标准必要专利权人的解释（如果有的话）连同大会会议纪要中的相关摘录发送给 ETSI 辅导员以供他们考虑。

FRAND 原则的声明还强调了专利权转让的连续性和稳定性。ETSI 为了保证标准实施者不会因为专利所有权的变化而面临突然的许可条件变动或中断，在《ETSI 知识产权政策》第 6.1 条之二中对基本知识产权所有权的转让中 FRAND 原则的约束进行了规定：根据第 6.1 条作出的 FRAND 原则的声明应当解释为对所有利益的继承人进行约束，根据第 6.1 条作出的 FRAND 原则的声明并转让相关标准必要专利所有权的专利权人，应该在相关转让文件中包括适当的条款，以确保该 FRAND 原则的声明对转让人具有约束力，并且在未来转让的情况下，转让人也同样包括适当的条款，目的是约束所有感兴趣的专利受让人。无论这些条款是否包括在相关转让文件中，该 FRAND 原则的声明都应解释为对所有后续的专利受让人具有约束力。由此可见，ETSI 框架下的 FRAND 原则不仅约束着标准必要专利的初始许可行为，同样也深刻影响着标准必要专利权转让的后续过程，确保了技术标准的开放性和行业生态的健康发展。

2022 年 1 月 14 日发布的《适用〈欧盟运行条约〉第 101 条的横向合作协议指南》中提到：为了确保 FRAND 原则的声明的有效性，应当确保所有受让标准必要专利的任何公司，同样受到 FRAND 原则的声明的约束，标准必要专利权人和受让人应该保证 FRAND 原则的声明随着标准必要专利的转让一并转让。

对于标准必要专利的转让人来说，在对标准必要专利进行转让的时候，确保标准必要专利权人根据本知识产权政策作出的 FRAND 原则的声明对受让人也具有约束力。也就是说，在标准必要专利进行转让时，标准必要专利的转让人应当保证 FRAND 原则的声明对于标准必要专利的受让人来说是全面、完整且有效的，不能通过转让专利而规避 FRAND 原则的声明。

例如，在"无线星球诉三星"案中，英国二审法院认为爱立信公司向 ETSI 作出的 FRAND 原则的声明对受让人也具有约束力，而其在专利转让的过程中规避了 FRAND 原则的声明，因此，判决无线星球公司在收购爱立信公司的标准必要专利时没有作 FRAND 原则的声明的转让，因而转让合同无效。标准必要专利权人应当在相关转让协议中进行适当的约定，确保 FRAND 原则的声明对专利受让人具有约束力。

对于标准必要专利的受让人来说，应当确保不收取比原专利许可合同更高的专利许可费。也就是说，专利许可费不因为标准必要专利的转让而增加，对于标准必要专利的受让人不仅需要履行专利转让合同中的 FRAND 原则的声明，向标准化组织递交 FRAND 原则的声明，作为新的标准必要专利权人，也应该继承原标准必要专利转让人的义务，不得向原专利许可的被许可人或者后续可能存在的被许可人收取违反 FRAND 原则的声明的专利许可费。

对于标准必要专利的被许可人来说，即使标准必要专利进行了专利转让，标准必要专利的转让人和标准必要专利的受让人也都应该根据知识产权政策遵守 FRAND 原则的声明。也就是说，即使标准必要专利进行了专利转让，对于标准必要专利的被许可人来说，关于 FRAND 原则的声明并没有实质影响。当标准必要专利的受让人对标准必要专利的被许可人提出更高的不符合 FRAND 原则的声明的许可费或者提出更为严格的许可条件时，标准必要专利的被许可人可以根据 FRAND 原则的声明进行抗辩。

例如，在"无线星球诉三星"案中，三星公司作为被告之一基于援引的

《欧盟运行条约》第 101 条进行抗辩：无线星球公司在获得这些标准必要专利之后，未经合理理由提高了专利许可费率，这与爱立信公司之前作出的 FRAND 原则的声明相悖。

通过"无线星球诉三星"案可以看出，在标准必要专利转让的过程中，一个关键问题就是如何在转移专利权的同时保障原有 FRAND 原则的声明的有效性。无线星球公司在相关标准必要专利的专利权转让后提高了许可费率，而没有提供充分的理由或事先通知，那么这可能会被认为违反了 FRAND 原则的声明，进而影响专利转让的法律效力。FRAND 原则的声明不仅对标准必要专利的转让人具有约束力，对标准必要专利的受让人也同样具有约束力，从而强化了 FRAND 原则声明的普遍约束力。

因此，FRAND 原则的声明的连续性确保了即使在标准必要专利的所有权发生变更后，新的专利权人也必须遵守相同的公平、合理和无歧视的许可条件，从而避免了因专利转让导致的市场竞争扭曲，不仅确保了技术标准的普及过程不会因专利所有权的变动而中断，同时还要求标准必要专利的受让人必须遵守原有的 FRAND 原则的声明，这将大大减少因专利转让而产生的法律争议。可见，FRAND 原则的声明在专利转让后保持有效，对于维护市场竞争秩序、保障技术标准的顺利实施、促进技术创新以及减少法律纠纷都具有重要的深远意义。

（3）IEEE

IEEE 的标准可以按照包括使用标准必要专利权利要求的条款来起草。如果 IEEE 收到通知，即 IEEE 的标准可能需要使用潜在的标准必要专利权利要求，则 IEEE 应在 IEEE SA 标准委员会批准的保证函表格上向专利权人或专利申请人请求许可保证。IEEE 应在没有强制的情况下请求该保证。

IEEE 的 FRAND 原则在 IEEE SA（IEEE Standards Association）的 PAG（Patent Advisory Group）政策指南中进行了详细的说明。IEEE 促使专利权人进行 FRAND 原则的声明，"保证书"是许可其标准相关的标准必要专利的主要手段。❶ IEEE 发布的专利政策只限于标准必要专利，在 IEEE 的专利政策中对许可方式进行了规定：

1）专利权人必须在标准提案被批准之前向 IEEE 提交一份有关专利许可的保证书。

2）保证书中有关许可的方式可以是：普遍放弃专利权，不再以自己的专利

---

❶ 马海生. 专利许可的原则：公平、合理、无歧视许可研究［M］. 北京：法律出版社，2010：111.

权对抗标准实施者；声明无偿地或以合理的非歧视的条件、条款向为了实现标准的当事人进行专利许可。

3）从标准的核准日期开始到标准的失效期间止，这项保证一直具有效力，并且在此期间，保证书不能被撤销。❶

由此可见，IEEE 要求标准必要专利权人在提案确定纳入标准之前，提交关于专利许可的保证书，而保证书中涉及相关的专利许可方式主要有两种：一种是放弃专利权；另一种是在对标准实施者进行专利许可时，无偿地或者以 FRAND 条件向标准实施者进行专利许可。

（4）JEDEC

JEDEC 在其组织手册第 8.2 条中对 RAND 原则进行了定义：作为参与的条件，每位委员会成员同意向所有潜在被许可方按照 RAND 条款提供其标准必要专利的许可，以供其使用、销售、许诺销售或以其他方式处置产品的一部分，以符合最终批准的 JEDEC 标准。❷ 对于持有或控制的标准必要专利的所有人，无论是已经提交的还是预计提交的，只要专利或专利申请为 JEDEC 标准实施可能所必需的，专利权人或者专利申请人应当选择以下一项作出声明：①在 RAND 条款下免费提供许可，以执行 JEDEC 标准；②在公平、合理、无歧视的条款下提供许可，以执行 JEDEC 标准。如果委员会成员不愿意按照 RAND 条款许可其标准必要专利，该委员会成员应尽早以书面形式通知委员会主席，通知形式应为拒绝以 RAND 条款提供许可的通知。委员会应考虑绕过相关材料或采用其他技术替代方案，以期尽可能解决相关问题。委员会成员可自行决定随时撤回其拒绝许可的通知。然而，如果委员会成员仍坚持拒绝以 RAND 条款提供许可，该成员必须在发出不愿许可的通知后的 120 个日历日内退出委员会。❸

标准必要专利权人将在转让受 RAND 原则声明约束的专利所有权的任何文件中包括足以确保声明中的承诺对受让方具有约束力的条款，以及受让方在未来发生转让时同样将包括适当的条款，目的是约束每个利益继承人。❹

----

❶　IEEE – SA. Standards Board Bylaws – Clauses 6 – 8 ［EB/OL］. ［2025 – 04 – 23］. https：// standards. ieee. org/about/policies/bylaws/sect6 – 7/.

❷　参见 JEDEC. JEDEC Manual No. 21W ［EB/OL］. ［2025 – 04 – 23］. https：//www. jedec. org/sites/ default/files/JM21W. pdf.

❸　JEDEC. Patent Policy ［EB/OL］. ［2025 – 04 – 23］. https：//www. jedec. org/about – jedec – patent – policy.

❹　JEDEC. JEDEC Patent Policy ［EB/OL］. ［2025 – 04 – 23］. https：//www. jedec. org/sites/default/ files/Patent_Policy_Presentation_2025. pdf.

（5）中国国家标准化管理委员会

中国国家标准化管理委员会在《国家标准涉及专利的管理规定（暂行）》第9条中规定："国家标准在制修订过程中涉及专利的，全国专业标准化技术委员会或者归口单位应当及时要求专利权人或者专利申请人作出专利实施许可声明，该声明应当由专利权人或者专利申请人在以下三项内容中选择一项：（一）专利权人或者专利申请人同意在公平、合理、无歧视基础上，免费许可任何组织或者个人在实施该国家标准时实施其专利；（二）专利权人或者专利申请人同意在公平、合理、无歧视基础上，收费许可任何组织或者个人在实施该国家标准时实施其专利；（三）专利权人或者专利申请人不同意按照以上两种方式进行专利实施许可。"在第10条规定："除强制性国家标准外，未获得专利权人或者专利申请人根据第九条第一项或者第二项规定作出的专利实施许可声明的，国家标准不得包括基于该专利的条款。"第12条规定："……除强制性国家标准外，未能在规定时间内获得专利权人或者专利申请人根据第九条第一项或者第二项规定作出的专利实施许可声明的，国家标准化管理委员会可以视情况暂停实施该国家标准，并责成相应的全国专业标准化技术委员会或者归口单位修订该标准。"

按照《国家标准涉及专利的管理规定（暂行）》，标准必要专利权人向全国专业标准化技术委员会或者归口单位作出 FRAND 原则专利实施许可声明时，在公平、合理、无歧视基础上，可以选择：①免费形式许可任何组织或者个人在实施该国家标准时实施其专利；②收费形式许可任何组织或者个人在实施该国家标准时实施其专利；③不同意按照以上两种方式进行专利实施许可。

如果标准必要专利权人不同意在 FRAND 原则的基础上，以免费形式或者收费形式许可任何组织或者个人在实施该国家标准时实施其专利，则在制定国家标准时，不得采用上述专利。除强制性国家标准外，如果在规定的时间内，没有收到标准必要专利权人作出的 FRAND 原则专利实施许可声明的，国家标准化管理委员会根据情况暂停实施该国家标准，并责成相应的全国专业标准化技术委员会或者归口单位修订该标准。

《国家标准涉及专利的管理规定（暂行）》第13条中规定："对于已经向全国专业标准化技术委员会或者归口单位提交实施许可声明的专利，专利权人或者专利申请人转让或者转移该专利时，应当事先告知受让人该专利实施许可声明的内容，并保证受让人同意受该专利实施许可声明的约束。"

2. 标准化组织 FRAND 原则的比较

通过对主要标准化组织对 FRAND 原则的规定进行对比发现，各个标准化组织对 FRAND 原则的规定都很相似，但又不尽相同。

主要标准化组织针对不同意 FRAND 原则的许可，只有 IEEE 还可能采用相关专利技术；ITU、IEEE、JEDEC 和中国国家标准化管理委员会都明确不采用相关专利技术，并寻找解决的替代方案。

针对基于 FRAND 原则进行纠纷解决时，只有 ETSI 设立了秘书处进行纠纷调解。ETSI 规定了一套适用于 FRAND 政策的审查和纠纷解决机制，而且 ETSI 的纠纷解决程序受到专家机构的监管。ITU、IEEE、JEDEC、中国国家标准化管理委员会的政策没有涉及此类具体机制的细节。由此可见，大部分的标准化组织并没有设置相应的机构或者调解程序，并不参与标准必要专利许可的纠纷调解。

各个主要标准化组织对 FRAND 原则声明的时间限制不尽相同，ITU 和 JEDEC 对 FRAND 原则声明的时间没有限制，ETSI 要求是 3 个月，IEEE 规定在标准提案被批准之前，中国国家标准化管理委员会则是要求及时作出 FRAND 原则的声明。在向相关标准化组织作出 FRAND 原则的声明后，ETSI 和 IEEE 都明确规定了作出的 FRAND 原则的声明是不可撤销的。

（三）FRAND 原则在诉讼中的应用与完善

在司法实践中，FRAND 原则的应用是一个复杂而关键的问题。一方面，标准必要专利权人需要保护其知识产权，确保标准必要专利的回报是合理的；另一方面，被许可人可以在获得许可条件之后与其他被许可人获得的许可条件进行比较判断，确定是否在相同的许可条件下获得专利许可，从而营造出公平、健康的市场竞争环境，防止市场垄断和不正当竞争行为，推动技术创新。

1. FRAND 原则的应用

FRAND 原则不是独立的法律规则，而是行业实践和标准化组织在制定、维护技术标准时运用的一个独特条款。由于绝大多数的标准化组织对专利权利人的 FRAND 原则的声明仅仅是原则性要求，并没有对 FRAND 原则的声明的法律性质进行明确的说明，因此，FRAND 原则的声明的法律性质一直处于模糊的状态。

然而，正是 FRAND 原则的声明的模糊性，使得标准必要专利权人和标准实施者在标准必要专利许可的过程中均希望自身可以获取最大的利益，标准必要专利权人向标准化组织提交的 FRAND 原则的声明又成为双方谈判要遵循的准则，双方的许可谈判应当在 FRAND 原则确定的框架下进行，因此，针对 FRAND 原则的声明的法律性质理解不同，就会导致标准必要专利权人和标准实施者之间所享有的权利和应该承担的义务就不同，从而解决标准必要专利侵权与救济法律纠纷的方式也不相同。

由此可见，确定 FRAND 原则的声明的法律性质是解决双方争议的关键。在目前学术界，对 FRAND 原则的声明的法律性质、FRAND 原则在标准必要专利权人和标准实施者之间是何种关系，并没有达成统一的认识，主要有如下几种主流的观点。

（1）第三方利益合同说

第三方利益合同，也称为利他合同，是指合同当事人在合同中约定，由一方当事人向合同外的第三人履行某种义务，使第三人成为合同的受益人并取得直接请求权的合同。这种合同形式允许第三人无须参与合同的订立过程，但可以直接享受合同带来的利益，并在必要时向合同的一方或双方主张权利。

很多国家的法律都对第三方利益合同进行了规定。《中华人民共和国民法典》（以下简称《民法典》）第 522 条第 2 款规定：当事人约定第三人可以直接请求债务人向其履行债务，第三人未在合理期限明确拒绝，债务人未向第三人履行债务或者履行债务不符合约定的，第三人可以请求债务人承担违约责任，债务人对债权人的抗辩可以向第三人主张。另外，《德国民法典》第 328 条第 1 项规定，对第三人有利的合同，可以依合同约定向第三人履行给付，并具有使该第三人直接取得请求给付的权利的效力。《日本民法典》第 537 条第 2 款规定：第三人的权利，于其对债务人表示享受契约利益的意思时发生。英国 1999 年的《合同第三方权利法案》明确了第三方对合同有请求权的情况下，第三方享有独立的合同履行权。❶ 该法案确立了第三方在特定条件下对合同享有请求权的法律基础，从而使得第三方能够依据合同要求履行某些权利。由此可见，第三方利益合同的形式在很多国家都有相应的法律规定，第三方有权请求债务人履行合同义务，并在债务人违约时追究其违约责任。

主张 FRAND 原则的声明的法律性质属于第三方利益合同的观点认为：FRAND 原则属于第三方利益合同，在各个标准化组织规定的 FRAND 原则中，存在第三方——标准实施者，标准必要专利权人向标准化组织承诺的 FRAND 原则的声明，相当于标准必要专利权人与标准化组织签订了以标准实施者作为第三方受益人的合同关系，标准实施者作为第三方，享有向标准必要专利权人履行权利和义务的请求权。也就是说，根据第三方利益合同说，标准实施者虽然没有与标

---

❶ 参见 Contracts（Rights of Third Parties）Act 1999，Chapter 31。

准必要专利权人签订任何合同，但是其可以享有 FRAND 原则的权益，根据 FRAND 原则可以直接向标准必要专利权人要求获取公平、合理、无歧视的许可费率和许可条件。而对于标准必要专利权人来说，根据 FRAND 原则的声明，必须给标准实施者确定公平、合理、无歧视的许可费率和许可条件，允许标准实施者实施其专利技术，从而维护市场环境有序稳定发展。

例如，"苹果诉摩托罗拉"案❶中，标准必要专利权人摩托罗拉公司向 ETSI 和 IEEE 提交的 FRAND 原则的声明具有合同的效力，而苹果公司作为标准实施者属于第三方受益人，有权利要求摩托罗拉公司履行其 FRAND 原则的声明。

在"微软诉摩托罗拉"案❷中，美国联邦第九巡回上诉法院认为摩托罗拉公司向 IEEE 发出的保证书和向 ITU 作出的 FRAND 原则的声明，即签订了有约束力的合同，构成了根据 FRAND 原则许可其标准必要专利的具有约束力的合同承诺，同时微软公司作为 IEEE 和 ITU 的成员，以及作为 H.264 标准和 802.11 标准的潜在用户，虽然不是合同的一方，但仍然属于第三方受益人。因此，微软公司有权利要求摩托罗拉公司执行 FRAND 原则的声明。

虽然 FRAND 原则的声明对标准必要专利权人具有约束力，但并不是说，即使是在违背意愿的前提下，标准必要专利权人和标准实施者必须签订许可合同。如果在许可谈判过程中，标准实施者拒绝签署符合 FRAND 原则的合同，那么标准必要专利权人理论上可以寻求法院的支持，申请禁令救济，以防止标准实施者继续利用其专利保护的技术进行未经授权的生产和销售。如果标准必要专利权人拒绝与标准实施者签订许可合同，或者提出明显不符合 FRAND 原则的合同条款，标准实施者同样可以向法院提出抗辩，要求拒绝标准必要专利权人提出的侵权禁令救济。❸

主张 FRAND 原则的声明的法律性质不属于第三方利益合同的观点认为：第三方利益合同中的第三方通常是享有合同赋予的权利，并不需要承担与之相关的义务，而标准必要专利权人在作出 FRAND 原则的声明之后，标准实施者如果要想实施标准相关的专利技术，还需要与标准必要专利权人进行许可协商谈判，在许可协商谈判完成后，还需要支付相应的许可费率并接受相应的许可条件，由此可见，标准实施者仍然需要承担相应的许可谈判的义务；此外，标准必要专利权

Apple v. Motorola Mobility Inc., 886 F. Supp. 2rd 1061 (W.D. Wis. 2012).
❷ Microsoft Corp. v. Motorola Inc., No. C10-1823LLR 1, 1-38 (W.D. Wash. Aug. 11, 2013).
❸ EWHC 711 (Pat), 5 Apr, 2017.

人作出的 FRAND 原则的声明中并没有包含具体的许可费率和许可条件，其在作出 FRAND 原则的声明时，并没有放弃专利权的排他权，其仍然可以向标准实施者收取相应的许可费用。因此，标准必要专利权人向标准化组织作出的 FRAND 原则的声明，在标准必要专利权人与标准化组织之间并没有构成第三方利益合同。

（2）强制缔约说

强制缔约义务，是指法律规定一方当事人在另一方提出合法要约时，必须接受该要约并与之订立合同的义务。根据强制缔约义务的特性，法律只有在具备特别理由的情况下才会承认强制缔约。强制缔约义务是基于维护社会公共利益的需要而设置的，然而，这种义务并非无限制，适用范围需法律明确规定且严格限制，以平衡各方的合法权益。

合同自由是合同法的基本原则，强制缔约排除了缔约自由，通常也会排除当事人双方决定合同内容的自由，所以只有在具有特别理由的情况下才被法律承认。❶ 同时，强制缔约一般存在于影响民生的领域，例如公共运输、供电、供热、供气、供水、电信等领域。如果消费者无法获得公共运输、热、气、水、电信、电力等资源，则消费者的基本生活就无法得到保障，而且公共运输、供电、供热、供气、供水、电信这些领域一般涉及公共企业。例如，在一些国家或地区的电力、水务等公共服务行业，供应商有义务向所有符合条件的用户提供服务，不得拒绝与用户订立供应合同。同样，医疗机构在紧急情况下也有义务为患者提供必要的医疗服务。

主张 FRAND 原则的声明的法律性质属于强制缔约的观点认为：标准必要专利权人在让其持有的专利成为标准必要专利时，其向标准化组织作出的 FRAND 原则的声明就相当于向标准化组织保证了与标准实施者进行积极善意的谈判，在合理的条件下向任何希望使用该专利的实体提供许可，而不能拒绝授权或滥用专利权。一旦标准实施者在实施这些标准时，便被视为已经缔约，标准必要专利权人则需要承担给予标准实施者公平、合理、无歧视的许可费率和许可条件这一项义务。强制缔约义务的存在主要用于防止市场垄断、平衡谈判地位不对等的标准必要专利权人和标准实施者等各方利益。这种观点的出发点是为了保护市场竞争和消费者权益，避免标准必要专利权人滥用其专利权利，垄断市场并限制技术创新和发展。如果标准实施者无法获得标准必要专利权人的许可，而且又没有其他

---

❶ 崔建远. 合同法［M］. 北京：北京大学出版社，2012：46.

可替代的技术，则标准实施者则无法使用标准，无法进入相关的市场，也无法进行正常的生产。这可能会影响企业的生存，企业将面临无法经营生产的境遇，与消费者面临无法满足基本消费品的情况所类似，因此，FRAND 原则的法律性质属于强制缔约。

例如，在"华为诉交互数字"案❶中，美国联邦法院认为，华为公司在面对交互数字公司（IDC）提出的专利许可条件时，发现自身处于一个不利的谈判地位。如果没有法律干预，华为公司似乎只有两个选择：要么接受 IDC 公司单方面设定的条件，要么面临停止使用相关技术的风险。在这种情况下，华为公司选择通过民事诉讼的方式寻求法律救济，这是其合法权利的体现。通过法院的介入，华为公司希望能够得到一个公正的解决方案，既保护自己的合法权益，也维护市场的公平竞争环境。

通过"华为诉交互数字"案发现，标准必要专利权人作出的 FRAND 原则的声明，应当理解为标准必要专利权人对标准实施者以及潜在的标准实施者承担FRAND 原则下的许可义务，这种义务与供水、供电、供气等垄断企业所负担的强制缔约义务所类似。❷ 因此，标准必要专利权人虽然持有标准相关的标准必要专利，但他们并不享有拒绝向善意实施者提供许可的权利。相反，法律倾向于保护那些真诚希望遵守规定、愿意支付合理费用的实施者，赋予他们在未获得合理许可时不被强制停止使用相关技术的豁免权。这意味着，即使是在专利权人与标准实施者之间存在许可费用上的分歧，专利权人也不得以拒绝许可为由阻止实施者继续生产和销售符合标准的产品。

主张 FRAND 原则的声明的法律性质不属于强制缔约的观点认为：合同法中的一项基本原则是契约自由，但是当为了保证当事人的基本需求或者维护社会公共利益时，针对这种契约的自由需要有一定的限制，强制双方当事人签订合同。然而，标准必要专利权人大多不是公共企业，其与承担着公共运输、供电、供热、供气、供水、电信等职能的公共企业存在本质区别，而且标准必要专利在纳入标准以后，虽然具有一定的公有属性，但本质上仍然具有私人财产权。一般来说，标准必要专利权人与标准实施者签订合同的前提是标准实施者支付公平合理、可以反映标准必要专利的价值的许可费和许可条件。标准化组织在制定

---

❶ 参见（2013）粤高法民三终字第 305 号民事判决书。

❷ 叶若思，祝建军，陈文全. 标准必要专利使用费纠纷中 FRAND 规则的司法适用：评华为公司诉美国 IDC 公司标准必要专利使用费纠纷案［J］. 电子知识产权，2013（4）：59.

FRAND 原则政策时，也是为了平衡标准必要专利权人和标准实施者之间的谈判地位。如果将标准必要专利权人向标准化组织作出的 FRAND 原则的声明解读为强制缔约的属性，这可能会给标准必要专利权人带来沉重的负担，尤其是当标准实施者提出的许可费和条件无法真实反映专利价值时。在这种情况下，强制标准必要专利权人接受不合理的条款不仅违反 FRAND 原则的初衷，也可能削弱专利权人的创新动力，使得标准必要专利权人又会处于弱势地位，进而影响整个行业的健康发展。因此，如果认为标准必要专利权人向标准化组织作出的 FRAND 原则的声明具有强制缔约属性是不太严谨的。

（3）要约邀请说

要约邀请说是指在某些法律关系中，一方通过发出某种形式的邀请，希望对方能够向自己发出要约，从而启动合同谈判或交易过程的法律行为。这种邀请通常不具有法律上的约束力，即对方接受邀请后并不直接导致合同的成立，而是需要进一步的协商和确认才能最终形成合同。要约邀请说强调了邀请的预备性质和非强制性，它是合同谈判过程中的一个初步步骤，而不是最终决定合同成立的因素。

主张 FRAND 原则的声明的法律性质属于要约邀请的观点认为：标准必要专利权人向标准化组织作出的 FRAND 原则的声明，实际上是一种公开的表态，表明他们愿意以一种公平、合理、无歧视的方式，向任何有意采用该标准的标准实施者提供专利许可。这种表态可以被看作一种广义的邀请，即标准必要专利权人邀请那些希望在其产品或服务中实施该标准的企业或个人，与专利权人进行许可谈判，以期达成一个基于 FRAND 原则的许可协议。这一步骤标志着双方都准备好基于 FRAND 原则进行深入的协商和谈判，以达成一个双方都能接受的许可协议，这样的谈判过程被视为一种双赢的探索。因此，要约邀请的目的是维护技术标准的正常实施和市场公平竞争，使得技术标准能够广泛应用，并促进创新和发展。

例如，在"微软诉摩托罗拉"案❶中，德国曼海姆地区法院认为：摩托罗拉公司作为专利权人向标准化组织承诺遵守 FRAND 原则的行为，并不自动形成与潜在被许可方微软公司之间的正式合同关系。FRAND 原则的声明应该被理解为标准必要专利权人对潜在的标准实施者发出的一个要约邀请，鼓励标准实施者基于此邀请主动提出许可协议的要约，是邀请对方进行协商的意思表示。

---

❶ Microsoft Corp. v. Motorola Inc., No. C10 – 1823LLR 1, 1 – 38（W. D. Wash. Aug. 11, 2013）.

通过"微软诉摩托罗拉"案发现，FRAND 原则的声明具有包容性的要约邀请的法律属性，可以给标准必要专利权人和标准实施者提供一个灵活而平衡的平台，标准必要专利权人在设定许可条件时不得滥用其市场优势地位，同时鼓励标准实施者在谈判中展现出必要的诚意和合作态度，给彼此留有协商谈判的余地，不仅能促进知识产权的有效传播，还有助于维护市场的竞争秩序和技术创新活力。

主张 FRAND 原则的声明的法律性质不属于要约邀请的观点认为：一方面，传统意义上的要约邀请通常不具备强制性，对受邀请的人没有强制约束力，而 FRAND 原则的声明对于标准必要专利权人和标准实施者双方都有比较强的约束力。标准必要专利权人一旦作出 FRAND 原则的声明，便承担了在授权许可时遵循公平、合理、无歧视原则的责任。这意味着，标准必要专利权人在与标准实施者进行许可谈判时，必须在许可费的定价、谈判过程的公正性以及对待不同实施者的平等性等方面表现出责任感。另一方面，传统意义上的要约邀请，要约邀请人通常可以在不受重大限制的情况下撤回或撤销其发出的要约邀请，而 FRAND 原则的声明一旦作出之后是不允许撤回或者撤销的。一旦标准必要专利权人向标准化组织作出了 FRAND 原则的声明，这一声明便成为其专利策略和商业信誉的一部分，难以单方面撤回或撤销。

由此可见，FRAND 原则的声明虽然在形式上类似于要约邀请，但其法律效果和社会功能远超传统概念。它不仅为标准实施者提供了一个明确的谈判起点，更为标准必要专利权人设定了一套严格的道德和法律规范。因此，将 FRAND 原则的声明简单归类为要约邀请可能会忽视其在促进技术创新、维护市场秩序和保护公共利益方面的重要作用。

（4）先合同义务说

先合同义务，又称前合同义务或先契约义务，是当两个或多个主体开始就某一合同条款进行谈判时，即便合同尚未正式签订，各方之间也可能会产生一定的法律义务。这些义务源于诚信原则，要求双方当事人在谈判阶段就展现出诚实信用，不得采取欺诈、胁迫或其他不正当手段损害对方的合法权益，应当履行协力、告知、保护、保密等合同随附义务。也就是说，先合同义务在双方签订合同过程中，在合同生效之前发生的，应该由合同双方当事人承担的各种法律义务，是建立在民法诚实信用、公平原则基础上的法律义务。

主张 FRAND 原则的声明的法律性质属于先合同义务的观点认为：在基于 FRAND 原则进行许可谈判的过程中，标准必要专利权人有义务向潜在的标准实施者提供公平、合理、无歧视的许可费和许可条件，而标准实施者则有义务积极参与谈判并提供合理的回应。当标准必要专利权人向标准化组织承诺将以FRAND原则进行专利许可时，标准实施者便有了合理的信赖基础，相信专利权人会在后续的许可谈判中遵循公平、合理、无歧视的原则。这种基于对双方的信赖和先合同义务中的缔约双方的义务相类似，因此，FRAND原则相当于在标准必要专利权人与潜在的标准实施者之间建立了一套行为准则，可以被认为是一种特殊的先合同义务，这种义务的存在是为了确保许可谈判的公平性和合理性。因此，将标准必要专利权人向标准组织作出的FRAND原则的声明理解为先合同义务比较合适。

例如，在"OPPO诉夏普"案中，OPPO公司与夏普公司之间被认定为一种特殊的法律关系，既不属于典型的合同纠纷，也不属于典型的侵权纠纷。夏普公司作为IEEE和ETS的会员，其在相关标准化组织作出FRAND原则的声明时，即对潜在的标准实施者产生了信赖利益，这种信赖利益来源于标准实施者相信夏普公司将依据FRAND原则进行标准必要专利许可谈判和授权。

由此可见，夏普公司作出的FRAND原则的声明为对所有潜在的标准实施者的一种普遍性先合同义务。这种义务的存在意味着，一旦标准实施者表现出愿意接受FRAND原则下的许可条件的意图，夏普公司就有责任和义务与之进行诚实的许可谈判，这种谈判应当是公平、合理和非歧视的，以保障实施者的信赖利益不受侵害。FRAND原则的声明不仅仅是一种市场实践或行业规范，而是赋予其在法律上的约束力。因此，标准必要专利权人向标准化组织作出的FRAND原则的声明应当被视为合同法上的先合同义务。

主张FRAND原则的声明的法律性质不属于先合同义务说的观点认为：首先，先合同义务的传统理解是建立在具体的双边谈判基础上，而标准必要专利权人作出的FRAND原则的声明是对不特定多数人的一般性承诺。其次，标准必要专利权人与标准实施者在签订许可合同之前，彼此双方不存在要约，FRAND原则的声明是标准必要专利权人根据标准化组织的知识产权政策的规定而作出的，针对的是对广泛的不特定实施者的承诺，对标准必要专利权人是具有约束力的，但是对于标准实施者并没有约束力。最后，先合同义务是一种法定义务，往往伴随着明确的法律后果，如违约责任等；而FRAND原则仅仅是一种约定义务，如何界定和执行这种先合同义务的具体内容和法律后果，仍然是需要进一步探讨的问题。因此，标准必要专利权人向标准化组织作出的FRAND原则的声明不构成先合同义务。

（5）单方法律行为说

法律行为，是法律事实的一种，是能够引起法律关系产生、变更或者消灭的人的活动或行为，它是以人的意志为转移的，是人们有意识的自觉活动的结果，包括作为（积极的行为）和不作为（消极的行为）。法律行为的成立需要具备以下条件：其一，必须是基于当事人的意思而具有外部表现的举动，且必须为法律规范所确认而发生法律上效力的行为，内在的心理活动不是法律行为；其二，必须是基于行为人意思表示的行为，先天无意志能力的行为、后天被胁迫而无意志能力的行为，不是法律行为。

主张 FRAND 原则的声明的法律性质属于单方法律行为的观点认为：FRAND 原则的声明是标准必要专利权人直接面向标准化组织和间接面向所有潜在的标准实施者公开作出的声明，该声明在作出以后不可撤销，如果撤销会引起相应法律后果，因而 FRAND 原则的声明属于法律行为。

在法律上，单方法律行为是指仅凭一方当事人的意思表示即可成立的法律行为，无需相对人的同意。在标准必要专利许可的背景下，标准必要专利权人向标准化组织作出的 FRAND 原则的声明可以被视为一种单方法律行为，因为它是专利权人单方面作出的，主要目的在于向潜在的标准实施者表明其愿意以 FRAND 原则进行许可。在标准必要专利许可过程中，标准必要专利权人采取的一些行为，可能对市场竞争产生不利影响，这些行为包括拒绝授权、滥用市场支配地位、不合理定价等。单方法律行为说强调的是，标准必要专利权人在实际的许可谈判和授权过程中的行为也应当受到 FRAND 原则的约束。这意味着，即使标准必要专利权人最初作出了 FRAND 原则的声明，但如果其在后续的行为中未能遵守公平、合理和非歧视的要求，那么这种行为就可能违反了 FRAND 原则的声明。由此可见，FRAND 原则声明的成立并不依赖标准化组织或者潜在标准实施者的意思表示，标准必要专利权人一方作出 FRAND 原则的声明表示即可成立，因此，它属于单方法律行为。

例如，在"西电捷通诉索尼"案中，索尼公司一审抗辩主张包括"涉案专利已经纳入国家强制标准，原告也进行了专利许可的承诺，故被告的行为不构成侵权"以及"原告主导了强制性标准的制定，并未明确拒绝许可，应当视为同意他人实施该标准中的专利"。北京知识产权法院一审认为西电捷通公司向标准化组织作出的 FRAND 原则的声明，不能确定双方已经达成了许可协商谈判，并签订许可合同，标准必要专利权人 FRAND 原则的声明是单方民事法律行为，不能认为是作出了许可的决定。因此，标准必要专利权人作出 FRAND 原则的声明不能作为被告不侵权的抗辩事由。

主张 FRAND 原则的声明的法律性质不属于单方法律行为的观点认为：首先，单方法律行为通常指的是行为人通过单方面的意思表示就能成立的法律行为，且这种行为主要是给自己设定义务，而不是给他人设定义务。FRAND 原则的声明不仅仅是标准必要专利权人对标准化组织作出的单方面承诺，它实际上对标准必要专利权人和潜在的标准实施者都设定了义务。在标准必要专利的许可谈判中，FRAND 原则不仅约束了专利权人，也对实施者的行为设定了限制，FRAND 原则要求双方进行真诚的谈判，并在达成协议时遵循公平、合理、无歧视的条件。这一过程涉及双方的互动和协商，而非仅仅依赖于专利权人的单方面行为，这与单方法律行为的定义不完全吻合。其次，专利权人通过将其专利纳入标准并作出 FRAND 原则的声明，获得了一定的市场利益，包括提高专利的商业价值和增加市场份额。由此可见，FRAND 原则的声明并非没有受益人，而是标准必要专利权人通过这一行为获得了利益，因此不属于单方法律行为。FRAND 原则的实施涉及多方主体的互动，包括专利权人、实施者和标准化组织，它的目的是平衡各方的利益，促进技术的标准化和市场的公平竞争，因此，认为标准必要专利权人向标准化组织作出的 FRAND 原则的声明属于单方法律行为的观点具有一定的局限性。

（6）诚信说

诚信原则在民法体系中是一项基本原则，它要求当事人在民事活动中应保持诚实、守信的态度，不欺骗对方，不隐瞒真实情况，不恶意逃避债务，不损害他人合法权益。

这一原则和 FRAND 原则所要求的公平、合理、无歧视在内涵上是一致的，都是强调许可的双方——标准必要专利权人和标准实施者都要善意和诚信。

主张 FRAND 原则的声明的法律性质属于诚信原则的观点认为：FRAND 原则体现了标准必要专利权人在标准制定过程中的诚信行为，在作出 FRAND 原则的声明时，实际上是在向标准化组织和潜在的标准实施者保证，他们将按照 FRAND 原则进行许可，这意味着标准必要专利权人在后续的许可谈判中应当遵循诚信原则，应当真诚地表达其意愿，不故意误导对方，不设置障碍阻碍谈判进程。标准必要专利权人应当提供充分的信息，使标准实施者能够准确评估许可条件的合理性，不设置不公平的许可条件，不拒绝合理的许可费，也不对不同的实施者进行歧视许可。FRAND 原则的诚信说强调的是一种基于诚信的谈判义务，要求标准必要专利权人在与标准实施者进行许可谈判时，应当遵循诚信原则，确定谈判过程和许可条件公平、合理、无歧视以确保标准的实施不会受到专利权的过度限制。

诚信说的典型案例是"华为诉交互数字"案。审理该案的法院未指明 FRAND 原则的声明的性质,而是采用诚信原则来检测双方行为,最终判定华为公司在谈判过程中展现了善意,进行了真诚的谈判努力;而 IDC 的一系列行为则被认定为违反了诚信原则。

通过"华为诉交互数字"案发现,法院在审理此类案件时,往往不会直接裁定 FRAND 原则的声明的法律性质,而是倾向于运用诚信原则来评估双方的行为。在这一原则指导下,法院会对标准必要专利权人和标准实施者在许可谈判中的行为进行细致审查,以确定当事人在商业交易中是否保持诚实和公平,是否存在违反诚信原则的欺诈和恶意行为的情况。一方面,标准必要专利权人不应利用其在特定技术领域的垄断地位进行所谓的"专利劫持",即通过不合理的许可费或苛刻的许可条件来限制竞争对手,从而扭曲市场竞争。另一方面,标准实施者也应履行其义务,按时支付合理的许可费用,尊重专利权人的合法权益。

主张 FRAND 原则的声明的法律性质不属于诚信原则的观点认为:FRAND 原则具有一定的独立性,不仅仅是诚信原则的一部分,而且是作为一种专门针对标准必要专利的法律规范,具有自己独特的法律内涵和应用范围。FRAND 原则的适用需要考虑专利的技术贡献、市场价值、行业标准的重要性以及公平竞争的原则,这些都是诚信原则所不能涵盖的。综上所述,认为标准必要专利权人向标准化组织作出的 FRAND 原则的声明属于诚信原则的观点具有一定的局限性。

(7) 禁止反悔说

禁止反悔原则,又称为禁止翻悔原则,是民商法中的一项基本原则,它要求当事人在特定情况下作出的承诺或保证不得随意撤回或否认,以维护交易的稳定性和当事人的信赖利益。在合同法领域,这一原则尤为重要,常用于维护合同的稳定性和可信度,防止当事人出尔反尔。

主张 FRAND 原则的声明的法律性质属于禁止反悔原则的观点认为:当标准必要专利权人向标准化组织作出 FRAND 原则的声明后,他们就不能更改许可的条件,就相当于在法律上设定了一项不可撤销的义务。这也就意味着,标准必要专利权人在后续的许可过程中,不能单方面改变已经承诺的许可条件,如果协议的条件不合理或有歧视性,标准必要专利权人也必须按照协议履行,不能再改变许可的条件。如果他们试图改变许可的条件,例如提高许可费或拒绝许可,那么他们的这种行为可能会受到禁止反悔原则的限制。如果标准必要专利权人违反了

FRAND 原则，违反了禁止反悔原则，那么他们可能会面临法律责任。例如，他们可能会失去对实施者提起侵权诉讼并请求禁令的权利，甚至可能需要因为违反了 FRAND 原则，对实施者因此遭受的损失进行赔偿，支付赔偿金，其中可能包括实施者由于不合理许可条件导致的额外成本或利润损失。在极端情况下，如果标准必要专利权人坚持不遵守 FRAND 原则，法院或相关监管机构可能会强制其按照 FRAND 原则进行许可，以保护公共利益和市场竞争。

主张 FRAND 原则的声明的法律性质不属于禁止反悔原则的观点认为：禁止反悔原则是一种法律上的自我限制机制。FRAND 原则强调的是合同双方的公平交易和市场的自由竞争，确保专利许可条件既不过分限制市场竞争，也不剥夺专利权人的正当权益。因此，虽然 FRAND 原则和禁止反悔原则都在一定程度上体现了法律的公平原则，但它们存在本质区别，因此不能将 FRAND 原则认为属于禁止反悔原则。

（8）默示许可说

默示许可是指在某些情况下，即使没有明确的书面许可协议，也可以推定存在许可关系。当标准必要专利权人参与标准制定并承诺按照 FRAND 原则许可其专利时，这种承诺本身就构成了一种默示许可。

主张 FRAND 原则的声明的法律性质不属于默示许可的观点认为：在标准必要专利许可谈判中，当标准必要专利权人未能与潜在的标准实施者达成一致意见时，法院可能会根据专利权人的行为和言语让第三方合理推断出标准必要专利权人已给予某种形式的许可，即使他们之间没有明确的许可协议。也就是说，通过默认的方式，若标准实施者想要实施专利，标准必要专利权人与标准实施者达成默认的专利许可合同，这种许可通常是基于 FRAND 原则的要求，即公平、合理、无歧视性的许可条件。

默示许可的概念最早起源于美国的 "De Forest 无线电话公司诉美国"❶ 案。在该案中，美国联邦最高法院确认，专利权人的言行可以构成一种许可，即使没有正式的书面协议，根据专利所有人使用的任何语言或由其向他人实施的任何行为，由此正当推定专利所有人已同意其使用专利，进行制造、使用或销售，并且他人据此而实施行为，则可以构成一种许可，并在侵权诉讼中构成一种抗辩。至于默示许可是免费的还是需要支付合理费用，这取决于具体情况。由此认为，标准必要专利权人和标准实施者之间的关系是合同关系，而不是侵权关系。

---

❶ De Forest Radio Tel. Co. v. United States, 273 U. S. 236 (1927).

主张 FRAND 原则的声明的法律性质不属于默示许可的观点认为：默示许可作为一种专利侵权抗辩手段，其仅能为涉诉侵权人提供侵权抗辩，而不能阻止专利权人就同一专利向其他标准实施者再次提起侵权之诉。默示许可的认定很大程度上依赖于法院对标准必要专利权人行为的解释，这可能导致判决的主观性和不确定性。不同的法院可能会对相同的事实作出不同的解释，从而影响默示许可的认定和许可条件的确定。默示许可的存在可能会削弱专利权人的谈判地位，因为他们可能担心任何积极的谈判行为都会被解释为默示许可的信号，从而在未来的许可谈判中处于不利地位。由此可见，"默示许可说"提供了一种在缺乏明确许可协议时的解决方案，但它也带来了一些挑战和不确定性，有可能不能有效保证标准的顺利实施。

（9）禁止权利滥用说

禁止权利滥用是指民事主体在行使其权利时，不得超越法律政策和社会公德的正当限制，不得损害他人和社会公共利益。这一原则要求民事主体在行使权利时，必须注意必要的限度，不去侵害他人的权益，以维护法律秩序和社会公共利益。

主张 FRAND 原则的声明的法律性质属于禁止权利滥用的观点认为：标准必要专利权人虽然享有对其专利技术的排他性使用权，但在标准化的背景下，在行使其专利权利时不应该超出其应有的范围，以免对市场竞争造成不公平的影响。例如，标准必要专利权人不能利用其专利权来排除或者限制竞争，不应在许可谈判中采取高压策略或隐瞒关键信息，以迫使实施者接受不利的许可条件，阻碍其他企业进入市场。这也就意味着，标准必要专利权人在行使其专利权时，必须遵循 FRAND 原则，以确保市场竞争的公平性和有效性。在法律实践中，权利滥用的行为可能会导致专利权人的法律地位受到损害。例如，法院可能会拒绝授予禁令，或者要求专利权人降低不合理的许可费。在极端情况下，专利权人甚至可能面临反垄断法的制裁，包括罚款和赔偿损失。

主张 FRAND 原则的声明的法律性质不属于禁止权利滥用的观点认为：禁止权利滥用说可能会削弱标准必要专利权人的专有权利，而且如果过分强调禁止滥用权利，可能会导致专利许可费用过低，限制专利权人在市场上的议价能力，从而影响其投资回报和创新动力，从而抑制创新。

总的来说，FRAND 原则的声明是有法律约束力的。为了维护市场公平竞争和各方的利益，各标准化组织都制定了相关的政策和解释，以指导 FRAND 原则的实施。这些政策和解释通常是为了确保标准必要专利权人在行使专利权时，不会滥用其市场地位，平衡标准必要专利权人和标准实施者的权益，促进健康的市场竞争环境。

2. FRAND 原则的完善

FRAND 原则在标准必要专利的诉讼纠纷中有非常重要的意义。在专利许可过程中，有效健全的标准必要专利的 FRAND 原则需要标准化组织、标准必要专利权人和标准实施者三方共同努力。

（1）对于标准化组织

对于标准化组织来说，应当明确 FRAND 原则的含义和要求，为专利权人和标准实施者提供清晰的指导，要求参与标准制定的成员披露其拥有的标准必要专利，或声明其拥有潜在的标准必要专利，并承诺按照 FRAND 原则进行许可。标准化组织还可以设立或推荐第三方争议解决机构，协助解决专利权人和标准实施者之间的许可纠纷，以避免长期的诉讼。

（2）对于标准必要专利权人

对于标准必要专利权人来说，应遵守在参与标准制定时所作出的 FRAND 原则的声明，确保其提出的许可条件公平、合理且无歧视。而且在标准实施者寻求许可时，专利权人应积极响应，并提供必要的信息以促进谈判的顺利进行。除此之外，专利权人应避免利用其在特定技术领域的垄断地位，通过过高的许可费用或其他不公平的手段阻碍竞争。

（3）对于标准实施者

对于标准实施者来说，应承认并尊重标准必要专利的专利权，主动寻求合法的许可，并在必要时支付合理的许可费用。而且在许可谈判时，应与专利权人积极沟通，并提供其商业需求和承受能力的相关信息。在遇到不公平的许可条件时，标准实施者应有勇气提出异议，并通过协商、调解或诉讼等方式维护自身的合法权益。

总而言之，FRAND 原则的有效实施与标准化组织、标准必要专利权人和标准实施者密不可分。标准化组织应提供明确的规则和争议的解决机制，专利权人应遵守承诺并避免滥用权利，标准实施者则需尊重专利权并积极参与谈判，只有这样，才能促进技术的广泛传播和市场的公平竞争。

四、标准必要专利的诉讼热点问题

（一）专利劫持与反向劫持问题

信息披露的不充分或者虚假披露会导致标准必要专利权人和标准实施者之间

的信息不对等。比如，标准必要专利权人故意隐瞒其持有的标准必要专利，导致标准实施者在实施标准的时候，并不知道标准中包含的专利的情况。当标准实施者在运用标准大量生产时，才知道标准中涉及标准必要专利技术，这时，标准实施者可能已经被"技术锁定"。同时，标准必要专利权人由于其拥有的标准必要专利已经占有大量的市场，可能会利用其标准必要专利权人的市场主导地位，发生垄断行为或者排挤竞争对手或者阻碍新技术的发展。例如，他们可能会拒绝许可给某些企业，或者设置过高的许可费，从而使竞争对手难以承受。此外，标准必要专利权人在标准制定的过程中，可能故意利用其许可策略的模糊性，以便在标准确定后，根据市场情况和竞争对手的情况，调整其许可策略以最大化地谋取自身利益。此时，标准必要专利权人可能就会向标准实施者索取高额的许可费等。因此，在诉讼过程中，专利劫持是主要的热点诉讼问题之一，主要表现为索要不符合 FRAND 原则的许可费、拒绝许可、发起禁令诉讼等，以此来强化其谈判优势或获取不公平的利益。此外，标准实施者有时也会利用标准必要专利权人对标准实施的依赖性，通过恶意拖延许可谈判、寻求低于 FRAND 原则的许可费或许可条件等，导致专利反向劫持行为的频繁发生。因此，专利反向劫持亦是主要的热点诉讼问题之一。

（二）禁令救济问题

在标准必要专利纠纷诉讼过程中，禁令救济是一种常见的法律救济方式。禁令救济允许标准必要专利权人在发现他人侵犯其专利权时，向法院申请禁止对侵犯其必要专利的产品进行销售或制造来救济自己。通过这种形式，标准必要专利权人不仅能够保护自己的专利权，迅速阻止侵权行为，同时能够对潜在的侵权者起到震慑作用，还可以迫使标准实施者回到谈判桌，与标准必要专利权人达成和解。在标准必要专利案件中，禁令救济尤为重要，因为标准必要专利通常是实施特定技术标准不可或缺的专利，一旦被侵权，可能会对整个行业的技术创新和市场秩序产生深远影响。因此，禁令救济也是主要的热点诉讼问题之一。

（三）许可费率问题

如果标准必要专利权人未能在技术标准制定的关键时期充分披露其专利信息，可能会引发一系列连锁反应，最终影响到整个市场的价格水平。例如，技术标准制定后，标准必要专利权人利用其对特定技术的独占权，拥有了更大的议价空间，能够在许可谈判中占据有利地位，可能调整许可费用至更高水平，这种做法无形中增加了下游产品制造商的成本负担，进而可能导致终端产品的售价上升，影响消费者的购买力。

未披露的标准必要专利可能导致许可费率的不公平设定，损害标准实施者的利益，还可能对整个行业的竞争环境和消费者福利产生负面影响。此外，FRAND原则的定义及其法律性质一直处于模糊的状态，尤其是在许可费率方面，不同的法院和法官可能有不同的解释，导致了在标准必要专利诉讼过程中许可费率问题的复杂性和争议性。标准必要专利权人和标准实施者在标准必要专利许可的过程中，双方都希望自身可以获取最大的利益，例如，标准必要专利权人希望索取更高的许可费，而标准实施者认为许可费率过高，希望以更低的许可费率获得许可，由此引发的合理许可费率的争议越来越多，在标准必要专利诉讼过程中，许可费率问题已经成为首要焦点问题。

（四）国际平行诉讼的管辖权问题

随着经济全球化的发展，国际贸易通常涉及多个司法辖区的法律体系，技术标准也展现出国际性的特征，同一技术标准往往被世界各地广泛采用。由于专利权本身具有地域性，当标准必要专利权人针对某个技术标准提起诉讼时，出于自身利益最大化考虑，有时会选择在多个国家和地区进行诉讼，以期获得对其最有利的判决结果，因此双方当事人会围绕法院选择和国家管辖等展开博弈。不同国家的法律体系和判例法差异导致对标准必要专利的许可费率和其他相关问题的解读存在差异。标准必要专利权人可能会选择在对自己最为有利的司法管辖区提起诉讼，或者在多个管辖区提起诉讼以规避某一国家法律对其不利的风险。当一方当事人在国外的法院起诉时，另一方当事人为了对对方的起诉进行牵制，有时会选择在另外一个国家的法院提起诉讼，这就导致了国际平行诉讼。因此，国际平行诉讼在标准必要专利诉讼过程中成为一个热点问题，因为它涉及全球技术标准的实施、跨国企业的利益、不同国家法律体系的互动以及国际贸易规则的适用。

（五）反垄断问题

标准必要专利权人由于标准必要专利的独特性质及其在技术标准中的关键作用，而且其拥有的专利可能成为市场准入的门槛，因此拥有一定程度的市场控制力。如果标准必要专利权人利用这种控制力，要求过高的许可费，或者在许可谈判中设置不合理的条件，则可能会排除或限制竞争，导致潜在的滥用市场支配地位的风险。另外，标准化组织通常要求成员在提交技术提案时声明其是否拥有必要专利，并不是所有的标准必要专利都会被及时或完全披露。如果标准必要专利权人在标准制定过程中隐瞒其专利，并在标准采纳后才透露，标准必要专利权人可能会利用这一信息优势来索取高额许可费，这种做法可能构成对市场公平竞争的障碍。反垄断问题在标准必要专利诉讼过程中越来越多，也因为各国反垄断机构和法院在处理这些问题时采取了不同的方法和标准。这种法律环境的多样性导致了跨国企业在全球范围内面临复杂的合规挑战，同时也使得标准必要专利的诉讼的结果具有高度的不确定性。因此，反垄断问题在标准必要专利诉讼过程中备受关注。

第三章　专利劫持与反向劫持

一、专利劫持

（一）专利劫持的定义

专利劫持（patent hold-up），最早由美国学者马克·A. 莱姆利（Mark A. Lemely）和法学教授卡尔·夏皮罗（Carl Shapiro）提出，他们二人认为专利劫持是指标准必要专利权利人利用其纳入标准的专利要挟标准实施者，通过诉讼并以禁令相威胁，阻止标准实施者使用该专利，或向标准实施者索取明显高于基准许可费率的许可费或附加其他不合理条件等行为。之后，不同学者对专利劫持进行了不同维度的阐释和解读。

我国的吴广海教授认为：当某一专利技术纳入标准后，则这一标准专利技术为整个行业所采用，这一专利技术的其他替代技术就会遭到排斥，这些替代技术的商业化就会因标准对某一专利技术的选用而受到阻碍，专利权人就可能会凭借这一市场力量从事劫持行为。一旦专利权人的专利成为"必要专利"而被选入标准中，专利权人就可能获得索取高额许可费的能力。标准采用后产生的"沉没成本"和"转换成本"导致技术标准中专利权人的市场优势大大增加，增强了专利权人对标准技术使用者的讨价还价能力。这使得采用这一标准的企业会被这一标准锁定，而无法转向另一个可以替代的标准，劫持行为由此得以发生。❶ 还有学者认为：在标准确定之后，特定标准的使用人，当进入某些投资阶段中，尤其是随着某些投资的增加，被选择作为标准的关键技术的专利所有权人由此获得重要的支配力，并凭借此优势地位向使用者提出一系列的过分要求，如向标准使

---

❶ 吴广海. 标准设立组织对专利权人劫持行为的规制政策 [J]. 江淮论坛，2009（1）：111–116.

用人提高许可费或者提出较为不利的授权条款等。❶

可见，国内外学界对于标准必要专利的专利劫持行为，都提出了类似的意思表达。标准必要专利的专利劫持是标准必要专利权人利用其专利纳入标准的绝对优势地位，对标准必要专利技术的实施者实施的一种非合理劫持行为。通常表现为专利权人在其专利技术被确定纳入标准后，以提起专利侵权诉讼等手段威胁标准必要专利技术的实施者向其支付高于专利技术价值的专利许可费。

（二）专利劫持的影响

专利劫持在实践中具有不可忽视的影响：一方面，标准必要专利技术的实施者由于担心被专利劫持，在技术的选择实施上会更加谨慎以尽量避免使用某些标准必要专利技术，同时也为了避免被控制，在前期也不敢投入过多资金和人力物力用于生产，因此导致该标准必要专利技术的推广受到限制；另一方面，一旦被劫持，可能要被迫支付高额的专利许可费，或被禁止实施等，导致标准必要专利技术的实施者的产品在市场上的竞争力受到限制，甚至会将因此而要多支付的高额费用转移到消费者身上，增加产品的销售成本。

因此，为平衡标准必要专利权人与标准实施者以及消费者的合理利益，推动标准技术推广的良性发展，下文将从专利劫持的成因、行为界定以及应对措施等方面逐一进行梳理和分析，以期为我国企业应对专利劫持提供一些借鉴和帮助。

（三）专利劫持的成因

专利劫持行为发生的原因主要有以下几点，如 FRAND 原则的模糊性、专利许可协议的不公开、专利信息披露不充分和对虚假披露的约束力不足。具体而言：

第一，构成专利劫持行为发生的"动机"在于 FRAND 原则的模糊性。标准制定组织为了鼓励创新技术纳入标准，同时为了平衡公共利益，提出标准必要专利许可的 FRAND 原则。尽管大多数标准制定组织的专利政策中都对 FRAND 原则给出了明文规定，但对于公平、合理、无歧视却没有给出具体的解释和相对统一的标准，针对 FRAND 许可的实施和运用也没有具体的操作指引，没有任何标准制定组织对此进行准确界定，这使得 FRAND 原则的解释和执行充满了不确定

---

❶　林欧. 技术标准中专利挟持的反垄断规制 ［J］. 科技管理研究，2015（18）：126 – 129.

性和争议性。FRAND 原则的模糊和不确定性，导致在专利许可谈判的过程中，由于许可条件和许可费率等缺乏可供参考的衡量标准，无法界定和衡量专利权人提出的许可费率和条件是否公平、合理、无歧视，因此专利权人可能会提出不合理的要求，从而发生专利劫持行为。

第二，构成专利劫持行为发生的"动机"还在于专利许可协议的不公开。在实践中，标准必要专利权人在与标准实施者签订专利许可协议时，通常以商业秘密为由拒绝向标准实施者公开其先前与其他被许可方签订的专利许可费和许可条件，以此利用标准必要专利许可费保密的单方优势和标准必要专利权人的强势地位，向潜在的被许可方索取高额的专利许可费，以追求其利益最大化。可见，专利许可协议的保密性，也可能会促使标准必要专利权人违反 FRAND 原则实施专利劫持行为。

第三，构成专利劫持行为发生的"动机"还在于专利信息披露不充分、对虚假披露的约束力不足。信息披露通常要求专利权人向标准制定组织及时披露实施标准所涉及的必要专利，包括正在申请中尚未授权的专利和已授权的专利，以便标准实施者在实施标准技术前能及时掌握标准技术涉及的相关专利情况，避免专利侵权。一方面，大多数标准制定组织声明鼓励自愿而非强制披露专利信息，而且对专权利人所披露的专利也没有检索调查义务。专利技术被纳入标准后，专利权人的合法利益会由于标准技术的推广而受到一定的限制，使其原本的专利收益在一定程度上向标准的公共利益让步，因此，专利权人为了追求更多的经济利益，可能会选择不向标准制定组织披露标准技术相关的专利信息，使得专利信息披露不充分。

另一方面，专利权人为了一揽子许可以获取高额的专利许可费，在向标准制定组织披露专利技术信息的过程中，往往会尽可能多地披露自己的专利技术信息。这些专利技术信息中除了需要披露的标准必要专利，还可能包括非必要专利或重复披露的专利等。而大多数标准制定组织并不负责对数据库中专利权人披露声明的专利信息的真实性和准确性进行核实和认定，对标准必要专利的披露只是一种倡议，至于披露多少、何时披露、披露的专利信息是否相关，完全取决于专利权人。而一项复杂的技术标准往往涉及的专利数量较多，标准制定组织并不介入对披露信息的有效性和技术必要性进行实质性审查或验证，而且对于违反披露义务的法律后果，标准制定组织也并未设定明确的惩罚性机制，从而可能导致虚假披露。

可见，FRAND 原则虽然为专利技术纳入标准提出了条件，但由于没有具体的执行细则，缺少实际操作性，同时对于不遵守 FRAND 原则的专利权人，又缺乏具有约束力的法律后果或有效的制裁机制，导致专利信息披露不足、虚假披露的发生，从而一定程度上为专利权人实施专利劫持行为提供了可乘之机。

（四）专利劫持的行为

由于专利劫持可能会对标准实施者造成实质性的法律风险和经济负担，下文从以下几个维度剖析专利劫持行为的本质，希望帮助标准实施者深入了解和识别专利劫持行为。专利劫持行为的表现形式通常有以下几种：不当披露专利信息、专利转让规避行为以及专利权滥用行为等。

1. 不当披露专利信息

标准与专利的定位存在差异：标准是开放的，是为了能够推广应用，促成整个行业或社会共同利益的增加；而专利属于一种私权，专利权人希望通过专利许可协议来控制专利技术的使用并获取直接经济收益。专利权人致力于将其专利技术纳入标准，旨在通过标准的推广应用获取高额专利许可费。

为实现该目的，一种行为是，专利权人在加入标准制定组织时，可能拒绝披露其拥有的专利信息。一旦其专利技术成为标准必要专利，则以专利权人的身份向标准实施者主张权利，例如向标准实施者索要高额专利使用费。由于技术标准的制定是一个长期且复杂的过程，在此期间标准实施者往往已经为生产准备进行了大量投资，此时若再放弃该标准则付出的代价相当大，标准实施者可能会面临被迫支付额外且不合理专利费用的压力。可见，正是由于标准必要专利权人与标准实施者在许可谈判时信息不对等，标准实施者想知道标准技术中的专利覆盖情况，而专利权人又不愿披露，因此，双方常常无法达成合意，导致谈判陷入僵局，甚至引发利益纠纷。

而另一种行为是，在一揽子许可的情形下，专利权人可能会倾向于尽可能多地向标准制定组织披露其专利技术，包括处于申请阶段甚至处于异议阶段的专利信息。标准制定组织无法一一核对，导致该行为频频发生，使得标准实施者因此要多付出高于专利实际价值的专利许可费。比如在我国曾引起广泛关注的 DVD 收费事件中，6C 和 3C 联盟公司以其庞大的专利组合，向我国 DVD 制造商索取高额的专利使用费，而我国企业受限于审核资源和能力，难以对数量巨大的涉案专利一一进行核实，被迫支付了巨额的专利许可费。该事件对我国的 DVD 产业造成了巨大冲击，导致其逐渐衰退。

因此，为了平衡社会公众和专利权人利益，标准制定组织需要对参与标准制定的专利权人规定相对严格的披露义务，强制或者鼓励标准提案者尽可能披露其提案中的专利信息，使标准专利技术的实施者能够合理预期的标准必要专利使用许可费。这一方面能够使标准实施者充分了解标准相关的专利信息，使其在谈判中与专利权人处于平等的地位；另一方面也可避免专利权人在标准中"埋雷"，堆叠大量专利导致标准实施者付出不合理的代价，以致标准技术难以推广。

2. 通过专利转让规避专利许可声明的约束力

专利权人需要向标准制定组织作出专利许可声明，承诺在 FRAND 条件下对标准必要专利进行许可。专利转让通常伴随着权利和义务的转移，即使专利权发生转移，受让人也应继续遵守原有的许可条件。

然而在实践中，专利转让可能会引发专利权的受让人对于原专利持有人对标准制定组织所作的专利许可声明的约束力的规避。在"N-Data"案中，N-Data 公司作为专利权转让的受让人，违背了专利原持有人向标准制定组织作出的专利许可承诺，向标准实施者索取超出原承诺条件的专利许可费。美国联邦贸易委员会（FTC）根据《美国联邦贸易委员会法》第 5 条，认为此行为构成了不正当的贸易行为。随后，该案以和解告终，和解协议规定：N-Data 公司被禁止对那些未按其单方面提高的价格支付专利使用费的企业采取法律行动；同时，N-Data 公司被限制不得通过再次转让专利来逃避其在许可声明中的义务；即使专利再次转让，原专利持有人对标准制定组织的承诺及其许可条件也一并转移给后续的受让方，确保承诺义务的持续性和约束力。该案表明专利权的转让不能成为规避原专利许可承诺的手段，同时强调了专利转让过程中的诚信原则和法律义务的不可逃避性。

3. 标准必要专利权的滥用行为

标准必要专利权滥用指的是标准必要专利权人在行使权利时超出了法律允许的范围或正当界限，导致对该权利的不正当使用的行为。❶ 标准必要专利权的滥用行为主要为不合理的专利许可费、滥用禁令救济等。

（1）不合理的专利许可费

专利权人在将专利技术纳入标准时预先同意标准制定组织的 FRAND 许可条款，且将按此条款的规定向标准实施者授予专利许可。但在标准制定完成或者推

---

❶ 魏德. 反垄断法规制滥用标准必要专利权之反思［J］. 北方法学，2020，14（3）：149 – 160.

广实施后，标准必要专利权人可能会利用其专利垄断的地位，作出违反 FRAND 许可条款规定的行为。例如，为了收取高额的费用，向标准实施者索要数额过高的专利许可费，该许可费与专利技术的研发成本无关；或者拒绝按照 FRAND 条款和条件对专利技术授予实施许可，以此达到限制、排除竞争对手，垄断市场的目的。例如，2013 年 11 月，国家发展和改革委员会对高通公司启动了反垄断调查程序。经调查发现，高通公司在 CDMA、WCDMA、LTE 等无线通信技术领域的标准必要专利许可市场以及基带芯片市场中，存在滥用市场支配地位的行为，包括在专利许可过程中未能充分披露其专利清单、一揽子许可、在基带芯片销售过程中附加不合理的交易条件等，迫使中国企业承受明显不合理的高额专利许可成本。在另一起"华为诉交互数字标准必要专利使用费率纠纷"案中，法院认为：美国交互数字公司对华为公司的报价是许可给三星、苹果等公司的上百倍，且收取过高的专利许可费缺乏正当性。此外，在协商过程中交互数字公司向美国国际贸易委员会和美国特拉华州地区法院提起诉讼并申请禁令救济，其目的在于逼迫华为公司接受其不公平高价及其他不合理要求，该行为进一步凸显了过高定价的不合理性和不公平性。

（2）标准必要专利权人滥用禁令救济

标准必要专利权的禁令救济是指，当标准实施者未经标准必要专利权人的许可或未支付专利许可费即实施其专利时，专利权人可以以侵权为由，向法院申请禁止该标准实施者实施包括制造、使用、销售等行为在内的侵权行为（在我国被称为"停止侵权"）。专利劫持的行为之一恰恰是滥用了禁令救济，即标准必要专利权人可能以标准实施者侵犯其专利权为由向法院申请禁令，禁止标准实施者继续使用该标准技术，从而对标准实施者形成压力使其被迫接受苛刻的许可条件。

（3）标准必要专利的垄断行为

滥用标准必要专利不必然违反反垄断法，适用反垄断法的前提是滥用标准必要专利达到排除、限制竞争的效果，符合反垄断法规定的构成要件。反垄断法主要从界定相关市场、认定市场支配地位以及认定滥用市场支配地位三方面认定标准必要专利垄断行为，同时考虑标准必要专利的特殊性。

随着市场竞争的加剧，标准必要专利的纠纷常常因涉嫌滥用市场支配地位，受到反垄断机构的关注，或以反垄断为由成为法院审理的对象。以"华为诉交互数字"案为例，法院首先通过综合考量交互数字公司的市场份额、专利组合的覆盖范围、技术壁垒、市场进入难度等因素，认定交互数字公司具有市场支配地位。在此基础上，法院通过对比交互数字公司在先前与其他企业达成的专利许可费协议，认为交互数字公司利用其市场支配地位，向华为公司索取过高的专利许可费，交互数字公司滥用市场支配地位，构成垄断。交互数字公司通过不正当手段，迫使华为公司接受其提出的不合理专利许可条件，交互数字公司的行为构成了专利劫持。最终，法院对交互数字公司的垄断行为依法进行了处罚。该案的判决体现了法院对反垄断法的正确适用，也为类似案件的审理提供了法律参考。

（五）专利劫持的特点

1. 专利劫持的行为主体

专利劫持的行为主体通常是拥有大量专利权的公司。根据 RPX 公司统计，目前大约有上百家公司具有专利劫持行为。典型的专利劫持行为的实施者，例如总部设在美国加利福尼亚州红波特海滩的阿大西亚公司、高智公司、交互数字公司等。

专利劫持的行为主体既有实体公司，也有自己通常不生产制造产品、只促进技术转化的非专利实施体，比如 NPE（non-practicing entities，非专利实施主体）。近年来，随着标准必要专利权益之争愈演愈烈，实体公司和 NPE 的维权活动也频繁发生，尤其是 NPE。由于与传统企业不同，NPE 可以不需要技术优势，通常没有实际的业务运营，即无需研发、制造、营销等环节的投入，而利用其所拥有的大量专利的专利价值优势，通过专利许可、诉讼来获取专利许可费或侵权赔偿作为收益，以实现商业目的，如美国高智公司、美国交互数字公司和日本 IP Bridge 公司等。

NPE 常常通过设立空壳公司来持有和管理专利，通过一系列策略以掩盖其不法行为，实施专利劫持。空壳公司，也称为"纸公司""手套公司"，通常没有实际的业务运营，而是用来持有资产，如专利，并且可以隐藏实际控制者的身份。当专利劫持者通过空壳公司持有专利时，他们可能会采取以下策略：

第一，签订保密协议增加隐蔽性。专利劫持者可能会要求与其签订协议的另一方遵守保密条款，不得披露有关专利权人和利益相关方的信息。这使得真正的专利权人和利益相关方的身份变得不透明，导致被劫持者难以知晓真正的专利劫持者，因此被劫持者在尝试确定真正的专利权人并进行合法抗辩时，会面临更高的法律调查成本。

第二，策略性诉讼。专利劫持者可能会收购大量专利，包括标准必要专利。

这些标准必要专利对于实施行业标准是必不可少的，从而可以增加他们在谈判中的筹码。此外，专利劫持者可能会选择在对被劫持者不利的时机，比如在产品发布前夕或重要商业活动前，提起诉讼以施加压力。而且，专利劫持者可能通过多个空壳公司对同一目标公司提起多起诉讼，导致目标公司法律资源的消耗和注意力的分散。目前，美国高智公司拥有上千家空壳公司，这给标准实施者造成了混淆，使其难以有效地防止技术标准化中专利劫持行为的发生。

2. 专利劫持的专利获得方式

用于专利劫持的相关专利通常通过购买或技术创新获得。根据美国加州大学黑斯廷斯法学院的费尔德曼教授和伊文教授的统计，在高智公司目前所拥有的4万件专利中，只有较少数量的专利属于自己研发，而大部分专利主要是从欧洲专利权人处购买。而另一个专利劫持者——内存芯片厂商 Rambus 公司是一家为提高计算机处理能力的研发技术公司，其拥有的专利技术，如 RDRAM 技术和 XDR 技术主要是通过自己研发，不断进行技术创新所得。该公司后来将其研发所得的技术许可给诸如 AMD 公司、英特尔公司等。

3. 专利劫持的实施手段

专利劫持的实施手段通常表现为发送律师函、以提起诉讼相威胁或通过向法院申请签发禁令来要挟标准实施者，从而获取高额利润。由于专利诉讼费用高昂，且耗时长久，因此对于产品制造商，特别是复杂产品的制造商，禁令的签发，将造成难以弥补的损失，使其不得不承受沉没成本或转换成本。

（六）专利劫持的应对措施

由于各国在执行法律标准方面存在差异，因此目前国际上尚未形成一套成熟统一的规则来规范标准必要专利纠纷的法律适用。这不仅使得各国裁判机构在处理这类案件时面临诸多挑战，也使得标准必要专利诉讼成为全球关注的焦点问题。美国是标准必要专利劫持行为发生最多的国家，而欧洲是标准技术发展较为迅猛的地区，近年来专利劫持行为也屡见不鲜。美国、欧盟以及其他各国纷纷采取了一系列的立法措施，积极探索相应的法律规制路径，全方位遏制标准必要专利的劫持行为。

下面将分别从标准制定组织、标准实施者以及法律规制三个方面分析针对专利劫持行为的应对措施，最后针对我国企业如何应对专利劫持行为给出几点建议。

1. 标准制定组织的应对措施

为推动全球技术进步，维护公平竞争的市场秩序，标准制定组织制定了相应规则，以限制标准必要专利劫持行为的发生，具体包括：许可规则（licensing rules）、信息披露规则（disclosure rules）、事前许可协商规则（ex ante licensing negotiation rules）。

（1）许可规则

对于纳入标准中的专利，标准制定组织制定许可规则，要求专利权人承诺在 FRAND 原则下进行专利许可。专利权人的专利被纳入技术标准后，许可谈判双方的地位变得不平等，专利权人可能会利用自己的优势地位无故提高许可条件，滥用专利标准化给自己带来的强势地位谋取非法利益等。通过标准制定组织作为第三方对专利权人的许可行为进行规制，可有效避免上述情况的发生。例如，前述"华为诉交互数字"案中，深圳市中级人民法院基于交互数字公司与其他公司的相关许可费、交叉许可以及交互数字公司相关诉讼情况，认定交互数字公司存在过高定价和搭售两种滥用行为，并指出这违反了 FRAND 原则，故判令其停止侵权行为，赔偿华为公司的经济损失。又例如，高通公司也曾违反 FRAND 原则，因其过高定价、搭售等垄断行为，在 2015 年受到我国国家发展和改革委员会的处罚。

（2）信息披露规则

信息披露规则要求参与标准制定的成员应在标准制定过程中，及时、全面地向标准制定组织及所有成员披露其拥有的可能与标准有关的专利信息。该规则的目的是确保所有参与方都能在标准制定的早期了解到潜在的专利情况，做到专利披露信息的公开透明，减少专利劫持行为的发生。

（3）事前许可协商规则

事前许可协商规则强调在标准最终确定之前，专利权人应与潜在的标准实施者进行充分的沟通和协商，以确定专利许可的条件，包括承诺专利许可费的最高限额，或通过协商来确定专利许可费问题。如果通过几轮协商仍不能解决许可费问题，标准制定组织可以放弃将该专利技术纳入标准。事前许可协商，使专利许可费更加透明，可以在一定程度上减少专利劫持的发生。

2. 标准实施者的应对措施

（1）反垄断诉讼

反垄断诉讼是标准实施者在面临专利劫持时采用的应对措施中的一种常见法

律手段。各国对于标准必要专利权人是否违反反垄断法都十分关注。2013 年我国国家发展和改革委员会对高通公司启动反垄断调查，认定其滥用市场支配地位，收取不公平的高价专利许可费、搭售标准必要专利和非标准必要专利，实施排除、限制竞争的垄断行为，构成了对专利实施者的专利劫持，对其处以 60.88 亿元人民币的罚款。

但出于对反向劫持的顾虑，反垄断诉讼也经常不被支持。例如，2014 年 5 月 31 日，德国曼海姆地区法院驳回了德国电信（Deutsche Telekom AG）对 IPCom 公司的反垄断起诉。2022 年 7 月 8 日，美国加利福尼亚州北区联邦地区法院驳回了中国联想集团和其美国子公司摩托罗拉移动技术公司对 IPCom 公司违反美国反垄断法的起诉。2022 年 7 月 25 日，美国联邦第五巡回上诉法院驳回了大陆汽车公司对 Avanci 专利池和其成员公司提起的反垄断诉讼。

（2）寻求交叉许可

对于标准实施者，如果自身也拥有较强的专利池，则可以寻求交叉许可来节省专利费用支出。例如，在 2014 年，Google 公司与三星电子公司达成了全球专利许可协议，协议不仅涵盖了当时双方持有的专利组合，还包括未来 10 年双方所申请的所有专利以及交叉许可条款。在 2016 年，华为公司与爱立信公司续签了全球性交叉许可协议，该协议覆盖了两家公司包括 GSM、UMTS 及 LTE 蜂窝标准在内的无线通信标准相关基本专利。寻求交叉许可的企业需要具有较强的资金储备和创新能力。大规模的专利交叉许可有助于推动行业技术标准制定，减少技术壁垒，能够促进全球市场的互联互通和技术融合，在促进技术交流和创新方面具有积极的作用。

（3）无效诉讼

无效诉讼是侵权诉讼中的常见应对措施。通过寻求判定涉案的标准必要专利无效或部分无效，标准实施者可以减少专利费用的支出，避免专利劫持行为的发生。2022 年 8 月 2 日，德国联邦专利法院判定了专利经营公司 VoiceAge EVS LLC（以下简称"VoiceAge 公司"）的专利号为 EP3132443 的专利（标准必要专利）的权利要求 1～4 和权利要求 10～17 为无效，权利要求 7～9 中引用了权利要求 1～4 的部分为无效。该无效程序由中国手机公司 OPPO 广东移动通信有限公司和芬兰手机公司赫名迪（HMD）联合提起。此前，VoiceAge 公司曾用该专利赢得了针对将近 10 个公司的侵权诉讼。在三星公司和华为公司的专利大战中，截至 2021 年，三星公司共有 12 件专利被判无效。

（4）强制许可

2020 年第四次修正后的《专利法》第 53 条规定："有下列情形之一的，国务院专利行政部门根据具备实施条件的单位或者个人的申请，可以给予实施发明专利或者实用新型专利的强制许可：（一）专利权人自专利权被授予之日起满三年，且自提出专利申请之日起满四年，无正当理由未实施或者未充分实施其专利的；（二）专利权人行使专利权的行为被依法认定为垄断行为，为消除或者减少该行为对竞争产生的不利影响的。"可见，当专利权人利用专利权，要挟标准实施者以获取不当利益时，标准实施者可通过向国家主管机关提出申请，请求给予实施专利权人专利的强制许可，从而能够更好地平衡公众利益，避免专利权人利用专利独占性和垄断性阻碍专利许可的达成，以促进专利技术的推广应用和转化。

3. 各国或地区的法律规制措施

各国或地区在规制专利劫持方面采取了不同的司法路径和方法，但主要集中在法院禁令救济的签发，以及 FRAND 许可费的确定方面。法院在决定是否签发禁令时，应权衡停止侵权的必要性和可能对公共利益造成的影响，可能会考虑专利权人是否提供了符合 FRAND 原则的许可条件，以及标准实施者是否以诚信态度参与了许可谈判。为防止专利劫持，法院在专利侵权纠纷案件中还可能确定合理的许可费。

（1）美国的司法实践

美国法院多年来因为专利数量的优势对专利权人表现得非常友好，表现为"亲专利政策"。美国法院一般会更倾向于支持专利权人的诉讼请求，当专利劫持行为被判定为侵权时，一般会支持专利权人获取较高额度的专利侵权损害赔偿等。这就导致标准必要专利权人通常以侵权诉讼来威胁标准实施者，以此达到收取高昂专利许可费的目的，从而使得美国近年来专利劫持行为愈演愈烈。

为遏制专利劫持行为，美国早期的标准必要专利案件的判定标准是关注专利劫持的。较为典型的案例是 2006 年的"eBay"案，美国联邦最高法院作出判决，推翻了美国多年来一直坚持的永久禁令"自动核发"的规则。2011 年，美国前总统奥巴马签署了《美国发明法案》，该法案对原来的专利法进行了修改，包括将发明人的先发明制改为先申请制，使美国专利法与国际接轨。上述判决以及美国专利法的修改使得专利权人以专利禁令相威胁以此收取高额专利使用费的非法目的得到遏制，一定程度上限制了标准必要专利的专利劫持行为的发生。

2013 年，美国司法部（DOJ）、美国专利商标局（USPTO）联合发布 2013 版《关于受 F/RAND 承诺约束的标准必要专利的救济的政策声明》（以下简称"2013 版政策声明"），旨在进一步减少专利劫持。其中规定，只有在标准实施者不能够或者拒绝接受符合 FRAND 原则的许可或者标准实施者的行为超出了标准必要专利权人 FRAND 许可承诺的范围时，才考虑禁令救济。❶ 2013 版政策声明对标准实施者的要求十分宽松，较大地限制了专利权人的权利。随着时间推移，美国司法部门逐渐意识到过分限制专利权人的权利将导致专利反向劫持。2017 年，美国司法部反垄断部门负责人宣布，美国司法部在标准必要专利领域的执法重点，将从聚焦专利劫持向反向劫持转变，并认为反向劫持对竞争的损害可能比专利劫持更大。

到 2019 年，美国专利商标局、美国司法部和美国国家标准与技术研究院（NIST）联合发布的 2019 版《关于受 F/RAND 承诺约束的标准必要专利的救济的政策声明》❷（以下简称"2019 版政策声明"）开始平衡专利权人与标准实施者之间的利益。其中规定专利权人对其标准必要专利许可作出的 FRAND 许可承诺不会阻碍其获得任何特定的救济，包括禁令救济，禁令救济在涉及标准必要专利的诉讼中同样适用，应避免任何过于严格和明确的限制。2021 年 12 月 6 日，美国司法部与美国专利商标局和美国国家标准与技术研究院联合发布《关于受 F/RAND 承诺约束的标准必要专利许可谈判和救济的政策声明草案》❸（以下简称"2021 版政策声明草案"），并向公众公开征求意见。美国 2021 版政策声明草案指出，如果标准必要专利持有人作出了 FRAND 许可承诺，一般不应有权获得禁令，除非潜在的标准必要专利实施者明确拒绝该 FRAND 许可。2021 版政策声明草案旨在为标准必要专利的许可谈判和救济措施提供政策指导，并为平衡标准必要专利权人和实施者双方的利益，对专利劫持和反向劫持行为有所约束。其强

---

❶ United States Department of Justice, United States Patent and Trademark Office. Policy Statement on Remedies for Standards – Essential Patents Subject to Voluntary F/RAND Commitments：January 8, 2013 ［EB/OL］. ［2014 – 10 – 18］. https：//www. justice. gov/atr/page/file/1118381/dl.

❷ The U. S. Patent & Trademark Office, the National Institute of Standards and Technology, the U. S. Department of Justice, Antitrust Division. Policy Statement on Remedies for Standards-Essential Patent Subject to Voluntary F/RAND Commitments：2019. 12 ［EB/OL］. ［2025 – 03 – 06］. https：//www. justice. cov/atr/page/file/1228016/dl.

❸ The U. S. Patent & Trademark Office（USPTO）, the National Institute of Standards and Technology, the U. S. Department of Justice, Antitrust Division. Draft Policy Statement On Licensing Negotiations and Remedies for Standards – Essential Patents Subject to Voluntary F/RAND Commitments：December 6, 2021 ［EB/OL］. ［2025 – 03 – 06］. https：//www. justice. gov/atr/page/file/1453471/dl.

调，专利权人应当遵守 FRAND 许可承诺，提供公平、合理和无歧视的许可条件，避免专利劫持的发生。标准实施者应当以诚信的态度参与许可谈判，并愿意根据 FRAND 原则支付合理的许可费，以避免专利反向劫持。如果标准必要专利权人或标准实施者的行为构成专利劫持或专利反向劫持，可能会受到法律的制裁。

由于遭到主张对知识产权强保护的人士的强烈反对，上述机构目前只是作出了撤回 2019 版政策声明的决定，但是并没有恢复 2013 版政策声明。从 2013 版政策声明遏制专利劫持，到 2019 版政策声明对专利权人的限制放松，再到 2021 版政策声明草案的回归，可以看出美国政府在平衡双方利益上一直在不断地修正。为遏制标准必要专利权人的专利劫持行为，美国从专利司法程序、专利信息披露、禁令的颁布、专利侵权损害赔偿的计算、FRAND 原则的合理阐释等方面对专利劫持行为加以规制。

（2）欧盟的司法实践

与美国相似，欧盟在应对标准技术的专利劫持行为上也分别从禁令的颁布、FRAND 原则的合理阐释、专利信息披露等方面进行相应的法律规制。比如在《欧盟运行条约》第 101 条第 1 款中规定了所有可能影响成员国间的贸易，并以阻碍、限制或扭曲共同市场为目的或有此效果的企业间协议、企业协会的决议和一致行动，均被视为与共同体市场不相容而被禁止。这表明，如果专利权人在行使专利权时实施了以限制竞争为目的的专利劫持行为，则会被依法禁止。

欧盟早期对于标准必要专利权人的禁令救济签发标准也是较为严格的。欧盟委员会在 2012 年针对三星公司的反垄断行政执法中认为：只要标准实施者具有"协商意愿"，标准必要专利权人寻求禁令救济就构成"滥用市场支配地位"。但是到了后期，欧盟为平衡两方利益，制定了较为详细的规则。2014年，在针对摩托罗拉公司及三星公司的反垄断调查中通过了标准必要专利禁令的"安全港原则"，即：假若标准必要专利权人不许可或恶意高价许可相关专利导致双方谈判失败的，法院不支持标准必要专利权人的禁令申请；或者标准的实施者已积极善意地向专利权人进行协商，请求专利许可，并承诺给予符合 FRAND 许可原则专利费的，标准必要专利权人拒绝此承诺条件，法院亦拒绝签发禁令救济。

在华为案件中，欧盟法院设立了为标准必要专利权人免除反垄断竞争责任的"安全港原则"，即当标准必要专利权人已经适当地通知标准实施者其行为构成对标准必要专利的侵权行为，并且向专利实施者提供了符合 FRAND 原则的许可协议时，则得以免除反垄断竞争责任。欧盟法院于该案裁决中同时阐明了在何种条件之下，针对承诺遵守 FRAND 原则进行许可的标准必要专利权人寻求禁令救济可能构成对《欧盟运行条约》第 102 条"滥用市场支配地位"规定的违反。❶这两项安全港原则规定了专利权人与专利实施者在诉讼中各自所应遵守的规则。

到 2020 年，欧盟法院态度又一次发生转变。德国联邦最高法院于 2020 年 7月对标准必要专利许可争议案件"Sisvel S. A. v. Haier Group"案（以下简称"'西斯福诉海尔'案"）作出终审判决。判决中对标准必要专利权人（原告西斯福公司）针对 FRAND 义务的解释更为宽松，法院认为原告在许可费上的差别待遇不一定违反 FRAND 许可承诺。但对标准实施者（被告海尔公司）是否有意获得许可这一问题的态度更为严格。法院认为，即使专利权人给予其他被许可人的许可费折扣未给予海尔公司，也不一定意味着违反了 FRAND 许可承诺，关键在于双方是否进行了诚信的谈判，并达成了符合 FRAND 原则的协议。业界认为这一判决显示了欧盟法院态度的又一次转变。

欧盟委员会关于标准必要专利案件审理的最新动向是其在 2022 年 2 月 14 日发布关于《知识产权 – 标准必要专利新框架》的意见征询通知，并于 2023 年 4月发布《知识产权 – 标准必要专利新框架》提案。其目的在于建立一种公平、平衡的标准必要专利许可框架，在欧盟层面采取行动，促进一致性和实现利益的最佳平衡。本次意见征集主要涉及增强标准必要专利透明性、澄清 FRAND 内涵等方面。关于 FRAND 条款，欧盟委员会考虑为明确 FRAND 原则及内涵制定相应的指导原则和/或流程，以促进标准必要专利权人和潜在标准实施者双方就 FRAND 条款和条件进行有效的协商，同时明晰价值链中合适的许可等级。在提高执法效率和有效性方面，欧盟委员会计划为调解、和解与仲裁提供进一步的激励措施。

在标准必要专利透明度方面，针对目前标准必要专利的声明缺乏评估，一些被声明的专利实际上并非标准必要专利，欧盟在此次新框架中要求披露和更新某些专利信息，以改进、完善公开的信息；引入独立机构管理和控制，建立对专利的必要性进行独立第三方评估的制度。

（3）日本的司法实践

日本从专利许可谈判和许可费计算等方面制定了法律指引，以遏制专利劫持

---

❶ BONADIO E, TANWAR A. Case law on standard essential patents in Europe. ERA Forum 22, 601 – 618 (2021) [EB/OL]. [2024 – 10 – 20]. https: //doi. org/10. 1007/s12027 – 021 – 00690 – 6.

行为的发生。2018 年日本特许厅（JPO）发布《标准必要专利许可谈判指南》。该指南为防止专利劫持，分别就许可谈判的程序和许可费的计算方法提出了法律指引。其中，日本特许厅提出许可谈判的五个步骤：①专利权人在谈判初期应明确提出许可要约；②标准实施者在接到要约后，应在合理期限内表明接受要约的意愿；③专利权人应提出基于市场和专利价值的合理报价；④标准实施者有权提出还价；⑤谈判过程中出现分歧，双方应寻求通过协商、调解等解决机制来解决。此外，日本特许厅还确定了透明度、诚信、合理性、非歧视性、及时性、专业性和合同的明确性等七个关键因素，以促进许可谈判的顺利进行。针对许可费计算方法，日本特许厅还从计算基数、许可费率、计算过程透明度、专利的有效性、实施者的市场地位、相关行业的经济状况等方面提出指引。

同时，由于传统侵权判断是将权利要求与产品进行比对，而必要性的判断是将权利要求与通信标准进行比对，在必要性判定过程中，如果缺少从通信标准到产品实现逻辑的考虑，则必然会影响到判定结果的准确性。为了解决这一问题，日本特许厅在 2017 年发布《标准必要性判定意见指引》，并于 2019 年进行了修订。该指引综合了日本产业界的多方意见，形成了日本特许厅对标准必要性判定的完整流程，旨在提高日本标准必要专利谈判中必要性判定的规范性和可预测性。针对目前必要性判定方法中缺少专利与支持标准的产品之间的比对环节问题，该指引首次明确提出"虚拟对象产品"的概念，这对于完善标准必要专利必要性判定方法具有相当大的借鉴意义。

2022 年，日本经济产业省组织研究并发布《与标准必要专利许可相关的诚信谈判指南》。该指南规定了在许可谈判过程中的主要步骤：①权利人提出授权谈判要约；②实施者表示是否愿意获得许可的意愿；③权利人依据 FRAND 原则提出具体要约；④实施者基于 FRAND 原则回应以具体的反要约；⑤权利人通过法院诉讼或多元纠纷解决机制拒绝反要约或和解。该指南与 2018 年日本特许厅发布的《标准必要专利许可谈判指南》的区别在于，前者只是基于全球司法判例、竞争当局判断以及许可实践等，对标准必要专利许可谈判中的各方观点进行客观整理而成。虽然二者同样不具备法律约束力，但该指南考虑到了全球范围内标准必要专利的最新实践，在涉及标准必要专利的许可谈判中能够在一定程度上起到约束双方当事人诚实进行许可谈判的行为规范作用。

（4）中国的司法实践

我国在应对专利劫持方面，主要从禁令签发、专利权的强制许可等方面制定相关法律法规加以规制，比如最高人民法院在 2016 年发布《最高人民法院关于审理侵犯专利权纠纷案件应用法律若干问题的解释（二）》，其中第 24 条分别从专利权人和实施者两方在谈判中的行为是否存在过错，明确了法院不予支持的几种情形：被诉侵权人以实施该标准无需专利权人许可为由抗辩不侵犯该专利权的；专利权人故意违反其在标准制定中承诺的 FRAND 许可义务，导致无法达成专利实施许可合同，且被诉侵权人在协商中无明显过错的。

之后的司法裁决中，例如"西电捷通诉索尼"案和"华为诉三星"案，法院以上述司法解释为指导，综合考量双方在许可谈判过程中的行为，包括是否违背诚信原则、是否无理拒绝合理的许可条件等，以确定是否存在明显过错，作为其判决的标准。

此外，为了遏制专利权滥用行为，使标准实施者能够顺利解决专利许可问题，我国专利法也对强制许可进行了规定，包括三年未实施、垄断行为等情况。针对上述情况，标准实施者可通过申请强制许可的方式来获取标准必要专利权人的专利许可。

4. 我国企业的应对策略

在国际专利纷争愈演愈烈的环境下，为避免专利劫持，我国企业应增强自身技术实力和市场竞争力，提升风险预警及应对能力，这样才能将对专利劫持的被动应诉转为主动防御。建议我国企业从以下几个方面加强和提升：

一是加强自身技术和专利储备，提升自身竞争实力。我国企业应注重企业软实力，通过引进人才和先进技术，鼓励创新，提升企业自主创新能力；企业应将技术创新与专利布局、申请、保护及运营形成有机联动，通过不断挖掘专利技术，申请高价值专利，增加核心专利储备，全面提升企业的技术价值和市场竞争力。

二是积极参与国际标准化活动。企业应加强国际合作，积极加入国际标准化组织，提升在国际标准化组织中的活跃度和影响力。战略性地将企业的专利技术纳入国际标准、行业标准，加强核心专利布局，巩固自身市场优势地位，提升话语权。同时，企业还需关注标准制定、修订的进展，实时动态地调整在全球范围内的专利布局。

三是建立健全的专利风险管理体系。企业应当建立专利风险预警机制，建立维护标准必要专利数据库，构建国际知识产权风险管控体系。通过对标准必要专利的跟踪与分析，及时了解国内外市场的标准必要专利纠纷和动态。加强专利风险评估，提前预警和规避在项目立项和实施过程中的潜在专利侵权风险。

四是关注业内知识产权动态。企业应密切关注国内外主要竞争对手的专利申请趋势、战略布局和动态，及时制定和调整有效的应对策略。

二、专利反向劫持

（一）专利反向劫持的定义

与专利劫持行为相对应的是专利反向劫持（patent hold-out），专利反向劫持的概念来源于英美法系，专利反向劫持的行为人是标准实施者，与专利劫持的行为人——专利权人相对应。业内学者认为，专利反向劫持可以理解为标准必要专利权人在向标准必要专利的实施者提出专利许可的要约后，标准必要专利的实施者对其采取消极回应态度，通常表现为无合理理由故意拖延或拒绝谈判。例如，标准实施者在专利许可谈判中，利用其市场地位或谈判能力，对标准必要专利权人施加不合理的压力，恶意压低专利许可费，迫使其接受低于市场价值的许可条件，或者拒绝支付合理的专利许可费，从而阻碍标准必要专利权人获得其专利的市场价值，使标准必要专利权人的合法权益受损。标准必要专利实施者的上述行为构成了对标准必要专利权人的"反向劫持"。

（二）专利反向劫持的影响

专利反向劫持不仅阻碍了标准必要专利权人与标准实施者之间在专利许可谈判中的有效沟通，而且侵犯了标准必要专利权人的合法权益，破坏了专利许可市场的正常运作，对专利制度及市场秩序造成了不良影响。

首先，专利反向劫持行为导致标准必要专利权人与标准实施者在专利许可谈判中陷入僵局，不仅损害了标准必要专利权人通过正当途径获得合理回报的权利，也削弱了专利制度激励技术创新的根本目的。专利权人前期由于投入了大量资源进行研发，期望通过专利保护获得回报，而专利反向劫持行为却使其期望落空，打击了标准必要专利权人的积极性，破坏了专利许可市场的良性秩序。其次，标准必要专利权人和标准实施者在应对专利反向劫持行为时，可能需要投入大量的时间和财力资源进行法律诉讼，导致资源的浪费。而且，为应对专利反向劫持引发的争议和诉讼，会延缓技术创新和标准推广的进程，影响技术的更新和迭代。

（三）专利反向劫持的成因

专利反向劫持行为发生的原因主要有以下三点：许可政策的模糊性、专利许可费的不公开、司法执法的谨慎态度。具体而言：

第一，构成专利反向劫持行为发生的"动机"在于许可政策的模糊性。由于标准制定组织制定的许可政策不够明确，对许可人和被许可人双方约束力较弱，同时标准制定组织总是作为中立者，并不希望自身被牵连到双方的专利纠纷中，因此在标准必要专利权人和标准实施者产生争议时，有些标准实施者利用FRAND 原则的不确定性和模糊性，以及标准制定组织的中立角色，会策略性利用 FRAND 原则故意拖延诉讼或谈判的进程，以此达到尽量少支付甚至不支付标准必要专利许可费的目的，从而对标准必要专利权人构成专利反向劫持。通常，专利反向劫持又被称为"FRAND 劫持"，正是 FRAND 原则的模糊性为标准必要专利的实施者提供了可乘之机，即标准实施者在与专利权人就标准必要专利的许可费进行协商时，可能会在缺乏合理依据的情况下，恶意地认为标准必要专利权人未能遵循 FRAND 原则，借此拒绝签订标准必要专利许可费的协议，或者恶意压低标准必要专利许可费，故意拖延许可谈判的进度，导致双方的谈判僵持不下。专利反向劫持行为会使专利权人不能从其专利中获得与其创新价值和市场地位相匹配的合理收益，从而在经济上遭受损失。

第二，构成专利反向劫持行为发生的"动机"在于专利许可费的不公开。标准必要专利权人在与标准实施者进行专利许可谈判的过程中，出于商业秘密考虑，会要求对方对签订的协议和谈判中达成的内容进行保密。这就导致标准必要专利权人在与其他潜在实施者进行许可谈判时，常常会以商业秘密不予公开为理由，拒绝向其他标准实施者透露之前已达成的实施许可费，导致这些潜在标准实施者无法获知标准必要专利权人之前签订的标准必要专利的许可费率，使得标准必要专利的谈判双方处于信息不对等状态。

正是谈判双方的信息不对等，导致在专利许可协商过程中，参与谈判的双方难以建立信任关系。这种信息的不对等就为标准实施者提供了可乘之机，使其有可能以此为由，拒绝达成许可费和许可条件，拖延许可谈判的进度，从而在许可谈判中实施所谓的专利反向劫持行为，对标准必要专利权人造成不当影响。比如，潜在的标准实施者认为标准必要专利权人不公开其之前许可给其他实施者的许可费和许可条件，因此有理由怀疑标准必要专利权人给予的许可条件是否公平、合理，符合 FRAND 原则，因此会以 FRAND 原则为由拒绝与专利权人谈判，以此拖延谈判的进程，甚至先发制人向法院提起诉讼，指控标准必要专利权人违反 FRAND 原则、滥用标准必要专利权，以达到故意压低、尽可能少地支付标准必要专利许可费的目的。以上均构成对专利权人的反向劫持。

第三，构成专利反向劫持行为发生的"动机"在于司法执法的谨慎态度。在标准必要专利的争议中，标准必要专利权人在与标准实施者协商未能达成一致时，可能会选择通过向法院提起诉讼寻求法律解决。近年的案例中，法院在审理此类案件时，在平衡专利权人的权利与公共利益方面，会更倾向于给予标准实施者更多的保护。例如法院在考虑是否签发禁令救济时，通常会采取更为审慎的态度。也正是标准必要专利侵权诉讼中法院对禁令救济的严格限制，导致标准必要专利反向劫持行为频发。

（四）专利反向劫持的行为

专利反向劫持行为是标准实施者在未获得专利权人许可的情况下，擅自实施专利权人的标准必要专利，而标准必要专利权人向标准实施者发出许可要约，以要求其通过协商获得授权许可，标准实施者又以许可条件无法达成一致为由，采取手段拒绝或不合理地拖延协商，使专利许可谈判进程无法顺利推进，以此来压低专利许可费，而在此期间可能仍在继续侵权。倘若此时标准必要专利权人阻止其侵权，标准实施者则会以标准必要专利权人违反 FRAND 原则或者涉嫌滥用市场支配地位等理由提起诉讼。

在法律实践中，专利反向劫持行为通常表现为以下几种典型情形。

1. 标准实施者拖延或拒绝专利许可协商

这种专利反向劫持行为表现为当标准必要专利权人善意地与标准实施者进行专利许可谈判时，即便标准必要专利权人提出的专利许可条件符合 FRAND 原则，标准实施者仍拒绝接受，并且在与标准必要专利权人进行标准必要专利许可协商的过程中，无正当理由拒绝参与协商或故意拖延协商进程，导致谈判无法顺利进行，使谈判陷入僵局，长期无法推进。标准实施者试图通过不正当手段获取更有利的许可条件，长此以往会造成标准必要专利权人高成本的投入，严重打击专利权人的创新热情。

2. 标准实施者恶意压低专利许可费

这种专利反向劫持行为表现为标准实施者可能因其技术领先、在市场中的主导地位等优势，通过市场力量等手段故意压低专利许可费，使得标准必要专利权人在与标准实施者谈判时不能就许可费达成一致。在协商陷入僵局的情况下，出于对迅速解决谈判争议的迫切需求，以及对许可费及时回收和降低谈判成本的考量，在特定情况下，标准必要专利权人可能不得不对许可费率进行调整，以明显低于市场合理价值的专利许可费与标准实施者达成许可协议。

3. 标准实施者主动提起诉讼

这种专利反向劫持行为表现为在与标准必要专利权人协商无果的情况下，考虑到标准必要专利权人可能会向法院提起诉讼，标准实施者（或者侵权人）会先发制人，在权利人提起诉讼前就主动向法院提起诉讼，例如，控诉标准必要专利权人违背了 FRAND 原则、滥用市场支配地位等。标准实施者在没有充分法律依据的情况下，向法院提起诉讼，试图通过法律手段对标准必要专利权人施加压力，迫使其接受不合理的许可条件；在法院作出专利侵权赔偿判决后，实施者拒不执行法院的判决，仍继续使用该标准专利而拒绝向标准必要专利权人支付专利赔偿金。标准实施者的这种恶意诉讼行为会使专利权人为应对烦琐的诉讼程序而耗费大量的人力和时间成本，同时也造成司法资源的严重浪费。

例如，三星电子株式会社和三星电信公司（以下统称"三星公司"）于 2011 年 6 月基于其持有的标准必要专利，向美国国际贸易委员会提起投诉，指控苹果公司侵犯了其专利权，违反 1930 年《美国关税法》第 337 条。作为回应，苹果公司则提起反诉，主张三星公司在专利许可谈判中未能遵守 FRAND 原则。经过审理，美国国际贸易委员会最终裁决认定三星公司的部分请求成立，并对苹果公司的部分旧款产品（涉及标准必要专利的部分），发布了销售禁令。美国国际贸易委员会在终裁中明确表示，FRAND 原则本身并不构成排除侵权裁定的依据。根据合同法原则，苹果公司未能提供三星公司违反了其在 ETSI 所作出的 FRAND 许可承诺的证明，无法明确判断三星公司是否违反了 FRAND 义务。然而，美国国际贸易委员会的禁令后来遭到美国贸易代表办公室（United States Trade Representative，USTR）的否决。美国贸易代表办公室在随后作出的裁决中强调要充分考虑相关的社会公共利益。

此外，在 2006 年，日本先锋集团（以下简称"先锋集团"）在美国得克萨斯州东部地区联邦法院提起专利侵权诉讼，指控三星公司侵犯了其持有的多项标准必要专利。随后三星公司提起反诉。经过长达半年的审理，得克萨斯州东部地区联邦法院作出判决，认定三星公司侵犯了先锋集团的专利权。但三星公司仍继续上诉，主张对一审判决的复审。先锋集团在面对持续的市场竞争和法律成本的双重压力下，最终选择与三星公司达成和解，先锋集团被迫接受不利条件。

第一个案例中，标准实施者苹果公司利用 FRAND 原则的不确定性策略性地提起反诉，主张三星公司未能遵守 FRAND 原则，却未能提供充分的证据来支持其主张。第二个案例中，三星公司针对其侵权行为持续提起反诉，其上诉行为缺乏合理的法律依据，其目的是拖延诉讼进程，增加原告的负担，而非寻求法律上的公正解决，这可能构成对标准必要专利权人权益的不当干扰，使标准必要专利权人的合理利益遭受损失，实际上构成了对标准必要专利权人的反向劫持。上述案例中，两起标准实施者反诉的主张均未得到法律的支持。

可见，对于是否构成专利反向劫持行为的判定，需要建立在标准必要专利的许可框架基础上进行。换言之，判定专利反向劫持行为的关键在于分析标准必要专利的实施者在面对标准必要专利权人提出的专利许可条件时的反应，若标准必要专利的实施者在缺乏合理合法基础的情况下，采取拒绝接受、故意延迟参与谈判的消极行为，或者标准实施者采取故意少支付或者不愿支付专利许可费等行为，都可能构成反向劫持。

（五）专利反向劫持的特点

基于海顿（Heiden）和佩蒂特（Petit）自 2011 年以来调查的专利反向劫持行为，其表现为在标准必要专利的许可过程中，标准实施者利用 FRAND 原则的不确定性，采取策略性行为以拖延谈判，尽量拖延支付、少支付或不支付专利使用费。专利反向劫持行为可能对专利制度造成危害，动摇遵守规则的专利权人和标准实施者对专利制度的信心，破坏许可市场的秩序，也会影响标准必要专利权人的利益，长远看来可能会阻碍技术创新和标准技术的推广，进而影响公共利益。分析专利反向劫持的特点，主要涉及以下几个方面。

1. 专利反向劫持的行为主体

实施标准必要专利反向劫持的行为主体一般包括跨国公司、新兴经济体的大公司以及中小企业。这三种行为主体在实施专利反向劫持时具有不同的倾向：跨国公司由于其具有较强的经济实力，更偏好恶意拖延谈判进程，但几乎不会不支付专利许可费；新兴经济体的大公司几乎完全偏好不付许可费，但几乎不会拖延谈判；而中小企业则既偏好拖延谈判，又偏好不支付专利许可费。❶

---

❶ HEIDEN B，PETIT N. Patent "Trespass" and the Royalty Gap：Exploring the Nature and Impact of Patent Holdout［J］. Santa Clara High Technology Law Journal，2018，34（2）：179–249.

2. 专利反向劫持的实施手段

专利反向劫持的标准实施者在面对标准必要专利权人的许可谈判邀请时，常常表现为消极回避的态度，如在无合理理由的情况下，不与专利权人进行实质性的协商，或恶意拖延谈判时间，在此期间仍继续无偿使用标准专利技术。而且，专利反向劫持的标准实施者在进行拖延谈判和拒绝支付或少支付专利许可费时，其真实意图往往具有隐蔽性，标准必要专利权人通常无法准确地判断出标准实施者是否具有明显恶意。

（六）专利反向劫持的应对措施

1. 标准制定组织的应对措施

"FRAND 劫持"是标准必要专利许可中各方利益失衡的体现，因而利益平衡理论始终是应对国际通信领域标准必要专利许可中"FRAND 劫持"的核心指导理论。实践中，标准制定组织除了保障 FRAND 原则之外，还可以发挥其他作用来进一步减少专利反向劫持。一些政策制定者和标准制定组织已经将许可前的谈判协商作为避免专利劫持的有效途径，而其他的非货币途径如提高许可费率的披露程度、动态计算许可费率、限定谈判许可期限等措施则会在应对"FRAND 劫持"问题上发挥作用。

2. 专利权人的应对措施

标准实施者通常会以专利许可费未公开、许可费过高等理由拒绝与专利权人协商，以此来拖延谈判进程，因此专利许可费的达成是专利权人和标准实施者双方关注的焦点和争议点。为避免标准实施者以上述理由拒绝协商许可费、故意压低或拒交许可费，需要许可方在谈判时将许可费率等信息披露给标准实施者。

（1）许可费的相对公开

许可费的公开可以分为两种形式：绝对公开和相对公开。绝对公开是指标准必要专利权人在与标准实施者签订许可协议后，标准必要专利权人必须向公众披露许可费。而为了平衡商业秘密的保护与市场参与者之间的公平信息获取，还提出一种相对公开，即允许标准必要专利权人和标准实施者约定双方就专利许可费的具体条件保密，但这种保密性不能妨碍准备或正在与标准必要专利权人谈判的潜在被许可方获知之前许可协议中的许可费的条件的权利。

（2）许可费率的合理确定

许可费率必须遵循 FRAND 原则，以确保标准必要专利权人在与各类标准实施者进行谈判时，保持一致，使不同标准实施者之间支付的专利许可费具有参考性和可比性。这意味着，权利人应提供相似的交易条件，以便不同标准实施者在类似交易情况下能够参考和比较其许可协议。这样才能促进市场的良性竞争，防止歧视，并确保所有标准实施者在获取标准必要专利许可时享有公平的待遇。

3. 各国/地区的法律规制措施

近年来，专利反向劫持的形式呈现多样化的趋势，专利反向劫持的司法实践在国际法律环境中具有重要意义。各国/地区法院在审理标准必要专利许可条件谈判过程中的专利反向劫持案件时，尽管存在差异，但均强调了 FRAND 原则的重要性。在专利许可谈判中，FRAND 原则是确保交易双方公平、顺利达成的基础。各国/地区法院遵循 FRAND 原则不仅要求标准必要专利持有者在谈判中保持开放和透明，也要求标准实施者在谈判中展现出合理的合作态度，以此保护创新，促进有序竞争，同时确保标准必要专利权人和标准实施者的合法权益得到平等保护。

（1）美国的司法实践

美国早期对于标准必要专利案件的判定标准是更关注专利劫持，更多的是对专利权人的行为权利进行限制，而对标准实施者的要求却十分宽松，因此对专利反向劫持现象没有太多关注，专门针对反向劫持问题的判例和经验积累不足。针对标准必要专利反向劫持的司法实践，法院通常通过签发禁令获得救济的方式，对明显恶意的标准实施者的反向劫持行为进行规制。法院在签发禁令时，需要权衡多方面因素，比如标准必要专利实施者的行为动机、谈判过程中的行为以及对标准必要专利权人造成的实际损害。禁令救济的签发门槛直接影响到司法对反向劫持行为的规制力度。

早期在"eBay"案后，美国法院对禁令的核发持谨慎态度。在 2013 年美国司法部、美国专利商标局联合发布的 2013 版政策声明中，规定只有在标准实施者不能够或者拒绝接受符合 FRAND 原则的许可或者标准实施者的行为超出了标准必要专利权人 FRAND 许可承诺的范围时，才考虑禁令救济。但随着时间推移，司法部门逐渐意识到如果过度限制专利权人的权利将会导致专利反向劫持行为的发生。因此 2013 年后，新的司法实践将标准实施者"拖延谈判""拒绝谈判""造成与单方面拒绝谈判相同的后果"等行为纳入禁令签发的考量中，强调了标准实施者的义务，增强了对专利反向劫持行为的约束。在 2017 年，美国司法部反垄断部门负责人 Delrahim 宣布，美国司法部在标准必要专利领域的执法重点，将从聚焦专利劫持向专利反向劫持转变。Delrahim 认为反向劫持对竞争的损害可能比专利劫持更大。❶ 可见未来美国司法将倾向于对标准必要专利权利人的保护，这将有利于对标准必要专利反向劫持行为的规制。

（2）欧盟的司法实践

与美国相似，欧盟法院早期一直更多地关注专利劫持行为，更多关注的是对专利权人的禁令救济的判断标准，法院态度更倾向于保护标准必要专利实施者，规制标准必要专利的反向劫持行为程度较低。2017 年，为平衡标准必要专利权人和标准实施者双方的利益，欧盟委员会颁布了《制定欧盟对标准必要专利的方法》（Setting out the EU approach to Standard Essential Patents）❷ 的指导意见。在该指导意见中，欧盟委员会提出提高 FRAND 许可和标准必要专利执法的透明度，分别制定了针对标准必要专利权人和标准实施者双方的制约规则。可见，欧盟为促进标准化技术的有效获取，激励技术创新，加强了对反向劫持行为的规制。例如 2014 年，其在针对摩托罗拉公司及三星公司的反垄断调查中通过了标准必要专利禁令的"安全港原则"，安全港原则规定了专利权人与标准实施者在诉讼中各自所应遵守的规则。在 2020 年的"西斯福诉海尔"案中，德国联邦最高法院在终审判决中强调了标准实施者（被告海尔公司）表达订立 FRAND 许可协议意愿的重要性。法院根据被告海尔公司在接到专利权人西斯福公司的许可请求后的反应时间和内容、谈判中的行为态度、反提议内容等，推定海尔公司没有及时且积极地回应西斯福公司的提议，未明确表达其积极达成 FRAND 许可协议的意愿，且采取了拖延策略在谈判中要求西斯福公司提供权利要求对照表，最终法院认为被告的行为构成了专利反向劫持。"西斯福诉海尔"案为 FRAND 许可承诺的评估和专利反向劫持的认定提供了司法指导。

2023 年 4 月，欧盟委员会发布了《知识产权—标准必要专利新框架》提案❸，旨在建立一个平衡的框架，为标准必要专利的透明度设定全球标准。提案

---

❶ DELRAHIM M. Assistant Attorney General Makan Delrahim Delivers Remarks at the USC Gould School of Law's Center for Transnational Law and Business Conference ［EB/OL］. （2017 - 11 - 10）［2024 - 10 - 20］. https：//www. justice. gov/opa/speech/assistant - attorney - general - makan - delrahim - delivers - remarks - usc - gould - school - laws - center.

❷ European Commission. Setting out the EU approach to Standard Essential Patents ［EB/OL］. （2017 - 11 - 29）［2024 - 10 - 20］. http：//eur - lex. europa. eu/legal - content/EN/TXT/PDF/? uri = CELEX：52017DC 0712.

❸ European Commission. Intellectual property - new framework for standard - essential patents ［EB/OL］. ［2024 - 10 - 20］. https：//ec. europa. eu/info/law/better - regulation/have - your - say/initiatives/13109 - Intellectual - property - new - framework - for - standard - essential - patents_en.

分别从提升标准必要专利的透明度、明确 FRAND 原则的界定以及优化标准必要专利的执法程序等方面向公众征集意见，目的在于通过构建公正且均衡的标准必要专利的许可制度框架，促进双方利益的均衡，减少标准必要专利在许可过程中的不确定性和争议。通过建立更高效的争端解决机制，减少标准必要专利权人和标准实施者在许可过程中的时间、人力等成本。同时，欧盟委员会明确，将在全球范围内推广欧盟标准必要专利许可原则，并将与其他地区和非欧盟国家（包括日本和美国）进行合作。

（3）日本的司法实践

在日本的司法实践中，涉及标准必要专利的专利侵权诉讼的案件相对较少。但在 2014 年日本知识产权高等法院审理的苹果公司诉三星电子的专利侵权案件，则具有一定法律影响力和示范意义。法院对该案件的审理，不仅涉及专利侵权的认定，还针对专利劫持和反向劫持等法律问题确立了相关司法标准，用以规制标准必要专利领域中可能出现的专利反向劫持行为，明确了对反向劫持行为的司法态度。该法院指出，当标准必要专利实施者拒绝接受基于 FRAND 原则提出的许可条件时，专利权人有权请求法院签发禁令救济。

2018 年 6 月，日本特许厅颁布《标准必要专利许可谈判指南》，其中详尽阐释了标准必要专利的许可谈判程序和专利许可费的计算方法，明确了标准必要专利实施者在许可谈判中可能构成恶意的六种不当行为；同时强调，标准必要专利实施者在收到专利权人的许可要约后，应立即给予反馈，并积极提出具体要求以促成谈判。该指南的发布体现了日本司法对专利反向劫持问题的关注和规制。这种规制旨在确保谈判双方都能以诚信和积极的态度参与到许可谈判中，有助于促进谈判的顺利达成，避免恶意拖延或拒绝谈判，从而保护权利人的合法权益，同时也维护了专利制度的公平性和效率。

（4）中国的司法实践

在我国，专利劫持行为更为突出，而专利反向劫持行为则相对较少。在全球化创新高速发展的大环境下，标准化技术更新迭代速度日益加快，专利劫持和反向劫持行为也正以更复杂多样的形式不可避免地波及我国。由于专利反向劫持具有隐蔽性，其行为在实施之初是难以被标准必要专利权人察觉到的。我国的司法实践主要是以禁令救济作为规制专利反向劫持行为的法律手段。我国法院对标准必要专利权人的禁令救济请求的立场，由早期较为审慎和严格的限制措施，逐渐转变为更为宽松的态度。

2017 年 3 月，"西电捷通诉索尼"案成为首个在我国判决的标准必要专利反向劫持案件，也在中国甚至全球范围内为司法规制专利反向劫持行为提供了法律支持和指导。该案件中，原告西电捷通公司指控被告索尼移动通信产品（中国）有限公司（以下简称"索尼公司"）侵犯其持有的标准必要专利的专利权，北京知识产权法院经过长达近两年的审理，确认了在原告无过错的情况下，被告索尼公司在谈判过程中存在恶意拖延的行为，被告的行为构成了对专利权人的反向劫持。法院最终判决支持了原告的禁令救济请求，并判决被告应承担超出专利许可费的损害赔偿。

综上所述，各国/地区的司法部门在处理专利反向劫持问题时扮演着至关重要的角色，需要综合考虑多方面因素。如此才能避免标准必要专利权人和标准实施者的任一方因滥用其权利或策略而造成对方利益受损，从而维护好双方的利益平衡。总结各国/地区针对专利反向劫持行为的司法规制措施，一般考虑以下几个因素：

第一，降低禁令救济的颁发门槛。禁令救济是确保标准必要专利权人能够及时维护其合法权益的重要措施。为了提升专利权人维护其合法权益的效率，建议在现行的法律框架下，适当降低标准必要专利权人获得禁令救济的条件，比如，适当简化标准必要专利权人证明其专利被侵犯的程序，降低其在禁令救济请求中的举证标准等。这样有助于标准必要专利权人在面对侵权行为时能够迅速通过法院的支持，有效地阻止专利侵权行为的继续，维护自身的合法权益。

第二，明确 FRAND 许可费率计算方式和考量标准。为了提高 FRAND 原则的可执行性，明确 FRAND 许可费率的计算方法和考量标准，比如，标准必要专利权人在将专利技术纳入标准的过程中，为履行 FRAND 许可承诺，应当在专利信息披露环节公布其专利许可的条件和许可费率的计算方法。同时，法院在确定 FRAND 许可费率时，也应当充分考虑标准必要专利权人事先是否执行了专利信息披露义务以及披露的许可内容，确保专利许可费率的公平、合理。

第三，规范 FRAND 许可谈判机制。在进行 FRAND 许可谈判的过程中，标准必要专利权人和标准实施者双方为自身利益考虑都可能策略性地采取一些行为。比如，标准必要专利权人可能以商业秘密为理由拒绝透露专利许可费或许可条件，或者利用禁令来威胁标准实施者以获取更高的专利许可费，而标准实施者可能通过拖延谈判来达到降低或拒绝支付专利许可费的目的。为解决此问题，法院应当在 FRAND 许可谈判中发挥积极作用，通过建立和完善 FRAND 许可谈判机制，比如，制定明确的专利许可谈判程序和步骤，明确双方在谈判中的权利和义务，规定违反义务的法律后果，以此激励标准必要专利权人积极履行其专利信息的披露义务，同时约束双方在许可谈判过程中的行为。这样才能促进谈判双方达成公平、合理的许可协议，从而避免不必要的法律纠纷和资源浪费。

以上措施，不仅能够从司法层面对专利反向劫持行为进行有效规制，还能够推动标准必要专利的合理、良性运作，促进技术创新的发展，实现法律规范与司法实践的有机结合。

三、专利劫持与反向劫持的博弈与平衡

对于标准必要专利许可市场中出现的专利劫持和专利反向劫持行为，执行者均违背了 FRAND 原则。这些行为严重影响到标准必要专利许可谈判的效率，由此还可能会引发专利纠纷，破坏专利许可的良性运营环境，也会使标准必要专利制度的正当性受到质疑。因此，在国际通信领域标准必要专利许可市场中，如何平衡标准必要专利权人和标准实施者双方的利益，避免专利劫持或反向劫持行为的发生，保障标准必要专利制度高效、和谐运转是当下研究的热点。

首先，在国际通信领域标准必要专利许可市场中，需要平衡标准必要专利权利人和标准实施者之间的利益。"FRAND 劫持"是标准必要专利许可中各方利益失衡的体现，因而利益平衡理论始终是应对国际通信领域标准必要专利许可中"FRAND 劫持"的核心指导理论。其次，对于标准必要专利标准化组织，除了制定规则来保障 FRAND 原则，还可以发挥其他作用来进一步限制专利劫持和反向劫持行为。一些政策制定者和标准制定组织已经将许可前的谈判协商作为避免专利劫持的有效途径，并通过其他非货币途径如提高许可费率的披露程度、制定强制性替代性纠纷解决机制等在应对"FRAND 劫持"问题上发挥作用。

下面分别从标准必要专利权利人和标准实施者双方利益平衡、双方诚信原则以及作为第三方的标准制定组织的机制平衡几个角度展开。

（一）标准必要专利权人和标准实施者的利益平衡

要维护标准必要专利权人与标准实施者之间的利益平衡，首先，需保证标准必要专利许可人与被许可人之间利润与成本上的利益平衡。在标准必要专利的许可谈判中，标准必要专利权人和标准实施者都有经济利益的追求，专利权人追逐尽可能高的利润与实施者追求尽可能低的成本必然需要双方在谈判中通过博弈来争取。其次，双方之间还需平衡技术开发合理回报的技术私有价值与公众可获得

的开放价值。标准必要专利权人在研发过程中投入大量的人力、物力和财力，当其研发的技术被纳入标准，相应的专利成为标准必要专利之后，在 FRAND 许可承诺下，其追求的私有技术获得经济回报的价值需要为公众可获得的开放价值作出一定的让步，即实现个体利益与公众利益的平衡。标准必要专利的许可尤其是许可费率的确定，既要保障专利权人的智力成果得到尊重和经济利益上的合理回报，又要保障标准必要专利可以为公众所获得。若定价过高，则会助长标准必要专利权人原本的"合法垄断"，导致标准必要专利的实施者无法负担高额的许可费，从而无法获得标准必要专利的许可。若定价过低，又会损害专利权人的合法权益，打击专利权人的技术创新热情。

（二）双方诚信原则

《民法典》第 7 条规定："民事主体从事民事活动，应当遵循诚信原则，秉持诚实，恪守承诺。"可以利用法律中的"诚信原则"，来制约标准必要专利权人与标准实施者在诚实信用的基础上就许可费率和条件等进行磋商。

在标准必要专利的许可谈判中，谈判双方均应当遵守诚信原则，即标准必要专利权人应当在遵循诚信原则的基础上与标准实施者就专利许可费率进行磋商。专利权人应遵守 FRAND 原则，特别是在涉及标准必要专利时，应公平合理地许可使用专利，不歧视任何潜在的被许可人。并且在行使专利权时，专利权人不得通过不正当手段如过高定价、搭售非必要专利等行为进行专利劫持。

标准实施者在商业活动中也应当尊重他人的专利权，避免侵犯他人专利权。同时，在与标准必要专利权人进行谈判时，标准实施者也应遵循诚信原则，避免不当利用 FRAND 原则实施反向劫持行为，例如故意拖延标准必要专利许可费率谈判进程，或者恶意诉讼，以逼迫标准必要专利权人妥协，达到不合理地降低专利许可费率的目的。

（三）标准制定组织的机制平衡

1. 制定事前披露的防范机制

合理的披露制度能够促成许可合同的达成，不仅能够降低交易成本，还能提高交易效率。具体而言，要明确披露的内容和范围，具体披露的内容不仅限于许可条件、许可费率等信息，还应进一步涉及一定范围的技术信息。目前，国际及部分区域性的标准制定组织均规定成员方在进行专利许可时应当及时披露专利信息。至于具体在哪一阶段哪一时间点披露、披露的信息有哪些、披露的程度如何以及针对没有及时、尽责履行披露义务的惩戒后果都应当进行更为细化的规定。为了限制因标准必要专利许可费率模糊不定而诱发的专利劫持或反向劫持行为，细化和完善标准必要专利披露制度可以考虑以下方面的内容。首先，标准制定组织可以定期发布有可能被纳入标准的专利技术入围名单：一方面，可鼓励拥有入围专利技术的权利人做披露信息的准备工作；另一方面，便于相关的利益当事方及时知晓某种专利技术可能被纳入行业标准的趋向，亦可以为其规划未来寻求专利许可的目标与计划留有一定的空间。其次，尝试建立全面、透明的行业标准披露平台，尤其是便于搜索、查询的数据库，提供以往许可协议达成的参考价目表，并及时更新显示行业的发展前沿与动态。

2. 制定开放动态的标准必要专利许可费率标准

标准必要专利许可费和许可条件的不披露，是导致标准必要专利的专利劫持和专利反向劫持行为频发的诱因。因此，为了促进标准必要专利许可谈判的顺利推进，需要基于 FRAND 原则，制定开放动态的专利许可费率标准。FRAND 许可费率应当兼顾标准必要专利权人和标准实施者双方的利益。通过对双方制定相应的规制措施，一方面，可以避免权利人滥用其专利权以索取超出专利价值的许可费，造成的专利劫持行为；另一方面，可以防止标准实施者不当利用 FRAND 原则，明显不合理地压低专利许可费来反向要挟标准必要专利权人，导致专利反向劫持行为。

3. 设置许可谈判的期限

在 FRAND 许可承诺下，标准必要专利争端中双方分歧的起始点就在于对标准必要专利价值的认定中，标准必要专利权利人和标准实施者所追求的目标和标准存在根本上的不一致。实践中，由此导致冗长而无结果的谈判无限地被拖延循环。因此，可以考虑强势打破这种无期限拖延下的相对"平衡"，在考虑标准必要专利许可价值估算因素的基础上，还从程序上考虑设置许可谈判的几个期限，尤其是划定出最后达成的期限。由于双方都担心最后的后果不利于己方，设置谈判期限可以督促双方在谈判过程中更加积极主动地与对方进行沟通协商。

综上所述，对 FRAND 许可进行明晰化界定将有助于事前促进当事人之间的谈判，强化当事人的合理注意义务，降低由第三方确定 FRAND 费率的需求；同时亦有助于在事后解决标准必要专利许可纠纷，有助于法院在诉讼案件中制定兼顾个案灵活性的统一判案标准，也一定程度上约束许可谈判双方的行为，遏制专利劫持和反向劫持的发生。维护双方的利益平衡、诚信原则和标准制定组织的机制平衡，在一定程度上能够约束许可谈判双方的行为，促进双方公平、合理地进行许可谈判，遏制专利劫持和反向劫持的发生。这不仅有助于保护和激发技术创新，同时也对维护市场良性竞争秩序具有重要意义。

第四章 标准必要专利禁令救济制度

一、标准必要专利的禁令救济概述

禁令救济（injunctive relief）是专利法赋予专利权人的基本权利，标准必要专利权人也有权获得禁令救济。通常认为，禁令救济是英美法系国家，特别是英国和美国采取的一种司法救济措施，通常是使用公权力来要求其中一方当事人从事某种行为或者限制其中一方当事人从事某种行为，从而避免如果不签发救济措施将可能导致的无法弥补的损害。[❶]

赋予专利权的核心意义在于排除他人未经许可实施专利。专利侵权行为，寻求损害赔偿和禁令救济是权利人维护专利权的主要法律手段。[❷] 如果没有禁令救济，那么权利人的合法权益就可能会受到侵害，权利人享有的权利就可能形同虚设。美国联邦巡回上诉法院对此指出：如果权利是没有救济的权利，专利法赋予的专有权利将大大削弱，价值微薄，也无法充分促进科技的发展和进步。[❸] 对于标准必要专利而言，为了更好地维护权利人的利益，通常采用签发禁令的方式，禁止侵权人或者潜在的侵权人使用标准必要专利。因此，禁令救济是标准必要专利最重要的救济手段之一。

（一）标准必要专利禁令救济相关概念

1. 禁令救济的含义

禁令，一般是指执法机关要求实施某种行为或禁止实施某种行为的命令。专

---

❶ 李红海. 自足的普通法与不自足的衡平：论英国普通法与衡平法的关系 [J]. 清华法学，2010 (6)：27 – 28.

❷ 朱理. 标准必要专利禁令救济问题的反垄断法分析 [J]. 今日财富（中国知识产权），2016 (3)：48.

❸ 董美根. 美国专利永久禁令适用之例外对我国强制许可的启示：兼论《专利法》（第三次）修订 [J]. 电子知识产权，2009 (1)：46.

利侵权纠纷中所涉及的禁令救济，一般是指当权利人认为其专利权受到侵害时，其通常会向执法机关提出请求，请求禁止侵权人继续实施侵权行为，而当执法机关通过审判或调查认定被诉侵权行为成立，可以依法签发禁令——要求侵权人停止实施相关侵权行为，该救济即为禁令救济。

　　禁令救济起源于近代商业秘密法诞生之初，其理论与实践均已趋向于成熟，签发禁令是商业秘密侵权案中最重要的救济措施。由于签发禁令救济通常会涉及各种相互冲突的利益，因此，应当在权衡原告、被告和社会公共利益的基础上审慎作出是否签发禁令救济的决定。

　　禁令主要包括临时禁令、预先禁令和永久禁令。临时禁令和预先禁令通常属于诉讼上的保全措施，属于临时性措施，并不约束执法机关后续的审理过程。永久禁令会严重影响到诉讼双方当事人的利益，法院需要对案件进行充分的调查和审理，认定被告侵权之后再予以签发，法院还需明确禁令的效力范围和有效期限。本章所讨论的禁令救济限于永久禁令。

　　标准必要专利虽然被纳入标准，但是仍然属于知识产权的范畴，应当受到保护。对于标准必要专利的侵权行为，禁令救济作为防止未来损失继续和扩大的有效手段，往往是最主要、最常见的救济形式。同时，由于其涉及标准的公开性，在适用禁令救济时应该予以适当的限制。标准必要专利禁令救济，是在涉及标准必要专利的案件中，针对未经权利人许可而发生的侵权行为，为了维护权利人的合法权益，执法机关签发的禁止命令，禁止标准实施者继续使用涉案的标准必要专利。❶

　　2. 标准必要专利禁令救济的变迁

　　在标准化活动开展的初期，标准制定组织在组织讨论标准相关的技术时，通常会寻求那些还未申请专利的技术，而采纳的标准通常很少涉及知识产权纠纷，即便涉及知识产权纠纷，也会作为一般的知识产权问题予以处理。在这一阶段，标准必要专利涉及的问题还较为简单，并且鲜有争议，执法和司法实践也不成熟，因此，通常将标准必要专利作为普通专利对待，标准必要专利侵权纠纷也适用普通专利禁令救济的相应规则，即在认定侵权成立的情况下，除存在特殊例外情形外，均会签发禁令，以阻止相关侵权人的持续侵权行为。

　　然而，伴随着科技的快速发展，标准必要专利的公共属性凸显，私权和公共

---

　　❶ 赵启杉. 竞争法与专利法的交错：德国涉及标准必要专利侵权案件禁令救济规则演变研究［J］. 竞争政策研究，2015（2）：84.

利益之间的矛盾加剧，相关执法部门开始基于维护公共利益的角度考虑标准必要专利权的使用。在这一阶段，相关执法部门对禁令救济的签发多持谨慎的态度，即以不签发禁令为原则，签发禁令为例外。

3. FRAND 原则与标准必要专利禁令救济的关系

在处理标准必要专利侵权纠纷的时候，通常需要遵循 FRAND 原则。当一项专利被纳入标准之后，该专利成为标准必要专利，标准制定组织会要求该标准必要专利权人基于 FRAND 原则作出许可承诺，给予标准实施者专利实施许可。这可以算是对标准必要专利权人的约束，从而可以避免标准必要专利权人垄断市场、限制竞争的行为，防止阻碍技术的发展和推广。

尽管标准必要专利权人作出 FRAND 许可承诺，但是，这并不表明其放弃了申请禁令救济的权利。标准必要专利权人作出 FRAND 许可承诺，表明其同意基于 FRAND 原则对标准必要专利进行许可，据此来促进与标准实施者签订专利许可合同。而在专利权受到侵犯时，标准必要专利权人同样有权寻求禁令救济。

FRAND 原则可以促进标准必要专利权人和标准实施者之间的利益平衡，让每个主体从中受益，推动技术的标准化和创新。禁令救济有利于保障和监督 FRAND 原则的实现，签发禁令救济在一定程度上可以影响双方的许可谈判，适当矫正双方利益的失衡。因此，在标准必要专利权人和标准实施者许可谈判过程中，FRAND 原则作为指导性原则，禁令救济的签发保障了该原则的实现，二者相辅相成，更好地平衡标准必要专利权人和标准实施者之间的利益。

4. 标准必要专利禁令救济的适用

在技术被纳入标准且专利成为标准必要专利时，标准制定组织通常会要求标准必要专利权人提交 FRAND 许可声明。但是，由于目前各个标准制定组织对于标准必要专利的 FRAND 许可声明并没有明确的规定，因此在标准必要专利权人与标准实施者之间进行相关标准必要专利的许可谈判过程中，双方可能会就如何基于 FRAND 原则来制定一个双方均认可的许可条款产生分歧。在许可谈判不能达成一致时，禁令救济的签发与否，将可能影响许可谈判的结果。也就是说，如果标准必要专利权人很容易就能够获得禁令救济，从而可以阻止标准实施者使用相关技术和销售相关产品，迫使标准实施者接受标准必要专利权人提出的许可条件，会导致专利劫持；相反，如果标准必要专利权人不可能或者很难获得禁令救济，标准实施者可能会通过各种方式来拖延许可谈判进程，同时，技术的进一步创新、专利权有效期的限制等因素，将会进一步削弱标准必要专利权人的谈判话语权，会导致专利反劫持。上述这些情形都将不利于标准的实施和产业的可持续发展。因此，标准必要专利禁令救济制度是非常有必要的，同时也需要进行全面、客观、审慎的审查，避免出现专利劫持和专利反劫持问题，尽可能地推动标准必要专利许可协议的达成。❶

对于英美法系国家而言，禁令救济和损害赔偿通常不会同时适用；只有当损害赔偿无法解决全部的问题时，才适用禁令救济。对于大陆法系国家而言，禁令救济和损害赔偿可以平行适用，而且没有限定禁令救济和损害赔偿适用的顺序，从司法角度来说，法院判定停止侵权更容易操作，因此，法院在确定侵权行为成立后通常会责令侵权人立即停止侵权，并对侵权人处以高额的赔偿金。大陆法系国家的这种做法也促使标准必要专利权人倾向于主张停止侵权的禁令，或者以寻求禁令救济的手段来获取高额的许可费。❷ 但是，对于通过技术标准推广的"平台效应"获得了更多的利益的标准必要专利权人而言，基于公共利益的考虑，不应当与普通专利的权利人同样适用禁令救济，而应当采用更为严格的限制。❸ 例如，应当采用"促进交易、保护公共利益"的原则，权衡权利人的财产保护与效率的最大化情况，来评判是否签发禁令救济。❹

通常情况下，并不是申请就能够获得禁令救济，禁令救济的适用通常需要遵循以下原则：

一是穷尽普通法救济，这是所有衡平法救济的前提。❺ 也就是说，只有在运用普通法的损害赔偿救济措施不能充分得到补偿时，才能适用禁令来予以救济。

二是申请禁令救济的人，自身必须清白。❻ 如果申请人有"专利渔翁"的嫌疑，则要排除禁令救济。

三是申请人必须有明确、具体的要求。❼ 权利人向法院提出禁令的申请时，必须写明确定、可行的具体要求，否则不能获得支持。

5. 标准制定组织关于禁令的规定

作为标准制定的主导者，为了规范标准与标准必要专利之间的关系，标准制

❶ 赵启杉. 竞争法与专利法的交错：德国涉及标准必要专利侵权案件禁令救济规则演变研究 [J]. 竞争政策研究，2015（2）：85.

❷ 孙山. 专利诉讼中停止侵害请求权行使限制的司法适用 [J]. 北方法学，2021（2）：40 - 41.

❸ 张平. 论涉及技术标准专利侵权救济的限制 [J]. 科技与法律，2013（5）：74 - 75.

❹ 车红蕾. 交易成本视角下标准必要专利禁令救济滥用的司法规制 [J]. 知识产权，2018（1）：57.

❺ 施高翔. 中国知识产权禁令制度研究 [M]. 厦门：厦门大学出版社，2011：22.

❻ 施高翔. 中国知识产权禁令制度研究 [M]. 厦门：厦门大学出版社，2011：23.

❼ JOHN D. Injunctions [M]. St. Paul Minn.：West Publishing Co.，1991：81 - 103.

定组织一般会制定知识产权政策。在标准制定组织制定的知识产权政策中，也会对禁令救济的申请条件进行规定。标准必要专利权人在将技术纳入标准时，通常需要作出 FRAND 许可承诺，而在其作出 FRAND 许可承诺之初就对其相应的行为进行约束，从而可以有效预防和减少标准必要专利带来的法律纠纷。

ETSI 曾经在其知识产权政策中就禁令作出如下规定：标准必要专利权人在与标准实施者进行许可谈判的过程中，可以提出针对该标准实施者的侵权诉讼请求，但是，标准必要专利权人不得针对该标准必要专利申请获得禁令救济。❶ 但是，该规定引起很大的争议，随后 ETSI 将该规定删除，对于标准必要专利权人申请禁令救济问题未再进行明示。

IEEE 也在其知识产权政策中包含了关于禁令的相关规定：向 IEEE 提交标准的标准必要专利权人不得寻求获取禁止令，也不得实施禁止令。所谓禁止令，是指限制或禁止生产、使用、销售、许诺销售或进口符合标准的产品的临时性或永久性禁令、排除令或其他类似的裁判指令。❷ IEEE 的知识产权政策还规定，标准必要专利权人和标准实施者应当进行诚实信用谈判。在某司法辖区，如果法院有权确定合理的许可费率以及其他合理条款和条件，裁决专利的有效性、实施性、必要性和侵权，裁定损害赔偿金，解决相关抗辩和反诉事项，那么对于该法院作出的判决，包括上诉法院进一步作出的判决，如果标准实施者不参与或者不遵守，那么标准必要专利权人可以寻求获得禁止令或者实施禁止令，除此之外，标准必要专利权人既不应也不能寻求获得禁止令或者实施禁止令。❸ 由此可见，IEEE 虽然规定标准必要专利权人不能寻求禁令救济，但是也没有完全限制在标准实施者不参与或不遵守法院所作出的判决的情况下，标准必要专利权人可以寻求禁令救济。

（二）标准必要专利禁令救济的签发

对于标准必要专利是否可以签发禁令救济，一直是被讨论的热点问题。标准必要专利具有独特性，并且标准必要专利权人已经作出了 FRAND 许可承诺，对于签发禁令救济都有一些影响。

1. 签发标准必要专利禁令救济的流程

司法机构判定签发标准必要专利禁令救济的流程通常比较复杂，其和普通专

---

❶ 谭袁. 标准必要专利核心争议探究及制度构建［M］. 北京：中国社会科学出版社，2019：211.

❷❸ IEEE. IEEE – SA Standards Board Bylaws［EB/OL］.［2024 – 10 – 20］. https：//standards. ieee. org/wp – conent/uploads/import/documents/other/sb_bylaws. pdf.

利有所不同。

对于普通专利案件，如果专利权人申请签发禁令救济，司法机构通常需要先判断侵权是否成立，在判断侵权成立的情况下，再确定是否应当给予禁令救济。在侵权认定上，普通专利案件通常会遵循全面覆盖的原则，需要对技术方案进行全面的比对。

对于标准必要专利案件，通常也是按照与普通专利案件一样的方式来确定是否签发禁令。但其侵权认定更加特殊，通常需要以下步骤：第一，识别涉案专利是否为标准必要专利；第二，确定被诉侵权产品是否与标准必要专利所对应的标准一致；第三，在没有相反事实或证据的情况下，推定被诉侵权产品落入标准必要专利权的保护范围。

对于第一个步骤，通常是被诉侵权人对于专利权人请求保护的专利是否为标准必要专利存在争议。一个发明构思演变成一个标准必要专利，一般需要经历两个并行的过程，即标准制定过程和专利申请、审查过程。标准制定过程通常分为需求阶段、提案讨论阶段、提案确定阶段、标准发布阶段、标准维护阶段及版本更新阶段，直至版本冻结，标准化工作完成。专利申请、审查过程通常分为基于发明构思撰写专利申请文件和专利审查机构基于专利申请文件进行审查确定是否授予专利权。这两个过程可能将历经标准制定中的博弈、专利审查过程中权利要求保护范围的确定，从而可能会使得标准与授权专利的保护范围并不尽相同，导致识别涉案专利是否为标准必要专利的难题。

对于第二个步骤，在确定被诉侵权产品是否与标准必要专利所对应的标准一致时，通常是采用"谁主张，谁举证"的原则，也就是说由标准必要专利权人举证。如果标准必要专利对应的标准属于强制性标准，为了保证通信产品的互联互通，在产品的包装或使用手册中通常会注明已经遵循强制性标准，这种情形比较容易举证。对于推荐性标准，这种情形较难举证，需要基于个案的事实进行查明。

对于第三个步骤，为了确保信息的互联互通和互相适配，通信领域的实体或虚拟产品通常需要遵循相关标准，也就是说实施标准对应的标准必要专利保护的技术方案。因此，基于诉讼经济原则，考虑到减轻负担的需求，通常会采用推定侵权认定的方式。

在对被诉侵权产品完成上述的判定过程之后，再根据相关的事实和证据，确定是否签发禁令救济。

2. 签发标准必要专利禁令救济的观点

在禁令救济的签发上，会存在诸多值得探讨的问题，比如：标准必要专利权人是否拥有申请禁令救济的权利，申请禁令救济是否会导致标准必要专利权人的权利滥用，执法机构是否应该向标准必要专利权人签发禁令救济。针对这些问题，司法界或者学术界也有不同的观点。

（1）肯定说

对于禁令救济的使用持肯定说的观点认为：从权利法定的角度考虑，标准必要专利权人可以获得禁令救济。其主要理由在于：

首先，尽管标准必要专利与普通专利有所不同，但其专利权人与普通专利权人一样应当享有专利权。寻求禁令救济属于专利权人的一种法定权利，当标准必要专利被侵权时，标准必要专利权人同样应当享有寻求禁令救济的法定权利。

其次，标准制定组织制定的知识产权政策未并明确限制权利人寻求禁令救济的权利，标准必要专利权人作出 FRAND 许可承诺是表明其愿意在公平、合理、无歧视的条件下进行专利授权和许可的承诺，该承诺并不是放弃禁令救济权利的声明。

最后，在标准必要专利权人和标准实施者之间达成授权许可存在一定困难时，如果不予签发禁令救济，那么在双方谈判过程中，对标准实施者没有任何约束力，其可能通过拒绝谈判，或者拒绝支付许可费，或者支付较低的许可费，使得标准必要专利权人利益受损，从而降低标准必要专利权人后续研发的动力，阻碍技术的革新。

（2）否定说

对于禁令救济的使用持否定说的观点认为：基于 FRAND 原则，标准必要专利权人在作出 FRAND 许可承诺之后，不应再获得禁令救济。其主要理由在于：

首先，标准必要专利权人作出 FRAND 许可承诺，表明其已经认可通过损害赔偿金来弥补侵权行为所造成的损失，无须再通过禁令得到权利救济。

其次，FRAND 许可承诺即为专利许可的默示意思表示。当技术纳入标准，与其相关的产品通常需要遵循相应的标准，标准必要专利权人作出 FRAND 许可承诺就相当于默许他人自由地实施该标准必要专利对应的技术方案。❶

最后，标准必要专利权人既然作出 FRAND 许可承诺，就表明其愿意将标准

---

❶ 朱雪忠，李闯豪. 论默示许可原则对标准必要专利的规制［J］. 科技进步与对策，2016，33（23）：100 – 102.

必要专利许可给他人实施，同意标准实施者使用该标准必要专利。如果随后标准必要专利权人又向法院提出侵权诉讼，并寻求禁止标准实施者实施其专利，那么这种行为就违背了其所作出的 FRAND 许可承诺，违反了禁止反言原则。❶ 此时，如果再允许标准必要专利权人寻求禁令救济，则会提高制度运行和转换的成本。尽管拒绝签发禁令救济可能会引发默示许可或者强制许可，但可以通过许可费来作为经济补偿，这符合标准必要专利相关法律的立法本意。因此，应当否定标准必要专利权人申请禁令救济的权利。

（3）折中说

对于禁令救济的使用持折中说的观点认为：从平衡标准必要专利权人与标准实施者之间的利益角度考虑，既不能绝对禁止禁令救济，也不能没有限制地签发禁令救济。其主要理由在于：

首先，尽管标准必要专利权人作出了 FRAND 许可承诺，但并不意味着其放弃了寻求禁令救济的权利。如果法院绝对禁止禁令救济，则可能导致标准实施者不会积极主动地参与许可谈判，也不会自愿支付许可费，而且标准制定组织的知识产权政策也没有明确禁止禁令救济。标准必要专利通常采用先实施后付费的模式，不允许禁令救济意味着标准必要专利权人只能获取经济赔偿。

其次，标准的实施通常需要采用标准必要专利中的相关技术方案，标准实施者为了实施该方案，需要向标准必要专利权人寻求许可，标准必要专利权人可能会利用其优势地位收取高额的许可费，甚至可能进行其他专利的搭售、捆绑销售，进而再寻求禁令来施加一些不公平的许可协议。因此，持折中说的观点认为禁令救济的签发原则上应予以限制，即应允许标准必要专利权人寻求禁令救济，但是对于禁令签发需要作出适当的限制，从而更好地平衡标准必要专利权人与标准实施者之间的利益。

3. 签发标准必要专利禁令救济的限制

对于标准必要专利而言，权利人采用禁令救济行为可能构成滥用市场支配地位，从而达到签署可能会显失公平的许可协议和排斥竞争对手的效果。❷ 一方面，由于标准必要专利被侵权，权利人面临巨额经济损失，签发禁令救济会给予标准必要专利权人更大的谈判筹码，加剧双方关于专利许可费率谈判的不对称局

---

❶ 参见 Qualcomm Inc. v. Broadcom Corp, 548 F. 3d 1004，1022 – 24（Fed. Cir. 2011）.

❷ 赵启杉 . 竞争法与专利法的交错：德国涉及标准必要专利侵权案件禁令救济规则演变研究［J］. 竞争政策研究，2015（2）：88 – 90.

面，从而迫使被诉侵权人接受不合理的较高的许可费。另一方面，由于签发禁令救济会削弱被诉侵权的竞争对手参与市场竞争的力量，甚至会将其排斥出市场，因此对于有竞争关系的创新主体而言，获得禁令救济将会成为其排斥竞争对手的有力手段。因此，对于禁令救济的签发，需要有一定的限制。

（1）限制的主要情形

在标准必要专利权人发现被侵权之后，如果标准必要专利的侵权人愿意针对许可费进行谈判，那么标准必要专利权人不能寻求禁令救济。只有当标准必要专利的侵权人拒绝接受许可谈判或者拒绝执行仲裁机构或法院确定的许可费时，标准必要专利权人才能够获得禁令救济。当标准必要专利的侵权人拒绝以善意的方式接受 FRAND 许可谈判时，引入禁令救济可以督促侵权人同意通过许可谈判的方式来达成 FRAND 许可协议，从而实现鼓励技术创新和维护市场竞争的效果。

如果通过经济损害赔偿的方式足以充分补偿侵权为标准必要专利权人带来的损失，那么标准必要专利权人不能寻求禁令救济。当标准必要专利权人与标准必要专利的侵权人之间存在竞争关系时，由于侵权可能给标准必要专利权人造成较大的经济损失，在经济损害赔偿不足以弥补侵权造成的损失的情况下，签发禁令救济就是必要的，从而可以维护市场的有效竞争和保护标准必要专利权人的创新激励。由于禁令救济可能是排斥竞争对手的手段，当标准必要专利权人与标准必要专利的侵权人之间存在竞争关系时，二者通过 FRAND 许可谈判，达成双方均认可的合理许可费来进行经济损害补偿，此时，标准必要专利权人就不能再寻求禁令救济。

（2）限制的特殊情形

近年来，涌现了许多非专利实施主体或者专利权主张实体，此类主体并不实施专利技术，也不从事产品的制造、销售和服务，主要从事投资或购买专利，再基于拥有的相关专利权进行许可、转让或诉讼，从中谋取经济利益。这类非专利实施主体或者专利权主张实体由于拥有数量较大的专利，在某些技术领域构成了技术垄断，对于正常的创新型企业的正常运营带来了不同程度的影响，限制了创新型企业的竞争性。同时，这类主体在多个国家发起专利侵权诉讼，使得部分创新型企业耗费人力、财力去应对诉讼，增加了企业成本，消耗了社会资源。此类主体利用禁令救济来威胁侵权人，向侵权人索要高额的许可费。因此，对于非专利实施主体或者专利权主张实体提出的禁令救济，应当更加谨慎地对待。

在某些情形下，一个标准与由多件专利组成的专利族技术相对应。如果某一项专利技术的创新性对于产品的价值贡献度比较小，那么不应对此权利人签发禁令救济。由于采用该专利对应的技术研发出的产品，仅仅是一个比较小的零部件，其占用的市场份额比较小，此时如果签发禁令救济，可能会影响采用其他更大部分专利所研发出来的产品的市场，从而赋予权利人更高的许可谈判实力，影响正常的经济市场，乃至影响技术创新。因此，对于专利族中特定的专利技术对应的标准必要专利，在使用禁令救济时也需更谨慎。

如果标准必要专利的侵权人面临较高的技术转换成本，则不应给标准必要专利权人签发禁令救济。通常来说，如果法院判定构成侵权，由于标准必要专利的侵权人实施该产品就需要使用该标准必要专利的技术，而重新设计产品或者研发新技术需要付出更高的成本，那么在标准必要专利权人与标准必要专利的侵权人进行许可谈判时，标准必要专利权人就占有更明显的谈判主动权，从而使得双方的谈判可能发生显失公平的情况。此种情形下，也不应再签发禁令救济。

4. 签发标准必要专利禁令救济对竞争的影响

当今社会已经进入了技术迅猛发展的阶段，创新是推动科学技术发展的第一动力，竞争是市场经济的核心和灵魂。保护知识产权以鼓励创新，实施竞争法以保护竞争，二者均是当今社会经济发展不可或缺的重要手段。相较于一般的专利，标准必要专利的特殊性在于：其技术由于已经被纳入标准，在某个行业或某个产品的制造或使用过程中具有独特性和不可替代性，从而使得其更具有垄断性。因此，标准必要专利权人可能会通过寻求禁令救济的手段来威胁标准实施者，从而达到在同行业竞争中垄断的目的。也就是说，标准必要专利禁令救济会对竞争产生一些影响。

（1）促进许可谈判的顺利进行

标准必要专利禁令救济制度可以使标准必要专利权人避免可能遭遇的经济损失，同时还能够提示标准实施者如果不能做到善意、诚信地参与许可谈判，将可能被排除出市场竞争。因此，在通信领域市场竞争激烈的情况下，标准必要专利禁令救济制度可以促进许可谈判的顺利进行。

（2）平衡标准必要专利权人和标准实施者之间的利益

当一项专利被认定为标准必要专利时，其权利人通常在市场竞争中占据着市场支配地位。应当加强对标准必要专利权人的监督，避免其滥用市场支配地位，拒绝许可。因此，标准必要专利禁令救济制度可以对标准必要专利权人进行一定的限制和监督，从而平衡标准必要专利权人和标准实施者之间的利益，维护二者之间的有效竞争。

（3）促进科技创新与进步

《专利法》第1条规定："为了保护权利人的合法权益，鼓励发明创造，推动发明创造的应用，提高创新能力，促进科学技术进步和经济社会发展，制定本法。"从专利法保护创新的目的来看，禁令救济制度是保护标准必要专利权人合法权益的重要手段，可以有效激发其创新积极性。通过提供恰当的禁令救济，可以合理补偿标准必要专利权人的创新成果，使其愿意投入更多的资金、人力、物力来开展后续的创新成果研究；相反，如果拒绝签发禁令救济，则可能会降低标准必要专利权人将资金投入创新的意愿，从而阻碍市场竞争和科技的创新与进步。

从竞争法角度来考虑，标准必要专利权人需要作出 FRAND 许可承诺。如果标准必要专利权人拒绝将专利权许可给那些愿意获取许可的标准实施者，或者通过诉讼的方式寻求禁令救济，那么标准必要专利权人的这些行为将会使得标准实施者无法继续从事产品的研发、生产或销售，从而破坏正常的市场竞争环境，损害标准实施者的权益。反垄断执法机构需要审查作出 FRAND 许可承诺的标准必要专利权人寻求禁令救济的行为，并且确定是否其对市场竞争产生不利影响，避免寻求禁令救济的行为影响 FRAND 许可谈判。在司法实践中，判断禁令救济的申请与签发是否对市场竞争造成影响、造成怎样的影响，是非常复杂的，因此，各国/地区的反垄断执法机构采取了较为审慎的态度。一方面，美国和欧盟的反垄断执法机构大都认为，标准必要专利权人在作出 FRAND 许可承诺以后，应当积极地与标准实施者开展 FRAND 许可谈判，寻求禁令救济是许可谈判未果的补救措施；另一方面，为了避免标准实施者恶意拖延或拒绝许可谈判，导致恶性的市场竞争，阻碍技术的创新和市场的正常竞争关系，美国和欧盟的反垄断执法机构也不会绝对禁止标准必要专利权人寻求禁令救济。总的来说，美国和欧盟的反垄断执法机构通常遵循个案处理的原则，积极地规范许可谈判程序，促成许可谈判的达成，避免损害竞争的情形。❶

二、域外标准必要专利禁令救济制度司法实践

由于专利制度的地域性特点，对于一项标准必要专利申请，申请人可以基

---

❶ 赵启杉. 竞争法与专利法的交错：德国涉及标准必要专利侵权案件禁令救济规则演变研究 [J]. 竞争政策研究，2015（2）：86.

于《巴黎公约》或者国际合作条约向不同国家提出，并且经过审查后获得专利
权，从而可以在不同国家/地区获得专利法保护。由此，对于每一项标准必要
专利，可能会面临在不同国家的侵权诉讼问题。对于普通专利的侵权案件，一
旦认定侵权成立，签发禁令是原则，不签发禁令是例外。但是，标准必要专利
侵权案件与普通专利侵权案件有所不同，各国/地区对待禁令的签发都是慎之
又慎，需要综合考虑很多因素。因此，有必要去了解域外不同国家/地区的禁
令救济制度。以下主要探究美国、英国、欧盟、日本等国家或地区的标准必要
专利禁令救济制度。

（一）美国

1. 现行规则

美国对于禁令的签发一直持比较谨慎的态度。美国专利保护的体系主要包括
两个：法院和执法机构。执法机构中有可能会启动禁令的主要有两个：美国联邦
贸易委员会和美国国际贸易委员会。美国联邦贸易委员会根据《美国联邦贸易委
员会法》授权成立并负责执行反托拉斯法律。❶ 美国国际贸易委员会前身是美国
关税委员会，负责执行 1930 年《美国关税法》。美国联邦贸易委员会不能直接签
发禁令，当其认为企业或者个人违反《美国联邦贸易委员会法》时，可以指派
律师，在美国联邦地区法院提起诉讼，请求法院签发禁令。美国国际贸易委员会
有权签发排除令和禁止令。美国签发的禁令包括三种：临时禁令、初步禁令和永
久性禁令。其中临时禁令和初步禁令属于临时性措施，与大陆法系中的财产保全
类似；永久性禁令属于给予权利人的救济方式，是对实施者未来可能导致侵权行
为的一种制止。❷

（1）相关规定

根据美国法律，针对专利侵权的救济，可以是普通法上的救济（包括金钱损
害赔偿的判定）或衡平法上的救济（包括禁令救济从而防止侵权行为的继续）。❸
《美国专利法》第 283 条规定：对于诉讼具有管辖权的法院，可以依据衡平原则，
在法院认为合理的条件下签发禁令救济，从而防止他人侵犯受专利法保护的

---

❶ 李健. 跨国公司滥用知识产权与反垄断研究 [J]. 国外理论动态，2009（6）：100 – 101.
❷ 沈达明. 衡平法初论 [M]. 北京：对外经济贸易大学出版社，1997：297.
❸ 1819 年《美国专利法》首次将衡平管辖权授予审理专利案件的联邦法院。1870 年《美国专利法》
针对当事人提出衡平索赔的情形，授权联邦法院给予损害赔偿和禁令救济。

权利。

根据普通法的衡平救济要求，如果不签发禁令救济，标准必要专利权人将受到无法弥补之损害。在美国，多年来都使用这种推定方式，在当事人受到某些侵害，例如专利权被判定侵权时，则被推定为无法弥补之损害。

《美国专利法》第 154（a）（1）条规定：专利权赋予权利人排除他人未经许可的制造、使用、许诺销售、销售专利产品的独占权利；第 261 条规定：专利权应具有个人财产的属性。在美国的专利诉讼案件中，主要基于专利权的财产属性来推定"无法弥补之损害"。依据上述规定，美国的法院尤其是联邦巡回上诉法院通常会将专利权视为与不动产同类的特殊财产，因此认为其应该受到永久性禁令的保护，以防止其被侵权。联邦巡回上诉法院同样认为：在涉及专利权的案件中，当专利有效性和专利侵权已经被清楚证明时，可以推定发生了"无法弥补之损害"❶。这种推定部分源于专利授权的期限，由于诉讼并不推迟专利的失效期限，时间的推移将会造成权利人无法挽回的损害……专利权的性质也使得权利人并不足以获得足够的损害赔偿，专利的主要价值是其法定的排他权。❷

（2）"eBay 案"前后的禁令救济变化

在"eBay v. MereExchange"案之前，美国联邦巡回上诉法院和对专利上诉案件有专属管辖权的上诉法院通常认为，当确定专利有效并且侵权行为成立，如无其他特殊情况，法院可以直接签发永久性禁令。受该规则的影响，在大多数的专利侵权案件中，美国法院通常会签发禁令。当然，在某些专利案件中，关于"无法弥补之损害"的推定也可能会被推翻。例如，随着技术的进步，被诉侵权人证明未来将不会再发生侵权行为；经过双方的协商，权利人有意愿对专利作出许可；相较于侵权人，权利人占有的市场份额更大。

2006 年，美国联邦最高法院对"eBay"案作出判决，可谓美国专利侵权救济制度的改革。该案判决中否定了美国联邦巡回上诉法院长期以来坚持的签发永久性禁令的做法，在永久性禁令签发时重新使用衡平法原则，也给美国专利制度的发展带来了转折。该案中，美国联邦最高法院彻底解决了专利案件中禁令救济的适用性问题，其认为法院是否签发禁令的依据是"公认的衡平原则"，还提出了"四要素衡平检验标准"，用来作为是否应该签发禁令救济的考量。也就是

---

❶ 黄运康. 标准必要专利禁令救济的法律规制：兼议《民法典》的社会本位 [J]. 法治论坛，2021（11）：60.

❷ 参见 H. H. Robertson, Co. v. United Steel Deck, Inc., 820 F. 2d 384（Fed. Cir. 1987）。

说，在判定侵权行为成立时，获得禁令救济必须满足四个要件：其一，原告已经遭受不可挽回的损害；其二，使用法律规定的其他救济方式不足以弥补其损失；其三，综合衡量原告、被告双方可能受到的影响，禁令救济具有恰当性；其四，签发禁令不能损害公共利益。❶

（3）FRAND 许可承诺并不意味着放弃禁令救济

2014 年 4 月，美国联邦巡回上诉法院在"苹果诉摩托罗拉"案的二审判决中明确尽管标准必要专利权人作出 FRAND 许可承诺，但并不意味着其认可专利许可费足以弥补损失，仍然可以寻求禁令救济❷；承认标准必要专利权人很难举证来证明其遭受不可挽回的损失，指出当标准实施者拒绝或拖延进行 FRAND 许可谈判，导致权利人利益受损时，则可能会签发禁令。

（4）确立 FRAND 许可承诺下禁令救济的合同法规制路径

在"微软诉摩托罗拉"案中，摩托罗拉公司申请并获得禁令。微软提出上诉，认为摩托罗拉公司在作出 FRAND 许可承诺之后又寻求禁令救济，违反了 FRAND 许可承诺。美国联邦巡回上诉法院经过审理作出判决，确认摩托罗拉公司违反了 FRAND 许可承诺并构成合同违约，判决摩托罗拉公司禁止执行禁令。该案中标准必要专利权人向标准制定组织作出 FRAND 许可承诺，标准实施者作为第三方受益人，可以运用合同违约来争取相应的利益。该判决中还提出，对于是否违反 FRAND 许可承诺，考量的因素还可以包括许可要约是否有诚意、许可费率是否合理、禁令申请是否违反意思表示等。该案确立 FRAND 许可承诺下，针对禁令救济的合同法规制路径，对于标准实施者不失为一种选择。

（5）美国相关部门对于禁令救济的态度

从 2013 年开始，美国司法部和美国专利商标局发表系列声明，以明确作出 FRAND 许可承诺的标准必要专利权人是否可以寻求禁令救济。其中，2013 年 1 月两部门联合发布的 2013 版政策声明明确了标准必要专利权人遵循 FRAND 原则的侵权救济措施。该声明表示尽管标准制定过程促进竞争，但是亦存在反竞争的风险，FRAND 许可承诺有助于降低风险。同时，声明中还认为执行标准必要专利的禁令救济或排除令可能导致专利劫持，损害正常的竞争关系，影响公共利益。

---

❶ 参见 Smith，Inc. v. Hughes Tool Co. 718 F. 2d 1573（1983）；Richardson v. Susuki Motor Co. Ltd.，868 F2d 1226（1989）。

❷ 参见 Apple，Inc v. Motorola，Inc.，869 F. Supp. 2d 901（N. D. 111. 2012）。

2013 年 6 月 13 日，美国国际贸易委员会根据 1930 年《美国关税法》裁定苹果公司进口的电子产品侵犯三星公司的专利权，签发禁令，禁止进口苹果公司的相关侵权产品。美国贸易代表办公室在 2013 年 8 月 3 日对此作出回应，援引《FRAND 义务下的标准必要专利救济政策声明》，认为签发禁令并非对于侵权行为的救济手段，可能会损害公共利益，影响公平竞争，否决了美国国际贸易委员会的上述裁决。

2015 年，美国司法部发出商业审查函给 IEEE，声明支持 IEEE 禁止标准必要专利权人针对标准实施者寻求禁令救济的知识产权政策。

2019 年 12 月，美国司法部、美国专利商标局和美国国家标准与技术研究院联合发布 2019 版政策声明，撤回 2013 版政策声明，并对禁令救济的签发问题予以澄清，认为标准必要专利权人作出 FRAND 许可承诺是确定是否签发禁令的一个因素，并不能据此来直接确定是否签发禁令。标准必要专利权人尽管作出 FRAND 许可承诺，但并非意味着其遭受侵权时不能获取禁令救济，其禁令救济的请求权并未被剥夺，仍然拥有与普通专利的权利人相同的救济权利。法院对于普通专利是否适用相关救济措施的判决框架同样适用于标准必要专利，对于标准必要专利需要增加其他的考虑因素，例如，是否作出 FRAND 许可承诺、双方当事人在许可谈判过程中是否遵循诚信原则、是否积极参与许可谈判等，但是不能因为其是标准必要专利而建立一套新的判决框架。

2021 年 12 月 6 日，美国司法部、美国专利商标局和美国国家标准与技术研究院联合发布 2021 版政策声明草案，并向公众征求意见。美国 2021 版政策声明草案强调，在标准必要专利权人和标准实施者之间开展许可谈判，良好的许可环境可以促进技术创新，推广技术实施，提高市场竞争。同时，为了促成标准必要专利权人和标准必要专利实施者之间的诚信谈判，美国 2021 版政策声明草案对标准必要专利许可谈判提出以下要求：①标准必要专利权人应向标准实施者提出警告，明确可能被侵权的标准必要专利的相关信息，并提供符合诚信原则的 FRAND 要约；②标准实施者应在合理时间内作出回应，以积极达成许可协议，例如接受要约、提出善意的反要约、提出对专利有效性或侵权的异议、提议解决争议的中立第三方、要求标准必要专利权人提供评估要约所需的相关材料；③标准必要专利权人应在合理时间内作出回应，例如接受反要约、对于标准实施者关注的问题给予回应、提出新的善意的 FRAND 要约、提议由中立第三方解决争议等。

美国 2021 版政策声明草案在判定是否签发禁令救济的问题上，认同"eBay"

案提出的评估因素，指出法院在考虑公共利益时，需要遵照"鼓励技术创新者积极参与标准制定，同时还要确保标准必要专利的价值评估"的原则。❶ FRAND许可承诺以及特定的许可谈判环境均可能影响标准必要专利禁令救济的签发，此外还需要基于个案确定最终是否签发禁令救济。但是，总体上来说，美国2021版政策声明草案更倾向于以下观点：当标准实施者不愿意或者不积极达成许可谈判，例如在法院或中立第三方确定了许可费，但是标准实施者拒绝支付时，将会签发禁令。但是，该草案并未最终公开发布。

2022年6月8日，美国司法部、美国专利商标局及美国国家标准与技术研究院联合发布于2019版政策声明再次被宣布撤回。撤回声明中强调将加强反垄断执法，通过逐案审查来裁定标准必要专利权人或标准实施者是否实施了滥用市场支配地位的反竞争行为或其他损害竞争的行为。由此可见，美国仍旧是通过个案评估来确定标准必要专利的垄断问题，并未如英国与欧盟一样采取立法行动。❷

纵观美国对标准必要专利禁令救济的态度，从自动禁令到四要素衡平检验标准，将平衡双方利益和重视公共利益作为考虑重点，禁令纠纷中尽量避免适用反垄断法，以免标准实施者滥用反垄断措施打击标准必要专利权人的创新热情。

2. 典型判例

在美国判决的签发禁令的诉讼中，比较典型的案例包括"eBay案"、"苹果诉摩托罗拉案"和"三星诉苹果案"。

（1）eBay v. MercExchange LLC 案❸

eBay公司是一家在线拍卖交易和购物网站，其提供一个商品交易平台，卖家发布商品以后，买家可以在该网站上进行商品搜索，然后以实时拍卖或者以固定价格购买商品。MercExchange是一家拥有多件专利技术的公司，有3件涉及在线使用固定价格购买商品的拍卖技术的专利，分别是：US5845265B（以下简称"265号专利"）、US6085176B（以下简称"176号专利"）以及US6202051B（以下简称"051号专利"）。eBay公司在网站上使用了相关技术，买家可以直接购买网站上列出的固定价格的商品，而无须参与拍卖。当MercExchange公司发现eBay公司在使用其固定价格拍卖商品技术侵犯了其专利权时，试图通过许可谈

---

❶ 任天一. 美国 SEP 侵权救济政策的演变及其对中国的影响与启示 [J]. 经贸法律评论, 2023 (6): 91.

❷ 任天一. 美国 SEP 侵权救济政策的演变及其对中国的影响与启示 [J]. 经贸法律评论, 2023 (6): 94 - 95.

❸ eBay Ine. v. MercExchange, L L C. 5 47 U. S. 388 (2006).

判的方式进行专利许可，但是双方没有达成一致。

MercExchange 公司在弗吉尼亚州东区联邦地区法院提起诉讼。地区法院裁定 eBay 公司侵犯 265 号专利的专利权，判决了损害赔偿金。尽管陪审团认为专利有效并且侵权成立，但是地区法院拒绝向 eBay 公司签发永久禁令。MercExchange 公司和 eBay 公司均向美国联邦巡回上诉法院提出上诉。经过审理，美国联邦巡回上诉法院在判决书中认为：地区法院拒绝签发永久禁令的判决不当，应当予以撤销，并提出适用于专利侵权纠纷的一般性原则，即确定专利权有效和存在专利侵权行为后就应该签发永久禁令。eBay 公司对美国联邦巡回上诉法院签发永久禁令的判决表示不满，认为美国联邦巡回上诉法院不应当在确定侵权后就签发禁令，向美国联邦最高法院提起上诉。

美国联邦最高法院经过审理，作出终审判决，驳回美国联邦巡回上诉法院的二审判决，并将案件发回地方法院重审。该判决中认为不能采用"一般原则"来确定专利权人是否能够获得永久禁令救济，而应当依据衡平法原则中的"四要素检验标准"来确定是否签发禁令。也就是说，在确定侵权和得到损害赔偿之后，如果想得到禁令救济，就必须满足"四要素检验标准"。在重审中，初审法院根据对四要素的考量驳回了 MercExchange 公司的禁令救济请求。

虽然"eBay"案的判决是在所有法官一致通过的前提下作出的，但是几位法官分别撰写并表达了未被多数意见所体现的解释观点。首席大法官 Roberts、Scalia 和 Ginsburg 大法官联名撰写了一份简短的同意意见，强调专利案件中永久性禁令的长期历史，并提出法院在专利禁令案件中采用传统衡平原则时，并未采用"全新的方案"，这三位法官似乎意在督促下级法院的判决需要以长期的历史实践为基础，继续支持签发禁令。Kennedy、Stevens、Souter 以及 Breyer 大法官则有不同观点，强调非专利实施主体 NPE 会把"禁令救济"手段用作它们的"议价工具"，从而得到高额的许可费用。因此，这些法官建议下级法院对于这类主体提出的禁令申请，在考虑是否签发禁令救济时，应抱着怀疑、审慎的态度。

在"eBay"案之后，包括美国联邦巡回上诉法院在内的美国各级法院在审理专利侵权案件时改变了是否签发永久禁令的传统做法，均会遵从"四要素检验标准"原则。此外，法院也不再仅考虑是否签发禁令救济，还会综合考虑其他因素，例如适用范围、生效时间、公共利益等。"永久禁令"这一救济措施不断得到细化和完善。在"eBay"案之后，标准必要专利权人需要承担更多的举证责任，如此才可能获取禁令救济。这对于权利人提出了更高要求，也让权利人更敬畏审慎地看待专利侵权诉讼，而不是随意地将其作为利器来应对竞争对手。

（2）"苹果诉摩托罗拉"案❶

2010 年苹果有限公司和 NeXT 软件有限公司（以下简称"苹果公司"）与摩托罗拉有限公司和摩托罗拉移动有限公司（以下简称"摩托罗拉公司"）之间基于标准必要专利发起的侵权之诉，是美国首例标准必要专利禁令救济诉讼。

2010 年 10 月 29 日，苹果公司向美国威斯康星州西区地区法院提出诉讼，认为摩托罗拉公司侵犯其三项标准必要专利。摩托罗拉公司提出反诉，认为苹果公司侵犯其六项专利，其中包括一项标准必要专利。同时，双方均提出确认不侵权和相关专利无效的请求，并申请禁令救济。

地区法院的法官经过审理认为：首先，虽然摩托罗拉公司存在侵权行为，但是苹果公司遭受的损失是可以通过经济赔偿来弥补的，而且也没有足够证据证明侵权行为给苹果公司所带来的实质性损害，并且双方可以基于 FRAND 原则通过许可来获得经济赔偿。其次，通过衡量双方利益，签发禁令给侵权方带来的损失远大于给权利人带来的补偿；如果签发禁令，侵权方不仅不能再销售产品，还会额外增加开发专利替代技术或去除产品中专利技术的成本。综上所述，法院认为，由于摩托罗拉公司作为标准必要专利权人，经过双方的 FRAND 许可谈判，在作出 FRAND 许可承诺之后，认同 FRAND 许可费足以用来对其损失进行补偿，除非标准实施者拒绝支付符合 FRAND 原则的许可费，权利人不能获得禁令救济。

摩托罗拉公司和苹果公司均对判决不服，向美国联邦巡回上诉法院提起上诉。美国联邦巡回上诉法院经过审理，在判决中认为，"eBay"案中美国联邦最高法院提出的"四要素检验标准"提供了充足的考量因素和灵活性，以供解决标准必要专利和标准之间的争议问题，并展开了具体的分析：

第一，原告是否遭受了不可弥补的损失。尽管权利人提交了证据来证明其声称的"不可弥补的损失"与所声称的"侵权行为"之间存在因果关系，但是美国联邦巡回上诉法院认为，权利人提交的证据不足以确定上述因果关系。

第二，是否可以使用其他救济方式来进行弥补。对于标准必要专利而言，基于 FRAND 原则，标准必要专利权人与标准实施者之间进行许可谈判，同时也参考标准必要专利权人是否曾经将该专利许可给其他受让人。如果标准必要专利权人曾经许可该专利给其他受让人，则合理的许可费足以弥补侵权行为带来的损失。美国联邦巡回上诉法院认为，标准必要专利权人的 FRAND 许可承诺中包括被诉侵权专利的许可协议，这足以证明经济损害赔偿足以弥补其损失。

---

❶ Apple, Inc. v. Motorola, Inc., 869 F. Supp. 2d 901 (N. D. Ill. 2012).

第三，诉讼双方的利益即原告因侵权遭受的损失与被告因禁令遭受的损失之间的比较。法院需要权衡签发禁令给诉讼双方带来的影响。对于标准实施者而言，若想实施标准必要专利所对应的技术，必然要遵守该标准；若不想实施该技术，就需要寻找其他可替代技术，必然要花费更多的成本，也无法有效地参与该技术相关的市场竞争。因此禁令的签发，对于标准实施者而言，将可能面临重大损失。

第四，签发禁令是否会给公共利益带来损害。公共利益通常包括公共健康和福利、市场竞争环境、类似或直接竞争产品以及消费者利益等。对于标准必要专利而言，在确定是否签发禁令时，还需要考虑这一行为是否能够促进技术进步、提升产业发展以及维护消费者的利益。

综上所述，对于该案而言，标准必要专利权人作出的 FRAND 许可承诺，足以证明其事前已经围绕该专利作出许可，也确定了经济赔偿足以弥补其可能所遭遇的损失，因此，法院不再签发禁令。当然，法院也承认，对于标准必要专利权人而言，举证是否遭受了不可挽回的损失确实存在困难，而且 FRAND 许可承诺也不意味着就必然无法得到禁令救济。当侵权人拒绝 FRAND 许可条件，或者单方面不配合且无正当理由延迟许可谈判时，申请禁令救济的主张可能会被支持。

（3）"三星诉苹果"案[❶]

三星公司拥有的一件美国专利（US7706348B）属于 ETSI 的标准必要专利。苹果公司在美国进口和销售的 iPhone、iPad 和 iPod Touch 设备侵犯了三星公司上述专利的专利权。2011 年 6 月 28 日，三星公司向美国国际贸易委员会投诉苹果公司，基于三星公司拥有的上述标准必要专利而认为苹果公司违反了 1930 年《美国关税法》第 337 条（以下简称"337 条款"）。

美国国际贸易委员会经过调查及审理，于 2013 年 6 月 4 日作出终裁，认定三星公司投诉苹果公司违反 1930 年《美国关税法》的部分请求成立，并且签发了限制进口令和禁令。在终裁意见书中，美国国际贸易委员会认为：尽管三星公司向 ETSI 作出了 FRAND 许可承诺，但是 FRAND 许可承诺与侵权判定并没有直接关联性，也不必然影响禁令的签发；基于 FRAND 许可承诺，苹果公司并没有证据证明三星公司应承担的 FRAND 许可义务，也没有证据证明三星公司是否违反该义务，不能仅凭三星公司向 ETSI 作出的 FRAND 许可承诺来判定三星公司的 FRAND 许可义务及业务范围；1930 年《美国关税法》第 337（d）（1）条和第

---

❶ 马一德. FRAND 案例精选：第一卷［M］. 北京：科学出版社，2018：355 - 360.

337（f）（1）条列举的公共利益的要素并不必然影响签发限制进口令和禁令；如果已经裁定存在违反"337 条款"的情形，并且在考虑公共利益各个要素之后，未发现实施禁令救济会影响公共利益，则可以签发禁令。针对苹果公司提出的"如果向违反了 FRAND 许可义务的标准必要专利权人签发禁令，将导致专利劫持，给标准制定组织带来损失，进而对美国经济的竞争条件和美国消费者造成不良影响"的问题，美国国际贸易委员会认为：首先，苹果公司并未提交证据证明三星公司违反了 FRAND 许可义务，而且三星公司已经广泛许可他人使用上述标准必要专利，并没有证据证明三星公司的专利劫持行为和对标准制定组织带来的损失；其次，对于竞争性产品的可获得性，即便苹果公司的相关产品被禁止进口，美国消费者仍然可以购买到其他替代类型的智能终端，甚至包括苹果公司生产的其他产品，苹果公司也可以自由调整其他非侵权产品，来满足消费者需求。因此，美国国际贸易委员会作出裁定，三星公司已经证明苹果公司的相关产品构成对上述标准必要专利的侵权，违反了"337 条款"的规定，故签发有限排除令，禁止进口侵犯上述标准必要专利的苹果公司产品，并签发禁止令，禁止苹果公司进一步销售侵权产品。

然而，对于美国国际贸易委员作出的上述终裁决定，美国贸易代表处于 2013 年 8 月 3 日基于公共利益的考量予以全部否决。这是自 1987 年以来，第一次由美国总统启动、由美国贸易代表处否决美国国际贸易委员会排除令的案件。美国贸易代表处认为："337 条款"的立法中关于公共利益考量的因素，除了前文所述四点，还包括美国外交关系、经济和政治方面。标准必要专利权人可能滥用其市场竞争力达到限制竞争、排除竞争或者利用其专利获得更高竞价的目的；在审理涉及标准必要专利的案件时，应当更加细致地考虑公共利益，主动要求双方当事人提交完整全面的相关材料，包括涉案专利的标准必要性、是否存在专利劫持或专利反劫持的行为、许可谈判的过程文件等，以此来裁定是否签发禁令救济。

在该案中，基于公共利益的考量，美国国际贸易委员会和美国贸易代表处对于涉案标准必要专利是否可以签发禁令救济作出了不同的结论。该案是标准必要专利引发"337 调查"的典型案例，对于探析美国国际贸易委员会和美国贸易代表处在是否给予标准必要权利人签发禁令救济问题上的态度、理解公共利益因素对禁令救济的影响以及探究"337 调查"中复杂的政策因素，都有重要的意义。

由此可见，美国法院通常会鼓励标准必要专利权人与标准实施者进行善意许可谈判，从而促进技术创新，增强行业竞争力。但是，当许可谈判未达成，导致标准必要专利权人难以获得合理许可费时，法院应当提供适当的救济措施。禁令救济能够实现利益平衡，只是在进行禁令救济时不得损害社会公共利益。

（二）英国

1. 现行规则

（1）相关规定

英国司法机构裁定是否签发禁令时，通常需要对标准必要专利权人和标准实施者之间的许可谈判进行审核，并且对于标准必要专利权人和标准实施者之间的许可谈判，从许可条件、程序、法律后果、法律救济等方面都作出了详尽的规定。

1）许可条件主要包括以下四点：

一是标准必要专利权人自愿申请；

二是确认标准必要专利在有效期内；

三是确定标准必要专利不存在瑕疵，即与其他权利人不存在利益冲突；

四是确定专利许可使用年费，并且不准变更。

2）当然许可的实施程序包括申请、发布、付费和取消四个环节：

申请是标准必要专利权人向专利当局发出当然许可的请求；

发布是专利当局批准标准必要专利权人申请后，通过专门的专利当然许可平台进行官方发布；

付费是有意愿实施该专利者，向标准必要专利权人支付当然许可使用费，获得许可使用权，并在专利当局注册登记后实施；

标准必要专利权人有权申请取消当然许可，但对于已经获取当然许可的实施者无效，或者须经实施者同意；专利权保护期限届满，当然许可事项自动取消。

3）法律后果主要包括以下内容：

一是在当然许可之前已经以普通许可方式使用的，可以转化为费用相对较低的当然许可使用方式；

二是专利侵权人只要同意当然许可条件，就可以变更为当然被许可人继续使用专利，即使判定侵权并且需要支付赔偿金，赔偿金也不高于当然许可费用标准的二倍；

三是当然许可成立后，权利人的专利年费政府给予减半优惠。

4）法律救济主要包括以下内容：

实施当然许可的标准必要专利被侵权，标准必要专利权人有义务主动提起诉讼，标准实施者也可以独立提起诉讼。

申请获得禁令救济，原告必须证明：案情有胜诉的可能；原告在法律上没有适当的救济途径；如果救济被拒绝，原告将遭受无法弥补的损害。

（2）标准必要专利的审查

1）审查程序

对于标准必要专利的诉讼案件，英国法院的审理程序通常包括以下几个阶段：

首先，对案件进行技术审查，确定专利权是否有效，确定专利是否为标准必要专利，确定是否侵权。

其次，对案件进行 FRAND 审查，判断专利权的许可条件是否满足 FRAND 原则。审查原被告双方在许可谈判过程中，是否遵循 FRAND 原则，双方的谈判是否缺乏诚意或者构成过错。

最后，确定案件是否需要签发禁令。

2）FRAND 禁令

FRAND 禁令是指，如果标准实施者不承诺按照法院将要确定的 FRAND 条件接受许可，即可签发禁令，无须等到法院已经确定 FRAND 条件的时候。也就是说，FRAND 禁令是一种特殊的法律命令，它具有普遍的约束力，并且其持续时间与传统的禁令有所区别。对于法官确定的 FRAND 许可条件，如果被告与原告达成一致，那么这个禁令就会结束。然而，如果双方未能就专利许可达成协议，那么禁令将只持续到标准必要专利权人所提供的 FRAND 许可期限结束。如果 FRAND 许可的有效期短于相关专利的保护期限，那么一旦许可期满，需要通过法院重新裁定或双方进行新的协商来确定禁令是否会重新生效。

FRAND 禁令的适用须满足如下前提条件：已确定标准必要专利的有效性和必要性；被控侵权人的侵权行为成立；标准必要专利权人在 FRAND 路径中的表现没有违反竞争法；许可双方对标准必要专利的许可无法达成合意；法院居中裁定 FRAND 许可条款；一方当事人拒绝接受裁定许可。

此外，与普通禁令不同的是，FRAND 禁令的持续时间仅限制在法院裁定的 FRAND 许可的有效期限内，而普通禁令的有效时间则是从禁令执行之日起至涉案专利的有效保护期届满为止。

2. 典型判例

基于上述相对完善的判定规则，英国法院也在诸多案例中签发了禁令。

（1）"无线星球"案

无线星球公司于 2014 年 3 月 10 日在英国高等法院对华为公司等多家公司提起通信领域的标准必要专利侵权诉讼，并申请签发禁令。无线星球公司希望签订全球许可，华为公司只同意签订英国专利组合许可，拒绝签订全球许可。法院经过审理，裁定无线星球公司的专利权有效，华为公司构成侵权。由于全球许可满足 FRAND 原则，无线星球公司可以申请签订全球许可。在这种情况下，英国专利组合许可就不会满足 FRAND 原则。基于此原因，华为公司在本可以获得许可而没有获得许可的情况下被告上法庭，所以应当签发禁令。针对禁令救济问题，法官在判决中提出了一个新的概念——FRAND 禁令，即当被诉侵权人构成对标准必要专利的有效侵权，且法院提供了一份 FRAND 许可，但被诉侵权人拒绝接受时，法院应当签发禁令，同时也附上了禁令终止的条件。法官将是否接受法院确定的 FRAND 许可直接作为签发禁令与否的标准，是该案的一个最大亮点，也是法官的一次大胆尝试。尽管如此，FRAND 禁令的构建仍无法绕开标准必要专利纠纷中最为核心和根本的难点，即 FRAND 原则的界定。因此，对 FRAND 相关问题的分析和认定是解读 FRAND 禁令的前提和关键。在 FRAND 相关问题的分析和认定过程中，不仅应关注最终形成的静态结果，也需要考察这一结果形成的动态过程，最终认定往往牵涉双方就相关条件的多次博弈和妥协，其间各方的表现行为也是法院判定是否签发禁令的重要考量因素。由于华为公司一直未接受法院裁定的许可条件，因此，法院最终认为应当签发禁令。

该案发生之际，华为公司 64% 的销售额源于中国或无线星球公司的专利没有受到保护的国家，而英国市场仅占华为公司产品销售额的 1%，英国专利在涉案专利组合中的比例较低。在与该争议的相关标准必要专利不具有最密切联系的情形下，英国法院裁定涉案标准必要专利的全球许可条件。尽管英国法院宣称其并非直接对全球费率进行裁判，而是将接受其判定的全球费率作为标准必要专利禁令救济的替代方案，但这并不能改变英国法院实质上以弱连接裁判全球费率的事实。

（2）"Optis 诉苹果"案

2019 年，Optis 公司在英国起诉苹果公司，指控苹果公司的产品侵犯了其拥有的 4G 标准必要专利。该标准必要专利对于 4G 连接至关重要，且被应用在苹果公司的 iPhone 产品中。

2022 年 10 月，英国法院经过审理作出裁定：Optis 公司拥有的两项 4G 专利是标准必要专利，苹果公司在 iPhone 中使用的该等专利技术构成侵权。英国法院认为，双方在许可谈判过程中，苹果公司真诚地进行谈判，在谈判中并不存在任何不妥或恶意，是善意被许可人。对于 Optis 公司拥有的标准必要专利，其已经作出 FRAND 许可承诺，此时不能在被诉侵权人表示愿意以 FRAND 条款来获得许可的情况下获得禁令救济。

在该案中，英国法院确立了更加激进的裁判规则：一旦权利人的标准必要专利被认定为有效、对标且侵权行为成立，其便有权获得 FRAND 禁令，除非标准实施者承诺将接受随后法院所确立的 FRAND 许可条件。这意味着 FRAND 禁令的签发时间可以在部分技术审理完成之后以及 FRAND 许可条件审理开始之前，即权利人无须再一轮又一轮地等待审理程序结束就可以获得禁令救济，这将大大缩短英国法院对标准必要专利案件的有效审理周期，使得权利人迅速获得禁令，从而加速与标准实施者之间的谈判进度，降低权利人的维权代价。所以在可以预见的未来，将会有更多标准必要专利权人在英国向标准实施者们发起诉讼。

（3）"诺基亚诉 OPPO"案

2018 年 7 月，OPPO 公司与诺基亚公司签署交叉许可协议，获得诺基亚公司的标准必要专利许可，许可期限至 2021 年 6 月 30 日。在该许可协议到期之前，诺基亚公司与 OPPO 公司协商，希望延长许可协议的期限并将许可范围扩大至5G 标准必要专利。

在原许可协议中，诺基亚公司许可的标准必要专利都属于 4G 通信技术，诺基亚公司均按照百分比来收取许可费率。到了 5G 时代，诺基亚公司修改了 5G 标准必要专利许可费的费率，修改后的价格实际上比 4G 许可费率略高一些。在 OPPO 公司与诺基亚公司许可协议到期前，华为公司也对外发布了 5G 标准必要专利许可费率——2.5 美元封顶价格。这标志着拥有最多标准必要专利的华为公司，专利许可费的价格却是最低。相比华为公司的专利许可费用，诺基亚公司 3 欧元的许可费显然性价比较低，这也成为诺基亚公司标准必要专利被 OPPO 公司质疑的地方。与此同时，OPPO 公司在全球的专利申请量已达 11 万件，并在《全球 5G 标准必要专利（SEP）实力报告》中位列第八名。OPPO 公司希望通过更合理的交叉许可来签署许可协议，但是，双方经过谈判未能达成许可协议，从而产生纠纷。

2021 年 7 月，在原许可协议刚刚到期之际，诺基亚集团两家公司（包括诺基亚技术有限公司、诺基亚解决方案与网络公司）立即向英国法院起诉 OPPO 系七家公司（包括深圳市万普拉斯科技有限公司、万普拉斯有限公司、OPPO 广东移动通信有限公司、OPPO 移动英国公司、安迅国际贸易有限公司、深圳市锐尔觅移动有限公司、安迅重庆移动通信有限公司）侵害其三件英国标准必要专利的专利权，请求法院认定这三件英国专利为相关标准的必要专利和有效专利，以及OPPO公司侵犯了其标准必要专利的专利权，并请求法院确定其所持有的标准必要专利包的全球许可条件，并向OPPO公司签发禁令。

针对诺基亚公司在英国法院提起的标准必要专利侵权之诉中关于禁令救济的问题，OPPO公司请求英国法院中止涉案的诉讼程序。其主要理由是：在侵权纠纷中涉及的许可设备在中国的销售占50%以上，而在英国不超过0.5%；如果不中止诉讼，诺基亚公司就会一直选择标准必要专利侵权诉讼的司法辖区来裁决FRAND许可条款，这对标准必要专利权人有利，但对标准实施者有失公平。

2023年7月26日，伦敦高等法院作出了"诺基亚诉OPPO案"的Trial E临时判决。主审法官在判决中认定诺基亚公司是善意的许可方，即如果OPPO公司愿意，可以根据法院决定的FRAND条款获得许可。此时，摆在OPPO公司面前的选择有两个：一是无条件接受英国法院确定的全球FRAND许可费率；二是接受禁止OPPO公司在英国销售其设备的禁令判决，退出英国市场。最终，OPPO公司无奈选择了后者。

2023年9月7日，伦敦高等法院对OPPO公司签发了禁令，禁止OPPO公司在英国市场销售其5G产品，该禁令需待OPPO公司上诉结果公布后确定生效执行。

由该案可见，英国高等法院试图提出一种潜在的解决方案，即建立一个国际公认的法院审理标准必要专利案件的标准，标准必要专利权人和标准实施者都必须将双方争议提交到该法庭处理，重申其"裁决全球许可条件和签发禁令的"管辖规则。

（4）"交互数字诉联想"案[1]

2021年，交互数字公司向英国法院提起诉讼，认为联想公司侵犯了其五件英国的标准必要专利，并且向法院申请签发禁令。

2021年7月，法院裁定交互数字公司的一件专利有效且对4G通信标准至关重要，从而开始进行FRAND审查程序。该案分成6次审理，其中5次涉及涉案标准必要专利侵权事实和专利有效性的认定，1次非技术审理涉及FRAND事宜。交互数字公司在3次技术审理中获得了胜诉，其标准必要专利的有效性、必要性和侵权事实得到了确认。在非技术审理中，法官根据可比协议确定了双方的

---

[1] InterDigital v. Lenovo［2023］EWHC 539（Pat）.

FRAND 许可条件。双方对许可应涵盖交互数字公司的全球专利组合这一事实没有争议。法院认为交互数字公司一直在寻求高于 FRAND 原则的许可费率，并没有作为一个善意的许可人行事。2021 年 12 月，英国法院驳回了交互数字公司对联想公司的禁令请求。

该案是英国法院第二次作出针对全球 FRAND 许可费率的判决，也是全球首个涉及 5G 标准必要专利全球许可费率的判决。该判决一经公布即在世界范围内引发极大关注，并被普遍认为是利好标准实施者的里程碑式判决。在该案之前，英国法院是深受权利人青睐的优选法院。这一方面是因为"无线星球"案中裁判的费率相对较高，另一方面是因为 FRAND 禁令的威慑。该案判决可谓颠覆了部分权利人的期许。英国将 FRAND 许可承诺作为利益第三人合同，支持对禁令救济予以限制或者禁止。但是当标准实施者在法院裁决许可费后拒绝支付时，标准必要专利权人有权寻求禁令救济。因此，英国法院作为权利人优选法院的地位很可能会被动摇，权利人有可能会改变过往诉讼策略，转向能较快获得禁令的法域寻求禁令支持。

（三）欧盟

1. 现行规则

（1）相关规定

在欧盟统一专利法院成立之前，欧盟各成员国独立地管理滥用知识产权行为。欧盟的相关规定以德国的法律体系为蓝本，德国通过实施反垄断法来限制滥用知识产权的行为。在此基础上，欧盟通过欧盟竞争法以及配套的相关条例、指令、决定规制滥用知识产权的行为，从而防止垄断行为，确保市场竞争不受限制，维护社会公共利益。

2009 年，《欧共体条约》更名为《欧盟运行条约》。《欧盟运行条约》第 102 条是用来规范知识产权的核心条款，明确规定了对市场占主导地位的经营者滥用市场支配地位的行为。该条款主要用于禁止那些在欧盟市场内拥有市场支配地位的经济主体利用其垄断地位，给欧盟市场经济带来竞争上的不利影响。该条款详细列举了 4 项被禁止的市场支配地位的滥用行为，包括但不限于：不公平交易；限制生产、销售或技术发展，从而对消费者造成损害；歧视性商业行为；强制搭售或附加其他不合理交易条件。这一条款对于欧盟及其各成员国在实践操作过程中具有重要的指导作用，欧盟及各成员国通常使用该条款对标准必要权利人的禁令救济进行限制。

2011 年，欧盟发布《关于横向合作协议适用〈欧盟运行条约〉第 101 条的指南》（以下简称《2011 指南》）。《2011 指南》指出，在《欧盟运行条约》第 101 条和第 102 条的规范下，欧盟标准化组织的活动要受到欧盟竞争法的约束。《2011 指南》指出满足下列条件的标准协议不会限制竞争：参与标准制定过程不受限制，这要求标准制定组织实施的规则应保证所有竞争者都可以参与标准制定过程；标准制定过程是公开、透明的；标准协议未对遵守标准施加限制性义务；能够基于 FRAND 原则许可他人使用标准协议。

2017 年，欧盟委员会发布《欧盟委员会致欧洲议会、欧盟理事会和欧洲经济社会委员会的通报：制定标准必要专利许可的欧盟方法》（以下简称《欧盟方法》）。《欧盟方法》为欧盟的标准必要专利制定了一个明确、平衡和合理的政策，促进了 5G 和物联网技术的发展。首先，《欧盟方法》明确了禁令的可行性，认为禁令的签发主要是为了保护标准必要专利权人免受标准实施者拖延许可谈判或不愿意签署 FRAND 许可协议的风险，并为欧盟今后处理有关标准必要专利禁令问题提供了重要的指引。其次，《欧盟方法》指出在评估是否签发禁令时，法院要确保禁令是符合比例原则的。由于禁令会影响企业以及消费者，特别是在数字化经济时代之下，需要根据个案仔细考量比例原则。

2020 年，欧盟委员会发布《知识产权行动计划》。该计划提出需要进一步澄清和改善有关标准必要专利声明、许可和实施的框架，将探索成立一个独立的第三方系统来检查标准必要专利的必要性，以提高标准必要专利许可的确定性并降低成本。

2022 年，欧盟发布了关于《知识产权—标准必要专利新框架》（以下简称《新框架》）征求意见的通知。《新框架》指出，影响标准必要专利权人和标准实施者的主要问题是许可低效、专利劫持、专利反劫持以及择地诉讼等。针对这些问题，《新框架》提出了三点解决原则：提高标准必要专利的透明度，完善标准必要专利的信息披露；制定指导原则和/或流程，明确 FRAND 相关的内容；提高执行效力和效率，鼓励通过调解或仲裁来解决问题。

2023 年，欧盟委员会发布《欧洲议会和欧盟理事会关于标准必要专利条例和修订（EU）2017/1001 号条例的提案》（以下简称《欧盟提案》）。《欧盟提案》指出，确定一项专利对一项标准是否必要是一项非常困难的技术任务，因此，标准必要专利的必要性审查可以确保登记在册的专利的质量以及防止任何潜在的权利滥用。《欧盟提案》还指出，必须由标准必要专利权人或标准实施者在欧盟启动相应的法院程序之前发起对 FRAND 条款的程序及条件的确定。强制执行诉前调解程序，在调解程序中标准必要专利权人只能请求财务性质的临时禁令，不得请求针对侵权产品的禁令。对于标准实施者，当其获得并遵守执行全球组合许可时，可以避免禁令被执行。

（2）禁令救济的签发原则

1）安全港原则

2014 年，在摩托罗拉公司与三星公司的反垄断调查中，欧盟委员会为标准必要专利领域的禁令设立了安全港原则——如果标准实施者通过举证来证明自己愿意遵循 FRAND 原则是善意的，则不得签发禁令救济。也就是说，对于善意标准实施者，可以通过举证证明其愿意遵循 FRAND 原则积极开展许可谈判，即使谈判未达成一致，标准实施者愿意接受法院或第三方机构的仲裁，那么标准必要专利权人就不得寻求禁令救济。安全港原则为那些潜在的有意向使用标准必要专利的生产商提供了安全保障。

安全港原则设立的初衷是防止标准必要专利权人通过禁令救济来妨碍市场的公平竞争，也促使标准实施者积极参与许可谈判，在标准必要专利权人和标准实施者之间寻求平衡。安全港原则为是否适用禁令救济划定了一个边界，但总体上未否定禁令救济的签发。

2）比例原则

比例原则起源于行政法领域，是指行政机关在必要时才实施行政行为，并采取对公民利益损害最小的措施。将比例原则引申到标准必要专利的禁令救济制度中，是指限制标准必要专利权人获得禁令救济的条件，以避免标准必要专利权人利用禁令的威胁勒索标准实施者支付远超于专利本身价值的许可费用。

《德国专利法》第 139 条第 1 款中规定：若考虑到个案中的特殊情形与诚实信用原则，行使停止侵害请求权将对侵权人或第三人造成不合比例的、无法被排他权正当化的困难，则排除此种请求权。此时，应给予被侵权人适当的金钱补偿，这不影响其损害赔偿请求权。也就是说，当禁令使标准实施者或第三方遭受不成比例的损失或困难时，则不签发禁令。这个规定在一定程度上体现出德国司法界对签发禁令态度的转变。

通信领域技术的飞速发展，促使通信领域的产品对应的标准必要专利向着集成度高的方向发展，比例原则的引入可以作为一项应对措施。比例原则是知识产权法利益平衡基本原则的具体体现，在禁令救济的签发中需要综合考虑权利人、侵权人和社会公共利益三者之间的利益平衡。

（3）禁令救济审查中关于 FRAND 条件的审核

通常来说，欧盟法院在审理专利侵权诉讼中，基于标准必要专利权人和标准实施者双方当事人是否具有善意的谈判行为来确定是否签发禁令。欧盟法院通常会对 FRAND 条件进行审核，FRAND 条件的审核过程包括多个步骤，从整体上解释了满足 FRAND 条件需具备的规则。欧盟法院的做法就像在标准必要专利权人与标准实施者之间建立了一个你来我往的"乒乓球"式谈判过程，其被称为"乒乓球程序规则"❶，内容包括：

①在寻求侵权禁令之前，标准必要专利权人需要以书面的形式通知标准实施者有关侵权的情形，并告知被侵权的具体的标准必要专利及其构成侵权的方式。标准必要专利权人必须以 FRAND 条件提供具体的书面许可要约，包括要明确具体的许可费数额和计算方式。标准必要专利权人有权对于标准实施者使用标准必要专利的行为提起损害赔偿要求，以获得在达成许可协议前标准实施者使用标准必要专利的侵权行为的赔偿。❷

②潜在的侵权人，也就是标准实施者应表明愿意以 FRAND 原则进行许可协议的谈判和签订。标准实施者在收到要约后，不能采取任何拖延方式，必须诚恳、善意地对该书面许可要约作出书面回应。此外，如果标准实施者选择不接受标准必要专利权人的许可要约，则必须迅速地以书面形式提供 FRAND 反要约，反要约中包括具体的许可费的数额和计算方式。标准实施者如存在拖延谈判或非善意对待的行为，将可能面临禁令。

③如果标准必要专利权人拒绝该 FRAND 反要约，而标准实施者在达成许可协议前已经使用了该标准必要专利，则应该以符合商业惯例的方式提供适当的担保（例如，提供银行担保或将必要的金额存入银行）并提供账目。

④若双方未达成具体的 FRAND 许可协议，双方可以通过沟通并且共同确认，提出由独立的第三方（一般是法院或仲裁机构）来确定 FRAND 许可费。在基于 FRAND 原则的许可谈判过程中，如果标准实施者存在向法院或者仲裁机构质疑标准必要专利的有效性、标准必要专利与标准的对标等情形，那么标准实施者的这类行为不能被认为是故意拖延或者不善意的行为。

---

❶ GNIADEK T. Litigating Standard Essential Patents in Germany ［J］. IEEE Consumer Electronics Magazine，2016，5（3）：115 – 117.

❷ 马一德. FRAND 案例精选：第二卷 ［M］. 北京：科学出版社，2018：23.

2. 典型判例

（1）"橙皮书"案❶

原告飞利浦公司持有两项标准必要专利，涉及可重写光盘（CD-RW）和刻录光盘（CD-R）。涉案标准系一项事实标准，在德国由于被记载于橙皮书上，因此被称为橙皮书标准。"橙皮书"案被告公司试图与飞利浦公司就该标准必要专利（EP325330B）进行许可谈判，报价为产品净销售价格的3%，但是飞利浦公司因报价太低而拒绝许可。尽管未获得许可，被告仍然使用该标准必要专利的相关技术生产并销售产品。飞利浦公司向法院提起侵权之诉，并寻求禁令救济和经济损失赔偿。被告反驳飞利浦公司的行为属于滥用市场支配地位，法院不应签发禁令。

2009年，德国联邦最高法院对该案作出终审判决。法院裁定标准必要专利权人具有市场支配地位，如果其拒绝许可谈判，或者不遵循 FRAND 原则，不给予他人许可，那么权利人又提出禁令救济的行为应被视为滥用市场支配地位，应予以禁止，此时应允许标准实施者提出反垄断抗辩。对于标准实施者提出反垄断抗辩的条件，德国联邦最高法院认为：第一，在许可谈判的过程中，标准实施者应当先向权利人提出无条件的、真诚的、合理的、容易被接受的许可要约；第二，如果标准实施者在权利人接受上述许可要约之前已经使用了该标准必要专利，那么标准实施者应遵守接下来的许可协议中的相关规定，明确告知权利人相关专利的使用情况，并且预先支付相应的许可使用费。然而，在"橙皮书"案中，被告的行为并不能完全满足上述条件，因此德国联邦最高法院维持二审法院的判决，支持为权利人签发禁令救济。

"橙皮书"案是一个划时代的判例，首次将专利权的行使与反垄断法结合起来，确立了当标准必要专利权人占有市场支配地位时，其专利使用许可的反垄断抗辩机制。这一判决不仅在德国国内引起了广泛关注，也在整个欧洲乃至全球的专利法律实践中产生了连锁反应。第一，其确立了新的法律原则："橙皮书"案为评估标准必要专利权人是否滥用其市场支配地位提供了新的法律框架，即在权利人寻求禁令救济时，法院需考虑其是否违反了反垄断法。第二，其提高了标准实施者的责任门槛：其要求那些使用专利技术的标准实施者在专利权人接受其许可要约前，必须向专利权人提出合理的使用条件，并预付相应的许可使用费。第

---

❶　参见 H，GRUR2009，694 Rn 27 – Orange – Book – Standard。

三，其激发了法律发展的新讨论：其裁决促使法律界对标准必要专利权人与标准实施者之间的权利义务关系进行了更深入的探讨，推动了相关法律的发展。第四，其对专利许可谈判产生了实际影响：其结果使得企业在进行专利许可谈判时更加重视自身的诚信表现，同时也促使专利权人在谈判中采取更加谨慎的态度。

总体来看，"橙皮书"案通过引入反垄断法的考量，为处理标准必要专利的权利滥用问题提供了新的视角，并对全球专利法律实践产生了广泛而深远的影响。

（2）"摩托罗拉"案

摩托罗拉公司拥有通用分组无线业务（GPRS）标准必要专利，其曾经向ETSI承诺，将按照 FRAND 原则许可该标准必要专利。苹果公司设计并销售的iPhone 智能手机，采用并实施 GPRS 标准。摩托罗拉公司认为苹果公司的 iPhone手机未经允许使用了 GPRS 标准，侵犯了其标准必要专利权。双方经过协商未达成许可协议。摩托罗拉公司于 2011 年 4 月针对苹果公司及其子公司向德国曼海姆地区法院提起侵权诉讼，并寻求禁令救济，要求苹果公司停止在德国销售任何实施被控侵权专利产品等行为。德国曼海姆地区法院经审理，裁定苹果公司的iPhone 手机使用了 GPRS 技术标准，构成侵权，于 2011 年 12 月向苹果公司签发了禁令。苹果公司对此判决不服，向卡尔斯鲁厄州高等法院提起了上诉，并连续六次提出橙皮书许可要约。卡尔斯鲁厄高等法院于 2012 年 2 月裁定苹果公司的第六次要约满足橙皮书判决的要求，促成摩托罗拉公司和苹果公司双方达成和解。[1]

2012 年，苹果公司再向欧盟委员会投诉摩托罗拉公司涉嫌基于标准必要专利滥用市场支配地位。欧盟委员会针对摩托罗拉公司和苹果公司的专利侵权纠纷作出初步裁定，欧盟委员会认为摩托罗拉公司的行为属于利用禁令来强迫苹果公司接受更为严苛的许可协议，因此，构成了滥用市场支配地位。欧盟委员会驳回了摩托罗拉公司提出的禁止苹果公司在德国市场销售手机的请求。欧盟委员会还认为，摩托罗拉公司的上述行为是滥用其在标准必要专利上的垄断地位，违反欧盟竞争法的规定。虽然签发禁令是解决侵权的一种救济手段，但是，对于标准必要专利而言，当标准实施者积极地愿意签订许可协议，权利人不积极参与许可谈判，而是寻求禁令救济时，这种行为属于滥用专利权，使得标准实施者遭遇不公

---

[1] Motorola v. Apple, 2012, High Regional Court of Karlsruhe, Federal Republic of Germany, Case No. 6 U 136/11.

平待遇，并且妨害消费者利益。

欧盟委员会发布的对摩托罗拉公司反垄断案件调查的备忘录明确指出："下述情况寻求标准必要专利禁令是反竞争的：标准必要专利权人承诺 FRAND 授权条款，且被许可人愿意遵循上述条款。此时寻求禁令会扭曲专利许可谈判，并导致许可条款对消费者选择和价格产生负面影响。"[1] 该案件中，欧盟委员会重申了"安全港原则"，为所有寻求标准必要专利许可的标准实施者创设了一个安全港湾。

该案确立了判断愿意达成许可的被许可人和不愿意达成许可的被许可人的标准，并且指出在被许可人有意愿基于 FRAND 条款签署许可协议的情况下无须诉诸禁令。

（3）"华为诉中兴"案

华为公司持有一项长期演进（LTE）标准必要专利（EP2090050B1），作为 ETSI 的成员，华为公司宣称愿意在遵循 FRAND 原则的情况下向他人许可使用该标准必要专利。华为公司与中兴公司就该标准必要专利开展了许可谈判。在谈判过程中，中兴公司提出自己也拥有 LTE 标准必要专利，希望通过交叉许可的方式签订许可协议，双方在谈判过程中未达成一致意见。2011 年 4 月，华为公司在德国杜塞尔多夫法院对中兴公司提起侵权诉讼，指出中兴公司侵犯了华为公司的标准必要专利权，中兴公司拒绝支付任何许可费用，也没有提交其使用专利情况的获益账目，申请法院确认中兴公司的侵权行为，签发禁令救济，支付损害赔偿。中兴公司在答辩中认为，华为公司申请禁令救济的行为违反 FRAND 原则，并且构成滥用市场支配地位。

在"华为诉中兴"案中，欧盟法院澄清欧盟委员会在摩托罗拉和三星案中适用的原则。德国法院在其国内案件审理过程中请求欧盟法院澄清，如果按照欧盟委员会的决定，在潜在被许可方"愿意"进行谈判的情况下，承担 FRAND 许可承诺义务的标准必要专利权人寻求禁令救济则够成滥用市场支配地位，那么华为公司寻求禁令救济应当被驳回，因为该案中双方均愿意进行许可谈判。[2] 对

---

[1]　European Commission. Memo：Antitrust decisions on standard essential patents（SEPs）– Motorola Mobility and Samsung Electronics – Frequently asked questions ［EB/OL］. （2014 – 04 – 29）［2024 – 10 – 23］. https：//ec. europa. eu/commission/presscorner/apl/files/document/print/en/memo _ 14 _ 322/MEMO _ 14 _ 322 _ EN. pdf.

[2]　赵冰凌，徐云飞，朱登凯. 探寻反垄断法与知识产权法的合理边界：从中外标准必要专利禁令救济案例谈起 ［J］. 电子知识产权，2018（2）：43.

此，欧盟法院明确，标准必要专利权人虽然拥有市场支配地位，但是并不能因为其寻求禁令救济就直接认为构成滥用市场支配地位。也就是说，申请禁令救济这一行为并不适用本身违法原则，这与美国法院一致。

"华为诉中兴"案重塑了专利权行使的法律边界，强调了许可协商的规范化，明确了标准必要专利权人与标准实施者在许可协商中的地位，确保二者在谈判中均能够获得公平的条件。同时，该案的判决对于司法审判标准必要专利给予了一定的参考和启发。

（4）诺基亚与OPPO之争

在诺基亚公司在英国法院提起OPPO公司侵犯其标准必要专利诉讼之后，2021年7月，诺基亚公司为了进一步向OPPO公司施压，在德国、印度、印度尼西亚对OPPO公司发起标准必要专利侵权之诉，请求法院对OPPO公司签发禁令。

2022年8月，在德国慕尼黑地区法院裁定OPPO公司侵犯了两项诺基亚公司标准必要专利权后，该法院对OPPO公司和OPPO关联公司一加（OnePlus）下达了销售禁令，OPPO公司随后停止其在德国官网的销售。2023年5月，诺基亚公司赢得了对OPPO公司设备的第三方经销商的销售禁令。诺基亚公司在德国的诉讼开局是占优的，其先后在曼海姆法院、慕尼黑法院拿到4个禁令。诉讼进展到这个阶段，标准实施者通常会开始主动寻求和解，接受标准必要专利权人提出的许可条件，以避免退出市场造成的损失。但是OPPO公司并没有按常理出牌，其选择遵循禁令退出欧洲这一最大智能手机市场。OPPO公司成为首个因专利诉讼退出一国/地区市场的手机终端厂商。

尽管诺基亚公司获取了禁令，然后其并未实现达成和解的目的；与此同时，OPPO公司也开始了一系列的反击。在反诉诺基亚公司的过程中，OPPO公司修改了其针对诺基亚公司已提起的若干德国专利侵权诉讼请求，在索赔之外开始寻求禁令救济，即请求德国法院针对诺基亚公司的网络基站产品签发禁令，并且针对诺基亚公司的多件案件发起无效请求，OPPO公司在德国开始反击战。

由于OPPO公司提起了无效请求，德国杜塞尔多夫地区法院中止了诺基亚公司诉讼案件的审理，杜塞尔多夫地区法院认为两项诺基亚公司专利很可能被联邦专利法院宣布无效。虽然杜塞尔多夫地区法院对专利的无效评估并不会影响到曼海姆法院、慕尼黑法院裁定禁令的约束力，但同样的专利，同一国不同地区法院对其有效性前后作出完全不同的评估，从一定程度上反映出诺基亚专利的稳定性有待考证。与此同时，法国巴黎法院作出判决，驳回德国曼海姆法院先前颁布的禁令，以缺乏新颖性、创造性为由宣布诺基亚公司的两件标准必要专利 EP1702486B 和 EP1704731B 无效，诺基亚公司的上述两项专利在法国的诉讼将被撤销。

长期以来，德国法院以签发禁令的速度之快、尺度之松而被广为诟病，这种情况被权利人使用，成为他们的"蜜糖"，德国也因此成为权利人的诉讼首选之地和诸多非专利实施主体的"乐园"。但是，在该案中，德国签发的禁令显然没有让诺基亚公司如愿。OPPO 公司通过撤出德国市场暂避锋芒，与此同时，又在德国针对诺基亚公司提出了禁令请求，要求法院签发禁令，可谓实现了攻守转换，这也给之前都是被动挨打的其他创新主体提供了新的维权思路。随着时间的推移，诺基亚公司和 OPPO 公司的世界专利之战进入拉锯阶段，OPPO 公司在各地诉讼中的顽强抵御也使得诺基亚公司渐入疲态，诺基亚公司面临很大的风险。如果 OPPO 公司获得禁令救济，将在诺基亚公司的欧洲大本营对其产生巨大的冲击。在经历了长达两年的全球诉讼之后，2024 年 1 月，OPPO 公司宣布与诺基亚公司签署了全球专利交叉许可协议，协议涵盖双方在 5G 以及其他蜂窝通信技术方面的标准必要专利。双方在协议签署后将结束在所有司法管辖区的所有未决诉讼。诺基亚公司也于同日发表声明，确认已与 OPPO 公司签署一项为期多年的专利许可协议。OPPO 公司将向诺基亚公司支付专利费用，同时还将支付追加款项，以补齐双方诉讼争议期间的专利费用。

综上所述，在标准必要专利权人和标准实施者之间的许可谈判中，欧盟法院设置了双方当事人需要遵循的规则，为 FRAND 许可谈判双方提供了行为指引，从而平衡了标准必要专利权人与标准实施者之间的利益，也可以防止标准必要专利权人滥用权利。同时，欧盟法院还注重对社会公共利益的考量，若禁令救济的适用将严重危及第三人的生活和健康，或者将导致标准实施者破产等情形，法院将不会强制执行禁令救济。

（四）日本

1. 现行规则

（1）相关规定

日本知识产权研究所在 2013 年发布的《标准必要专利权利行使调查报告书Ⅱ》中提出："针对标准必要专利中的禁令救济，虽然专利法中无明确规定，但

可以基于民法规定的诚实信用原则和禁止权利滥用原则加以规制。"❶

日本特许厅在 2017 年开始制定标准必要专利的相关制度，并于 2017 年颁布《标准必要性判定意见指引》。针对标准必要性判定方法中缺少专利与支持标准的产品之间的比对环节问题，《标准必要性判定意见指引》明确提出"虚拟对象产品"的概念，对于完善标准必要专利必要性判定方法具有较大借鉴意义。该《标准必要性判定意见指引》已经于 2019 年修订。

《日本民法典》第 1 条规定了三项基本原则，分别是私权应当符合公共福祉原则、权利行使及义务履行应当遵循诚实信用的原则和禁止权利滥用原则。

《日本专利法》第 100 条规定："权利人或专用实施权人，对于侵害或可能侵害其专利权或专用实施权的行为人，可以请求停止或预防侵害。"作为大陆法系国家，日本通常遵循"停止侵害当然论"，即存在侵权行为，就给予权利人以禁令救济。也就是说，日本的专利法并未规定在一定条件下限制禁令救济请求权。

在日本的司法实践中，如果法院认定专利侵权行为成立，则标准必要专利权人有权请求法院判定停止侵权和损害赔偿。通常情况下，法院在认定标准实施者侵权行为成立后，无论侵权行为是善意还是恶意，都会自动签发永久性禁令。标准实施者针对该永久禁令有权进行上诉，并且需提供相应担保。如果标准必要专利权人的行为涉及"权利滥用"，则不予以签发禁令，但是在日本的判例中鲜有因认定"权利滥用"而导致法院不签发禁令的情形。

禁止权利滥用原则的功能之一即为权利范围缩小化的功能。随着时代的变迁，为了满足某些超出立法者预想的社会需要，必须利用该法理将权利的范围予以缩小。❷ 因此，当专利法无法有效规制标准必要专利禁令救济带来的问题时，禁止权利滥用原则作为民法的基本原则，就可以发挥其弥补法律制度不足的作用，对专利权这一私权作出合理限制。❸

（2）许可谈判流程

2018 年，日本特许厅启动标准必要专利评估系统，用来评估专利是否为标准必要专利，并且加强对信息披露的监督。

---

❶ 高田宽. 关于标准必要专利的权利行使和停止侵权请求权的考察［J］. 富山大学纪要. 富大经济论集，2014，60（2）：208.

❷ 营野耕毅. 诚实信用原则与禁止权利滥用法理的功能［J］. 傅静坤，译. 外国法译评，1995（2）：43-44.

❸ 马乐，黄香. 限制标准必要专利禁令救济的裁判规则研究［J］. 科技与法律，2020（2）：19.

日本特许厅在 2018 年颁布了《标准必要专利许可谈判指南》，并于 2022 年完成修订。《标准必要专利许可谈判指南》明确，欧盟法院对案件的初步裁决为善意许可谈判提供了框架。基于该善意的许可谈判框架，日本《标准必要专利许可谈判指南》提供了许可谈判的步骤，违反该步骤的一方可能被视为"非善意"。该指南中的许可谈判步骤具体如下。

【步骤 1】许可要约（标准必要专利权人）

标准必要专利权人应当自愿或者应标准实施者的要求，在发出标准必要专利许可要约时，向标准实施者提供针对许可的标准必要专利的相关信息：

——标准必要专利清单列表的信息；

——将标准必要专利的权利要求与标准进行比照对应的权利要求对照表（如果标准必要专利清单列表中的数量比较多，应针对代表性的专利提供权利要求对照表）；

——阐明标准实施者的产品与标准的对照信息；

——阐明已有的 FRAND 许可承诺及对应标准的信息。

在标准必要专利权人提供将标准必要专利的权利要求保护的技术方案所包含的技术特征与标准文件所包含的技术特征——对应的权利要求对照表的情况下，如果标准实施者请求，权利人可以不将这些权利要求对照表写入保密协议中。

【步骤 2】以 FRAND 条件签订合同的意思表示（标准实施者）

在标准必要专利权人已经发出许可要约之后，标准实施者应就标准必要专利向标准必要专利权人作出愿意以 FRAND 条件签订许可协议的意思表示。标准实施者在明确作出愿意接受 FRAND 条件的意思表示之后，仍然拥有对标准必要专利的有效性、权属关系、是否构成侵权等方面提出诉讼的权利，而不会由此认为标准实施者没有作出诚实签订 FRAND 许可协议的意思表示。

标准实施者需要得到一个合理期限，来确定是否需要表明愿意接受 FRAND 条件的意思表示。这个期限可以根据标准必要专利的数量、技术的复杂性、标准实施者的知识水平等因素来确定。

此外，在标准实施者作出愿意接受 FRAND 条件的意思表示之后，在后续的许可谈判过程中，有权寻求专业法律帮助，听取律师或专利代理人等提供的意见，而标准必要专利权人不得妨碍标准实施者向这些第三方提供信息。

【步骤 3】许可条件（标准必要专利权人）

在标准实施者作出愿意接受 FRAND 条件的意思表示之后，标准必要专利权人应当以书面形式向标准实施者提供包括许可费在内的许可条件。除许可费的计算方法外，还应当提供涉及第三人的许可协议信息、专利池的费率以及其他判例等相关信息，以便标准实施者能够确定标准必要专利权人的许可条件是否符合FRAND许可承诺。

【步骤4】反要约（标准实施者）

对于标准必要专利权人提供的许可条件，标准实施者如果不接受，则应当向标准必要专利权人提出包括许可费在内的许可条件反要约。除许可费的计算方法外，也应当提供涉及第三人的许可协议信息、专利池的费率以及其他判例等相关信息，以便标准必要专利权人能够确定标准实施者反要约许可条件是否符合FRAND许可承诺。

通过上述四个步骤，如果标准必要专利权人和标准实施者通过要约和反要约的协商并未达成一致，那么双方将进入争议解决阶段，此时，通常是借助第三方，例如司法机构来解决。

（3）善意许可谈判原则

近年来，日本经济产业省积极出台《多组件产品标准必要专利的合理价值计算指南》《标准必要专利许可环境中期研究报告》《标准必要专利许可的善意谈判指南》等多份文件，努力打造标准必要专利治理的政府模式。

在日本经济产业省提出的善意许可谈判原则中，明确了标准必要专利权人和标准实施者之间的许可谈判交互顺序，以标准必要专利权人发起谈判开始，标准实施者提出反要约阶段性终止，其中双方都需要提供充分的理由来证明提出的许可费的合理性。总的来说，在许可谈判过程中标准必要专利权人通常需要承担更多的义务，符合日本经济产业省保护标准实施者利益的总体政策趋势。

日本的善意许可谈判原则与美国司法部发布的许可框架、欧盟在"华为诉中兴"案中确立的"乒乓球程序规则"在核心原则上类似。对于标准必要专利权人，需要提供要约和许可谈判内容；对于标准实施者，需要及时表达是否接受许可的意愿，如果对许可条件不满意，应及时提供反要约并详细说明理由；最终双方如果仍然无法达成一致意见，可通过司法机构来解决纠纷。

2. 典型判例

"三星诉苹果"案❶是日本涉及标准必要专利禁令救济的一个典型案例。

三星公司在日本持有标准必要专利 JP4642898B，按照 ETSI 的知识产权政策

---

❶ 参见：东京地判平成 23 年（2011 年）第 38969 号、东京知财高判平成 25 年（2013 年）第 10043 号。

规定，三星公司向 ETSI 作出了 FRAND 许可承诺。2011 年，三星公司认为苹果公司生产、销售的 iPhone 4、iPad 2 未经许可使用了上述标准必要专利技术，侵害了其标准必要专利权，向日本东京地方法院提起诉讼，请求法院对苹果公司作出停止侵权的判决，并且申请禁令救济。苹果公司没有提出专利强制实施抗辩，而是基于《日本民法典》规定的基本原则——诚实信用原则和禁止权利滥用原则提出抗辩，认为三星公司并没有提供涉案标准必要专利许可给其他公司的相关信息，使得苹果公司无法判断三星公司许可给苹果公司的许可费是否符合 FRAND 许可承诺，三星公司的行为违反《日本民法典》中关于诚实信用原则的规定。基于此情形，三星公司提出的请求损害赔偿和申请禁令救济的行为构成权利滥用，请求法院驳回该禁令之诉。

日本东京地方法院经过审理，确认苹果公司生产、销售的 iPhone 4、iPad 2 确实使用了三星公司的上述标准必要专利技术；但是，由于三星公司在许可谈判过程中并未将相关重要信息提供给苹果公司，也未提出合理许可费，三星公司谈判存在不善意行为，未尽到诚实谈判的义务，违反了《日本民法典》中关于诚实信用原则的规定，三星公司向法院申请禁令救济的行为构成权利滥用，因此，法院驳回了三星公司的诉讼请求。

三星公司对该判决不服，向日本知识产权高等法院提起上诉。日本知识产权高等法院在判决中确立了针对标准必要专利权人是否构成权利滥用的审理规则：标准必要专利权人针对其标准必要专利向标准制定组织作出 FRAND 许可承诺；在许可谈判过程中，标准实施者是善意的。就该案而言，三星公司已经向 ETSI 作出了 FRAND 许可承诺，并且在三星公司和苹果公司的许可谈判过程中，苹果公司也积极地参与谈判，针对三星公司的要约，积极地提出反要约，由此证明苹果公司在许可谈判中是善意的。因此，日本知识产权高等法院最终也认为三星公司构成权利滥用，驳回了三星公司禁令救济的诉讼申请，维持原判。同时，日本知识产权高等法院还认为，根据禁止权利滥用原则，对于作出 FRAND 许可承诺的标准必要专利权人提出的禁令救济应当给予限制，否则将损害标准实施者对 ETSI 知识产权政策的信赖，导致发明专利被过度保护，从而阻碍技术的实施与产业的发展。

该案被认为日本标准必要专利第一案，日本法院基于该案确立了对于标准必要专利禁令救济的基本立场：标准必要专利权人在申请禁令救济前，必须秉持善意的谈判理念，积极提供要约中的相关信息，同时应当提供 FRAND 许可使用费的计算方式，否则将可能被视为构成权利滥用，不支持签发禁令救济。在《日本专利法》和《日本民法典》的规定下，日本东京知识产权高等法院认为，为了保护标准实施者的信赖利益，作出了 FRAND 许可承诺的标准必要专利权人申请禁令救济，一般会构成民事权利滥用，除非标准实施者拒绝进行 FRAND 条件的许可谈判。

综上所述，从上述美国、欧盟、英国、日本等标准必要专利司法禁令判例中，我们可以确定各国/地区对于禁令救济签发的原则和适用规则。标准必要专利的权利人能否得到法院签发的禁令救济，将影响许可谈判中标准必要专利的权利人和标准实施者的谈判地位，也决定着如何能够更好地平衡标准必要专利的权利人和标准实施者的利益。

三、我国标准必要专利禁令救济制度司法实践

随着我国通信技术进入蓬勃发展阶段，各通信领域的创新主体逐渐在通信标准制定中掌握重要的话语权，我国也逐渐成为标准必要专利诉讼的主战场，法院审理了越来越多的标准必要专利诉讼案件，逐步建立了自己的标准必要专利禁令救济制度。

（一）现行规则

1. 相关规定

现行《专利法》中缺少对于标准必要专利及禁令救济的明确定义和规定，在处理停止侵权行为方面也不够系统化，仅在行政救济方面规定了停止侵权的责任，而没有明确指出在专利侵权纠纷中应如何确定和执行停止侵权的责任。因此，在处理标准必要专利侵权案件时，需要参考其他相关法律条文或司法解释来解决这一问题。

2016 年 4 月 1 日起施行的《最高人民法院关于审理侵犯专利权纠纷案件应用法律若干问题的解释（二）》第 24 条第 1 款规定："推荐性国家、行业或者地方标准明示所涉必要专利的信息，被诉侵权人以实施该标准无需专利权人许可为由抗辩不侵犯该专利权的，人民法院一般不予支持。"第 2 款规定："推荐性国家、行业或者地方标准明示所涉必要专利的信息，专利权人、被诉侵权人协商该专利的实施许可条件时，专利权人故意违反其在标准制定中承诺的公平、合理、无歧视的许可义务，导致无法达成专利实施许可合同，且被诉侵权人在协商中无

明显过错的，对于权利人请求停止标准实施行为的主张，人民法院一般不予支持。"第 3 款规定："本条第二款所称实施许可条件，应当由专利权人、被诉侵权人协商确定。经充分协商，仍无法达成一致的，可以请求人民法院确定。人民法院在确定上述实施许可条件时，应当根据公平、合理、无歧视的原则，综合考虑专利的创新程度及其在标准中的作用、标准所属的技术领域、标准的性质、标准实施的范围和相关的许可条件等因素。"基于上述规定可以看出，我国法院试图在司法解释中尝试去确定标准必要专利禁令救济签发的条件，但是仍保持谨慎的态度，需要充分考虑双方当事人在许可谈判中应承担的责任。

北京市高级人民法院于 2017 年发布的《专利侵权判定指南（2017）》同样针对标准必要专利的禁令救济给出了相关规定。其第 149 条中规定："推荐性国家、行业或者地方标准明示所涉标准必要专利案件中，被诉侵权人经与权利人协商该专利的实施许可事项，但由于权利人故意违反其在标准制定中承诺的公平、合理、无歧视的许可义务，导致无法达成专利实施许可合同，且被诉侵权人在协商中无明显过错的，对于权利人请求停止标准实施行为的主张一般不予支持。虽非推荐性国家、行业或者地方标准，但属于国际标准组织或其他标准制定组织制定的标准，且权利人按照该标准组织章程明示且做出了公平、合理、无歧视的许可义务承诺的标准必要专利，亦做同样处理。"由此可见，该指南中规定对于标准必要专利权人违反 FRAND 许可承诺导致未达成许可协议且标准实施者无明显过错的情形，是不予签发禁令救济的。同时，对于非推荐性国家、行业或者地方标准，该指南规定同样适用上述处理。另外，该指南第 150 条规定："在标准必要专利的许可谈判中，谈判双方应本着诚实信用的原则进行许可谈判。作出公平、合理和无歧视许可声明的权利人应履行该声明下所负担的相关义务；请求权利人以公平、合理和无歧视条件进行许可的被诉侵权人也应以诚实信用的原则积极进行协商以获得许可。"据此规定也可以看出，该指南明确要求标准必要专利的许可谈判双方需遵循诚实信用原则。

广东省高级人民法院在 2018 年 4 月公布了《关于审理标准必要专利纠纷案件的工作指引（试行）》，对标准必要专利纠纷案件的处理也作出相关规定。其确立在标准必要专利案件中适用诚实信用原则、利益平衡原则，明确案件审理的依据是 FRAND 原则。其中，第 10 条规定："标准必要权利人提出停止实施标准必要专利请求的，依照公平、合理、无歧视原则和相关商业惯例，对标准必要权利人和实施者的主观过错作出判断，以此决定是否支持停止实施标准必要专利的请求。"该条款作为禁令救济的原则性规定，明确禁令的签发应基于对标准必要权利人和实施者的主观过错进行判断。

原国务院反垄断委员会 2019 年 1 月印发《关于知识产权领域的反垄断指南》，对于标准必要专利设计的禁令救济问题也作出相关规定。其中第 27 条中规定："拥有市场支配地位的标准必要专利权人通过请求法院或相关部门作出或者颁发禁止使用相关知识产权的判决、裁定或者决定，迫使被许可人接受其提出的不公平高价许可费或者其他不合理的许可条件，可能排除、限制竞争。具体分析时，可以考虑以下因素：（一）谈判双方在谈判过程中的行为表现及其体现出的真实意愿；（二）相关标准必要专利所负担的有关承诺；（三）谈判双方在谈判过程中所提出的许可条件；（四）请求法院或者相关部门作出或者颁发禁止使用相关知识产权的判决、裁定或者决定对许可谈判的影响；（五）请求法院或相关部门作出或者颁发禁止使用相关知识产权的判决、裁定或者决定对下游市场竞争和消费者利益的影响。"由此可见，尽管申请禁令救济是标准必要专利权人的维权救济手段，但由于其具有市场支配地位，可能会借助申请禁令救济来影响竞争，因此，在《关于知识产权领域的反垄断指南》中对其进行规制。

在《最高人民法院知识产权法庭裁判要旨摘要（2022）》中，最高人民法院还指出："针对标准必要专利侵权纠纷案件中适用《最高人民法院关于审理侵犯专利权纠纷案件应用法律若干问题的解释（二）》第二十六条之规定判断是否判令停止侵害时，除考虑国家利益、公共利益外，还可以考虑涉案专利的性质、当事人的过错、涉案专利权的权利状态和判令附条件停止侵害的必要性，以及专利权人的利益保障方式等因素。当涉案专利在性质上属于实施强制性标准所无法避开的必要专利时，判令被诉侵权人承担停止侵害的民事责任应当更为审慎，更应重点综合考虑当事人的主观过错程度、当事人之间是否存在利益失衡、损害赔偿是否能够充分弥补专利权人损失、停止侵害是否影响社会公共利益等因素。"

综合来看，我国已初步构建了一个与国际标准相符合的标准必要专利禁令救济制度。司法机关遵循标准必要专利纠纷中的利益平衡原则和关键判定规则，当标准必要专利权人是善意的权利人，而标准实施者恶意使用相关专利技术，或者在许可谈判中表现出恶意行为时，标准必要专利权人可以寻求禁令救济，司法机关应支持并签发禁令。这也表明，中国的专利保护制度正在逐步与国际司法实践接轨，在专利保护中寻求各方利益的平衡。

2. 判定标准

对于是否签发禁令，我国法院的判定标准是基于标准必要专利权人和标准实施者双方是否具有过错来决定的，具体又包括对于过错形式的分析和是否存在过错的认定。

（1）对过错形式的分析

标准必要专利权人和标准实施者作为诉讼案件的双方当事人，其行为都可能会存在过错。下面针对双方当事人的四种过错形式进行分析。

其一，权利人有过错，标准实施者无过错。

在许可谈判的过程中，权利人故意违反其在标准制定中承诺的 FRAND 许可义务，例如，提出不合理的许可费，或者针对不同的标准实施者给予不同的许可费，导致双方无法达成专利实施许可合同，并且标准实施者的行为虽然构成侵权，但是在许可谈判中表现出诚信的态度，在许可谈判过程中没有明显过错。在此情况下，法院会基于事实认定权利人有过错，标准实施者无过错，一般不签发禁令。

其二，权利人无过错，标准实施者有过错。

在许可谈判的过程中，权利人遵循诚实信用原则积极促成许可，例如，对于涉及的标准必要专利进行充分的信息披露，提供相应的信息清单，并且明确其许可条件，尽到了其作为标准必要专利权人的义务，并且在谈判过程中没有过错。然而，标准实施者故意拖延谈判，例如，仅仅提出其并未构成侵权，但是无法提供任何证据，不采取积极的措施来推动谈判的进程，未对许可谈判表示愿意达成许可的诚意，没有明确希望达成的许可协议的具体条款。在此情况下，法院会基于事实认定权利人无过错，标准实施者有过错，一般会签发禁令。

其三，权利人和标准实施者均无过错。

在许可谈判的过程中，权利人遵循 FRAND 原则积极参与许可谈判，没有证据证明其存在故意违反 FRAND 原则的行为，同时标准实施者也积极参与许可谈判，没有证据证明其在许可谈判中存在明显过错的行为，如果标准实施者向法院提交其认为合理的许可费或提供相应的担保，则法院一般不签发禁令。

其四，权利人和标准实施者均有过错。

在许可谈判的过程中，权利人未遵循 FRAND 原则，同时标准实施者也存在明显过错，法院应首先分析双方当事人的过错程度，并判断导致许可谈判中断的主要责任方之后，再确定是否签发禁令。

（2）过错认定

法院判断双方是否存在过错的依据是双方在许可谈判中是否基于诚实信用原则进行协商。权利人是否遵循诚实信用原则体现为其是否遵守 FRAND 原则，若权利人未遵循 FRAND 原则，则法院通常会认定其具有过错。以下是可能被法院认定为权利人存在过错行为的情形：

其一，权利人未通过正式的书面通知向被诉侵权人明确指出其行为侵犯专利权，且未具体阐述侵权行为所涉及的范围及其执行的具体方法；

其二，在被诉侵权人已经明确表示愿意参与专利许可谈判后，权利人没有按照行业标准和商业交易惯例，通过正式的书面方式提供专利的详细资料或明确的许可条件，也未给出明确的答复期限；

其三，在进行许可谈判过程中，权利人没有任何正当理由提出明显不合理的条件或展现出明显不当的行为，妨碍或中断了许可谈判。

在基于 FRAND 原则的许可谈判过程中，被诉侵权人也会存在一些过错行为。以下是可能被法院认定为被诉侵权人存在过错行为的情形：

其一，被诉侵权人收到权利人的书面侵权通知后，没有在合理时间给出积极的反馈；

其二，被诉侵权人收到权利人的书面许可条件的通知后，没有在合理时间内明确表示是否接受权利人提出的许可条件，或在拒绝时未提出新的许可条件建议；

其三，在许可谈判过程中，被诉侵权人在没有正当理由的情况下阻碍、拖延或拒绝参与许可谈判；

其四，在许可谈判过程中，被诉侵权人提出明显不合理的条件，或存在明显过错行为，导致无法达成双方认可的许可条件。

（二）司法实践

随着我国企业越来越多地参与到通信标准的制定和实施中，标准必要专利的诉讼纠纷也开始在我国出现逐步增多的趋势。在诸多案例中，我国法院也在逐步探索签发禁令。

1. 典型判例

（1）"西电捷通诉索尼"案❶

西电捷通公司研发的 WAPI 安全协议（对应涉案专利"一种无线局域网移动

---

❶ 参见北京知识产权法院（2015）京知民初字第 1194 号民事判决书。

设备安全接入及数据保密通信的方法"）被纳入无线局域网国家标准体系，成为中国 WAPI 标准。我国工业和信息化部规定，无线局域网设备在中国市场销售和使用时，需要获得入网许可证，通过 WAPI 功能的检验，以确保符合我国的无线网络安全标准。西电捷通公司在获取相应的标准必要专利以后，发表声明："在全国信标委的监督管理下，在西电捷通的权利范围内，西电捷通公司或其委托授权的第三方愿意与任何将使用该标准专利权的申请者，在合理的无歧视的期限和条件下协商专利授权许可。"索尼公司确保在 2009 年后生产销售的智能手机具备 WAPI 功能，才能在中国合法销售。也就是说，在中国销售的索尼公司的手机，需要获得西电捷通公司关于上述标准必要专利的许可。

自 2009 年开始，西电捷通公司向索尼公司提出专利许可谈判，然而在双方的谈判过程中，针对提供权利要求对照表和签署保密协议的争议问题，历经 6 年的谈判协商也未达成一致意见。2015 年，西电捷通公司向北京知识产权法院提起侵权诉讼，认为索尼公司侵犯其标准必要专利权，并申请获得禁令救济。2017 年 3 月，北京知识产权法院作出一审判决，判令索尼公司立即停止侵权行为并赔偿西电捷通公司经济损失及维权的合理支出共计 900 余万元。

在案件审理过程中，索尼公司提出抗辩，认为该标准必要专利已经被纳入国家强制标准，并且西电捷通公司已经作出 FRAND 声明，在此基础上，索尼公司使用该标准必要专利的技术不构成侵权。对此，北京知识产权法院认为，标准必要专利权人作出 FRAND 许可承诺，并不能认为双方已达成许可合同，而应根据《专利法》的相关规定来确定是否侵权。针对西电捷通公司提出的禁令救济申请，北京知识产权法院认为，涉案专利为标准必要专利，且权利人作出了 FRAND 许可承诺，在双方许可谈判未达成一致时，是否签发禁令救济，取决于双方谈判过程中是否是善意的及是否存在过错。法院认为索尼公司在谈判过程中反复提及不认同其已有或者计划中的产品用到了 WAPI 专利、没有发现其需要获得西电捷通公司专利授权许可的理由、没有识别出这些专利和相关产品是相关的等内容，这些均属于故意拖延谈判的行为，并且西电捷通公司要求签署保密协议是合理的，从而认定双方当事人迟迟未能进入许可谈判，过错在索尼公司，因而同意签发禁令。❶ 在北京知识产权法院作出上述一审判决后，索尼公司不服，并向北京市高级人民法院提起上诉。2018 年 3 月，北京市高级人民法院作出二审（终审）判决，驳回索尼公司的上诉，维持一审判决。

---

❶ 参见北京知识产权法院（2015）京知民初字第 1194 号民事判决书。

该案是中国法院首次针对标准必要专利签发禁令。从该案来看，对标准实施者来说，在许可谈判过程中，消极拖延并不是最佳的谈判策略，而应积极回应，避免出现明显过错，从而规避在未来可能的诉讼中处于被动或不利的地位。

（2）"华为诉三星"案

在华为公司和三星公司长达 5 年的许可谈判过程中，华为公司反复提出其愿意遵循 FRAND 原则将 3GPP 标准必要专利许可给三星公司，包括涉案标准必要专利，同时华为公司也愿意接受三星公司相关标准必要专利的许可。华为公司认为自身已经充分履行了作为标准必要专利权人和标准必要专利实施者的义务，也就是说，无论是标准制定组织规定所要求的义务，还是相关司法管辖区规定所要求的义务，其均已充分履行。华为公司还明确，愿意在遵守华为公司与第三方之间签署的保密协议和保密义务的前提下，积极进行许可协商，以期达成 FRAND 许可协议。然而，历经 5 年多次的谈判，华为公司和三星公司均未达成双方满意的许可协议。2016 年 5 月，华为公司向广东省深圳市中级人民法院提起侵权诉讼，认为三星公司侵犯了其 4G 标准必要专利权，并且认为三星公司在与华为公司进行标准必要专利交叉许可谈判时存在违反 FRAND 原则恶意拖延谈判的情形，故请求法院责令三星公司停止专利侵权行为，并申请禁令救济。

根据华为公司的诉请及三星公司的抗辩，法院认为该案涉及两大问题：一是 FRAND 问题，二是技术事实的查明与认定问题。关于 FRAND 问题，涉及双方在进行标准必要专利交叉许可谈判时，在许可协议无法达成的情况下，华为公司和三星公司哪方存在过错的问题。关于技术事实的查明与认定问题，涉及华为公司在该案中要求保护的专利是否为 4G 标准必要专利、三星公司是否实施了该标准必要专利。

法院在审理后认为：三星公司在与华为公司进行标准必要专利交叉许可谈判的程序方面，存在明显过错，明显违反 FRAND 原则。[1] 三星公司在进行标准必要专利交叉许可谈判时，坚持打包捆绑标准必要专利、非标准必要专利，不愿意只针对标准必要专利进行交叉许可谈判，并未积极回应华为公司提交的标准必要专利权利要求对照表，这些行为导致双方的标准必要专利交叉许可谈判进展缓慢。三星公司存在恶意拖延谈判的过错，主要表现为：在报价方面，三星公司表现出消极态度，既不积极报价，也不积极反报价；在许可谈判中，华为公司提议寻找中立的第三方仲裁机构来促成双方达成交叉许可，三星公司无故拒绝；在法

---

❶ 参见深圳市中级人民法院（2016）粤 03 民初 816 号民事判决书。

院主持的双方交叉许可谈判中，三星公司并没有积极提出调解方案。而华为公司积极寻求许可谈判和第三方仲裁解决争议，均未促成交叉许可，其在谈判过程中并无明显过错，符合 FRAND 原则。华为公司在此基础上提出的禁令救济申请，经法院组织双方进行调解，三星公司在调解过程中仍然存在恶意拖延谈判的情形，鉴于此，华为公司要求三星公司停止侵害其专利权，亦即停止实施其涉案 4G 标准必要专利技术，法院予以支持。❶ 同时，法院也进一步明确，在停止侵权问题上，涉案的 4G 标准必要专利和非标准必要专利不同。

在深圳市中级人民法院对该案作出一审宣判后，美国法院针对该案在美国的平行诉讼案件作出禁诉令裁定，要求华为公司不得在美国法院作出裁决前申请执行一审判决。2018 年，三星公司将该案上诉至广东省高级人民法院。2019 年，经广东省高级人民法院的诉讼调解，华为公司与三星公司达成全球和解，并且针对相关标准必要专利交叉许可问题签署框架性的《专利许可协议》。至此，华为公司与三星公司之间持续长达 8 年的专利交叉许可谈判以及诉讼落下帷幕，双方在全球范围内提起的有关诉讼得到一揽子解决。

（3）"华为诉交互数字"案

华为公司为获得交互数字公司相关标准必要专利授权许可，自 2008 年 11 月开始，针对涉案专利的许可使用费展开多次谈判。交互数字公司拟将其 2G、3G 和 4G 标准必要专利在内的所有专利均采用收取许可费的方式许可给华为公司，同时要求华为公司将其所有专利免费许可给交互数字公司。双方历经近 3 年的许可谈判仍未达成一致。2011 年 7 月，交互数字公司在美国特拉华州地区法院和美国国际贸易委员会起诉华为公司，指出华为公司侵犯其在美国的标准必要专利权，请求责令华为公司停止被控侵权行为，要求对华为公司启动"337 调查"，禁止华为公司在美国制造、销售被控侵权产品，并要求签发禁令，禁止相关产品进口至美国。

2011 年 12 月，华为公司在广东省深圳市中级人民法院以交互数字公司滥用市场支配地位为由针对交互数字公司提起反垄断诉讼，请求法院判令其停止垄断行为，并索赔人民币 2000 万元。同时，华为公司还请求法院按照 FRAND 原则判定专利许可费率。2013 年 2 月，深圳市中级人民法院对该案作出判决，认为交互数字公司在中国和美国的 3G 标准必要专利许可市场占支配地位，交互数字公司对华为公司滥用了市场支配地位，交互数字公司必须停止其垄断行为，并赔偿华

---

❶ 参见深圳市中级人民法院（2016）粤 03 民初 816 号民事判决书。

为公司人民币 2000 万元的经济损失。深圳市中级人民法院还认为：虽然华为公司主要在中国深圳从事生产活动，交互数字公司在双方还处于谈判阶段时就在美国提起标准必要专利禁令之诉，会排除、限制性影响华为公司出口产品。因此，法院认定交互数字公司明知自身需遵守 FRAND 原则，为强迫华为公司接受过高专利许可交易条件而采取在美诉讼，其行为属于滥用市场支配地位的行为，受《中华人民共和国反垄断法》（以下简称《反垄断法》）约束。❶

在该案中，交互数字公司在与华为公司的许可谈判过程中，选择在美国法院提起专利禁令之诉的行为，虽然表面上看似是通过合理的法律诉讼手段来解决侵权问题，实则是为了通过诉讼手段迫使华为公司接受其针对标准必要专利的过高许可费定价，具有不合理性和不公平性。华为公司在与交互数字公司的许可谈判中一直处于善意的谈判方位置，因此，作为标准必要专利权人，交互数字公司不能禁止善意的谈判方使用其标准必要专利。❷

2. 案例启示

我国法院判决的上述三个典型案例，在司法界引起了广泛热议，也引发了学者对于标准必要专利禁令救济的思考和讨论。在司法实践中，我国法院在确定是否向标准必要专利权人签发禁令救济时，通常基于两个因素来作出裁定：一是双方的善意程度，法院会审理在许可谈判过程中，双方的各种行为是否展现出善意、是否在努力寻求和解；二是双方是否存在过错，法院会评估在许可谈判过程中，哪一方存在不当行为，例如恶意拖延谈判，或无合理理由拒绝许可协商条件等。通过这种方式，法院试图避免标准必要专利权人滥用其专利权，也防止标准实施者通过不当手段获取不当利益，从而更好地平衡标准必要专利权人和标准实施者的利益，促进技术的进步和社会的稳定发展。

（三）我国标准必要专利禁令救济制度完善与建议

1. 制定许可谈判规范化程序

标准作为技术领域中普遍需要遵循的规则，其需要推广实施才能得到产业化应用。虽然专利权属于私权，但是当专利被纳入标准之后，标准和专利之间必须进行相互调和。权利人借助于标准的推广，必然要受到一定的限制，从而从实施许可中

---

❶ 参见广东省高级人民法院 2013 粤高法民三终字第 306 号民事判决书。

❷ 赵冰凌，徐云飞，朱登凯. 探寻反垄断法与知识产权法的合理边界：从中外标准必要专利禁令救济案例谈起［J］. 电子知识产权，2018（2）：35－37.

获益。由此可见，将专利和标准结合之后，许可是实现二者融合的关键。通过分析国内外相关司法案例可知，禁令作为救济程序，通常只有在标准必要专利权人和标准实施者双方许可谈判未达成时，才考虑给予签发。完善的禁令救济制度，并非体现在签发了更多的禁令，而应该体现在促成了更多的许可，减少禁令的实际执行。因此，有必要强化许可谈判规范化程序的制定，构建合理可行的许可谈判框架，促成双方通过许可协商的方式解决标准必要专利纠纷，平衡双方利益，促进公平竞争，维护市场秩序和公共利益。具体而言，可以考虑以下几个方面。

第一，在许可谈判框架中明确谈判双方在开展许可谈判过程中需要遵循的原则和规则。谈判双方需要基于 FRAND 原则以及现行的市场竞争规则开展善意谈判，对于善意谈判的认定给出明确的规定。

第二，在许可谈判框架中明确谈判双方在开展许可谈判过程中需要遵循的流程。谈判通常由标准必要专利权人启动，当其发现相关标准必要专利可能存在被侵权风险时，主动与可能的侵权人，也就是标准实施者取得联系。当标准实施者在实施某一专利的技术方案时，若发现其为标准必要专利，主动与标准必要专利权人联系，积极开展许可协商，可以预防可能带来的侵权纠纷。

第三，在许可谈判框架中明确谈判双方在谈判过程中需要提交的相关内容。对于标准必要专利权人而言，需要在提交的许可要约中明确标准必要专利的相关内容，包括：标准必要专利清单列表的信息；将标准必要专利的权利要求与标准进行比照对应的权利要求对照表；标准实施者的产品与标准必要专利保护方案的对照信息；已有的 FRAND 许可承诺及对应标准的信息。在标准实施者作出愿意接受 FRAND 许可的意思表示之后，标准必要专利权人应当以书面形式向标准实施者提供包括许可费在内的许可条件，注明具体的许可内容和许可费的计算方式。对于标准实施者而言，在接收到标准必要专利权人发出的许可要约后，应作出愿意以 FRAND 条件签订许可协议的意思表示，并且积极地提出许可反要约，作出包括许可费等在内许可条件的相关回应。

第四，标准必要专利权人和标准实施者双方可以遵循商业惯例开展谈判，包括但不限于许可费率的协商，还可以包括其他许可条款，例如产品覆盖的地域范围、许可使用方式、交叉许可或反向许可、计价基础、计算方式和结算方式等。

2. 明晰禁令救济判定思路

应当明晰禁令救济判定规则，充分发挥其推动双方当事人积极谈判的作用。在考虑标准必要专利特殊性的基础上充分反映 FRAND 许可谈判的特点，设计合理的机制平衡专利权人与标准实施者的利益，维持谈判双方地位的平衡，推动双方诚信协商解决争议应成为禁令救济的重点考量因素。

第一，禁令救济适用的前提是存在侵权行为。在裁判过程中，需要先确定标准必要专利的权利要求保护范围，再根据专利法的侵权判定的核心规则即"全面覆盖原则"将标准实施者的产品或方法技术特征与标准必要专利的权利要求逐一进行比较，确定该产品或方法是否实施了权利要求中所限定的技术内容。这个过程通常可以邀请技术专家来参与，以确保准确性。如果产品或方法的技术特征与权利要求的保护范围相同或等同，则确定构成侵权。

第二，确定标准必要专利权人应当承担的 FRAND 义务。基于侵权行为的判定，如果标准实施者的行为不构成侵权，则不涉及禁令救济的问题。如果认定标准实施者的行为构成侵权，先要确认标准必要专利权人是否作出了 FRAND 许可承诺。FRAND 许可承诺的内容主要包括标准必要专利权人发布的 FRAND 声明、有关标准制定组织规定的许可策略以及权利人所作出的相关保证等。需要指出，尽管有些标准必要专利权人并未作出 FRAND 许可承诺，考虑到标准必要专利制度的特性、权利与义务相一致原则以及维护市场安全等因素，其也应该承担 FRAND 义务。

第三，基于标准必要专利权人与标准实施者在许可协商过程中是否遵循诚实信用原则、双方的行为是否善意以及是否存在过错等来确定是否签发禁令。

第四，我国的标准必要专利禁令救济的法律适用主要涉及专利法和竞争法。虽然通常适用反垄断法来规制滥用知识产权导致的排除或限制市场竞争问题，但由于我国对于标准必要专利禁令救济的司法审判经验不足，未在两种法律适用模式之间建立较好联系。某些司法判例中，法院基于标准必要专利权人滥用市场支配地位，收取高额的许可费，从反垄断的角度作出相应的裁决。但是对于标准必要专利而言，其实际还是属于专利，建议基于标准必要专利的特点从专利法角度来确定禁令救济的适用。

3. 明确禁令救济适用条件

从前文提到的典型案例可以看出，我国法院已经明确了标准必要专利案件适用禁令救济的条件。例如，在"西电捷通诉索尼"案中，法院首次提出将许可谈判中双方的过错程度作为签发禁令的条件。在"华为诉三星"案中，法院明确了在缺乏许可协议时的责任归属原则，并给予了相关指导。由此可见，目前关于标准必要专利禁令救济的签发原则，我国与美国、欧盟一致。然而，我国在认定标准必要专利权人和标准实施者双方的过错责任方面仍未达成一致意见，并且对禁令救济适用的条件理解也存在争议。在司法实践中，对禁令救济适用条件，可考虑以下几个方面。

第一，关于标准必要专利权人的诚信度，法院应评估标准必要专利权人是否诚信地履行其义务，是否在提起诉讼前通知了侵权行为，以及是否提供了符合FRAND原则的许可提议。

第二，关于标准实施者的诚信度，法院应评估标准实施者是否诚信地参与了许可谈判，以及是否在收到许可提议后进行了积极的回应。

第三，关于双方诚信度的双重评估，法院应同时考虑标准必要专利权人和标准实施者的诚信度，更好地维护双方利益的平衡。如果标准必要专利权人或标准实施者表现出不诚信的行为，应相应调整对禁令救济的适用。

第四，优先考虑损害赔偿金。虽然禁令救济是一种救济方式，但损害赔偿金也可以作为补偿权利人损失的手段。当私人利益与公共利益发生冲突时，应考虑优先使用损害赔偿金，以避免阻碍技术标准的推广。

综上所述，对于标准必要专利纠纷案件中的禁令救济问题，既要充分考虑标准必要专利权人对技术创新的贡献，依法保护专利权人利益，也要平衡专利权人、标准实施者与社会公众之间的利益。研究并制定标准必要专利禁令救济制度的目的在于为当事人提供合理、稳定的预期，推动标准必要专利权人和标准实施者遵循包括FRAND原则在内的商业惯例和诚实信用原则，以诚信的态度友好协商，就许可条款及时达成共识，从而促进技术的不断创新与转化，挤压专利投机者的套利空间，推动当事人进行真正的理性、诚信谈判，实现各方利益的共赢。

第五章　标准必要专利许可费问题

一、标准必要专利许可费纠纷及其面临的问题

(一)标准必要专利许可费纠纷

标准必要专利许可费纠纷是标准必要专利纠纷中的焦点问题之一，几乎在所有的标准必要专利纠纷中都有涉及。标准必要专利许可费纠纷本质上解决的是"多少钱"的问题。对于专利权人来说，其希望扩大标准必要专利的许可范围，以获取更高的回报；而对于专利实施者来说，其希望获得专利许可，以此扩大经营规模。双方通常会通过协商努力达成合理的许可使用费。但是在实际操作中，利益各方往往会选择对自己有利的许可费确定方式，导致各方难以就许可费达成一致，从而引发许可费纠纷。

(二)标准必要专利许可费纠纷面临的问题

1. 许可费纠纷的法律性质不确定

对于普通专利，在自由、开放的竞争市场中，若专利权人和实施者无法就许可费达成一致，专利权人可以拒绝许可，实施者也可以寻求可替代的专利。但对于标准必要专利，一方面，由于标准的天然垄断性，其不存在可替代的专利，实施者若想生产标准对应的产品，必须获得相关专利许可，并且标准必要专利一般都是先实施后付费，存在锁定效应；另一方面，专利权人将其专利纳入标准的初衷是希望通过标准推广其专利，以尽可能多地收取专利许可费，当标准必要专利权人向标准化组织承诺其专利将按照 FRAND 原则许可给任何愿意接受这些许可条件的第三方时，这种承诺是不可撤销的，专利权人不能拒绝标准必要专利的许可。因此，标准必要专利的许可费纠纷，需考虑 FRAND 原则对争议双方的限制

条件。而针对 FRAND 原则的内涵和外延，个案司法实践对其界定不统一，并且标准必要专利许可涉及包括社会公共利益在内的多方利益，不同主体有不同的利益诉求，导致客观确定 FRAND 原则的内涵和外延存在难度。

对于 FRAND 许可承诺的法律性质，目前有几种不同的观点：合同说、强制缔约说、先合同义务说、要约邀请说、单方法律行为说等。由于 FRAND 许可承诺性质的不确定性，争议双方究竟以何种理由提起诉讼一直是个焦点问题：是以专利权人或标准实施者一方违反合同法而提起诉讼，还是专利权人滥用市场支配地位而提起反垄断之诉，抑或是专利权人以标准实施者侵犯了自己的专利权而提起侵权之诉？与之对应地，法院在审理标准必要专利纠纷时究竟应适用什么法条，在实践中亦看法不一。如果认为是合同责任纠纷，其前提是双方达成了合同，解决的是合同成立后的效力和责任问题，但是标准必要专利权人与专利实施者并未签订正式的许可合同，双方不存在合同关系；如果认为是侵权诉讼，其前提一般是专利实施者无意支付专利使用费，但是对于标准必要专利，当实施者作为善意被许可者有意支付许可费时，就许可费问题提起侵权诉讼又有滥用专利权之嫌。因此，如何将模糊的 FRAND 原则与具体法条相结合，是确定许可费纠纷的主要问题。

2. 许可费纠纷举证困难

在标准必要专利许可费纠纷中，不论对于专利权人、标准实施者还是法院，均面临举证问题，法院通常要求原告对其主张的许可使用费的合理性与真实性进行举证。

专利许可使用费的合理性，是指使用费数额与该专利的市场价值相符。确定专利许可使用费是否合理，通常要综合考虑专利许可方式、专利权剩余有效期等因素。为证明许可费的合理性，举证时，参考以往许可合同的许可费是一个较为普遍的途径。涉案双方需论证涉案专利与参考的许可合同之间的相同或相似性、相关性是否合理，同时还需要对所参考的许可使用费的真实性进行举证。

专利许可使用费的真实性，是指许可人和被许可人基于许可实施专利的目的订立书面实施许可合同并按照合同约定支付专利许可使用费。确定专利许可使用费是否真实，通常要审查实施许可合同是否是当事人的真实意思表示、专利许可使用费是否依约支付、许可人和被许可人之间是否存在利害关联关系、被许可人是否实施该专利等因素后综合考虑。为证明许可费的真实性，权利人需提供银行账单流水，交易发票以及纳税证明，被许可人实际生产、制造、销售、许诺销售涉案专利产品的相关证明材料等。

在实践中，由于专利许可的自由竞争市场属性，标准必要专利的许可费属于商业秘密，价格不公开、不透明，既往许可费难以获取，因此对上述相关证明材料以及合理性的论证取证具有一定的困难。另外，确定 FRAND 许可费率时，还需要进行深入的市场和经济学分析，包括专利对标准的贡献、市场价值等，这需要专业知识。标准实施者在全球范围内运营，需要处理不同国家的专利法律和要求。由于标准必要专利的国际性，因此法院需要考虑全球市场条件，这增加了案件的复杂性。在某些新兴技术领域，可能缺乏足够的法律先例来指导判决，进一步增加了举证的困难。

3. 许可费计算方法不统一

标准必要专利的许可费与诸多因素有关，例如实施者的经营状况、生产规模、市场状况、专利的技术价值及市场价值、专利在被许可人产品中的技术贡献比例等。在计算标准必要专利许可费时，需要综合考虑上述多种复杂因素，进行合理的计算，从而得出双方均可以接受的许可费。但上述多个因素难以量化，导致标准必要专利的许可费难以精确计算。

由于许可费的争议更多来源于现实的谈判，因此，许可费的确定方法也更多地依赖于司法实践。在美国的司法实践中，产生了假想交涉法、Georgia-Pacific 因素法；欧洲则提出了可比较许可协议法、自上而下法；在日本和韩国，大多则采用自上而下或自上而下与可比较许可协议相结合的方法。可见，不同国家、地区采用的许可费确定方法不尽相同。而标准必要专利权人与标准实施者为了寻求各自利益的最大化，往往采用有利于自己的许可费计算方法，激化了许可费纠纷矛盾，加大了司法裁判的难度。

4. 缺少独立第三方评审机构

在标准必要专利的许可过程中，对专利的有效性和必要性进行严格的审查是至关重要的一环。这一步骤对于评估专利组合的整体价值以及确定合理的许可费用至关重要。如果无法准确判定每项标准必要专利的有效性和必要性，就无法对专利组合的价值作出准确评估，进而也就无法确定一个公平合理的许可费用。

一方面，标准必要专利的有效性与专利的地域性密切相关。专利权本质上是一国或地区授予发明人的一种合法垄断权，它受到该国或地区专利法的保护和约束。因此，专利的有效性问题涉及专利法的适用，受到地域性的限制。这意味着，一项专利在某个国家或地区可能有效，而在另一个国家或地区则可能无效。专利的有效性可能因为多种原因受到挑战，包括专利申请过程中的错误，专利权利要求的不明确性或者专利技术不符合专利法规定的新颖性、创造性和实用性等标准。对有效性进行审核是确定许可费用的基础。

另一方面，标准必要专利的必要性与专利权的地域性无关。从本质上讲，标准必要专利的必要性来自该技术与实施相关标准之间存在的客观关系。这意味着，如果一项专利技术是实现某个技术标准所必需的，那么这项专利技术就构成了一项标准必要专利。标准必要专利的必要性并不取决于专利持有者的主观意愿或市场策略，而是取决于该技术是否真正为实施标准所必需。对必要性进行审核对于评估专利组合的价值和确定许可费具有重要意义。

在实际操作中，对标准必要专利的有效性和必要性进行审核需要专业的知识和技能。这通常涉及对专利文件的详细分析，包括专利权利要求的解读、专利技术的评估以及与技术标准的对比分析等。此外，还需要考虑专利的法律状态，包括专利的申请日期、授权日期、有效期以及是否有任何法律纠纷等。在评估标准必要专利的价值时，还需要考虑其他因素，如专利的市场潜力、技术发展趋势、竞争对手的专利状况以及行业标准的变化等。这些因素都可能影响专利的市场价值和许可费用。然而，目前各标准化组织一般也不具有检索和审核义务，因此，在对标准必要专利的评估中，缺少独立的第三方评审机构对标准必要专利的有效性和必要性进行客观的审核。

二、标准必要专利许可费纠纷的救济途径

（一）许可费纠纷可诉性及法律依据

一般来说，对于标准必要专利许可费纠纷，首选通过专利权人与标准实施者之间自行协商的方式进行解决，这是最有效的方式。但实际操作中，处于利益对立面的专利权人与标准实施者往往很难就许可费用达成一致。因此，当专利权人与标准实施者在经过深入讨论、充分协商后仍无法就专利许可费用达成共识时，他们只能寻求公正的第三方来解决争议。然而，大多数标准化组织拒绝卷入标准必要专利纠纷，因此，司法机关和行政执法机关作为民事纠纷的执行主体自然成为解决该类纠纷的主导机构。标准必要专利的一般纠纷可以通过司法或行政途径进行解决，目前国内外已有很多司法判决案例，因此，标准必要专利纠纷的可诉性毋庸置疑。

但是，标准必要专利许可费纠纷，作为标准必要专利纠纷的一个子问题，由

于其仅涉及许可费，能否单单仅就许可费纠纷问题提起诉讼，在国际上，不同国家对标准必要专利许可费纠纷的可诉条件是不同的。

在处理标准必要专利的许可费纠纷方面，从目前国内外司法实践情况来看，一般允许就标准必要专利许可费单独提起诉讼。美国、欧洲、日本和中国都展现出了司法途径的可行性，并通过立法或政策声明来指导和规范这一过程。

1. 美国

美国在标准必要专利许可费纠纷的诉讼方面具有明确的法律依据和司法实践。美国司法部、国家标准与技术研究所和美国专利商标局 2021 版政策声明草案是解决这类纠纷的关键文件之一。该草案旨在为标准必要专利的许可谈判和救济提供一个清晰的框架，确保谈判双方能够以善意的方式进行交流，并在必要时通过法律手段解决争端。美国法院系统在处理标准必要专利纠纷时，通常会考虑专利的 FRAND 许可承诺以及专利权人和实施者之间的谈判行为。美国法院在标准必要专利案件中经常考虑的因素包括专利的 FRAND 许可承诺、专利权人和实施者之间的谈判行为以及专利对于标准的贡献等。美国法院的判例也为标准必要专利许可费纠纷提供了解决先例，如"摩托罗拉诉微软"案和"TCL 诉爱立信"案，这些案例为标准必要专利全球 FRAND 费率的确定提供了司法支持。

2. 欧洲

欧洲在标准必要专利许可费纠纷的可诉性方面也表现出了积极的立法尝试。欧盟《关于标准必要专利和修订（EU）2017/1001 号条例的提案》是欧盟为解决标准必要专利争议，在立法和执法层面作出的重大尝试性举措。该提案旨在建立一个公平、平衡的许可框架，提高标准必要专利许可的透明度和可预测性。欧洲法院（CJEU）在标准必要专利争议方面提供了法律指导，确认了《欧盟运行条约》（TFEU）第 114 条的适用性。此外，欧洲各国法院在标准必要专利纠纷中也扮演了重要角色。例如，英国法院在"无线星球诉华为"案中支持了英国法院裁决全球许可费率的权利。这不仅影响了欧洲内部的标准必要专利实践，也对全球标准必要专利治理产生了影响。

3. 日本

日本在标准必要专利许可费纠纷的可诉性方面采取了一种更为指导性的方法。日本经济产业省发布的《与标准必要专利许可相关的诚信谈判指南》旨在提高许可谈判的透明度和可预见性，营造适当的交易环境。虽然该指南不具备法律约束力，但它提供了一个框架，鼓励专利权人和标准实施者遵循诚实的谈判规则，以促进早期和解，避免无意义的纠纷。日本特许厅之前发布的《标准必要专利许可谈判指南》和经济产业省的上述指南都体现了日本在标准必要专利政策上的积极姿态。这些指南虽然不具有法律效力，但它们为标准必要专利许可谈判提供了有益的框架，并可能在未来的司法实践中起到指导作用。

4. 中国

在我国，也先后颁布多个法律文件为许可费纠纷的可诉性奠定了基础。《最高人民法院关于审理侵犯专利权纠纷案件应用法律若干问题的解释（二）》第 24 条中明确规定：推荐性国家、行业或者地方标准实施许可条件，应当由专利权人、被诉侵权人协商确定。经充分协商，仍无法达成一致的，可以请求人民法院确定。该规定确认了司法干预在标准必要专利许可过程中的可行性。而许可费作为许可条件之一，自然也具有可诉性。《广东省高级人民法院标准必要专利审理指引》第 15 条进一步明确规定，在一定条件下，可对标准必要专利许可使用费依法提起诉讼。需要注意的是，在我国，标准必要专利许可费问题可诉，其成立的前提条件是标准必要专利权利人与实施者就许可条件已经进行了"充分协商"，仍无法达成一致。2020 年，最高人民法院印发的《关于修改〈民事案件案由规定〉的决定》中，将"标准必要专利使用费纠纷"作为新案由加入第三级案由"专利权权属、侵权纠纷"项下，从此，标准必要专利使用费纠纷成为正式的民事案件案由。

《专利法》第 65 条规定："未经专利权人许可，实施其专利，即侵犯其专利权，引起纠纷的，由当事人协商解决；不愿协商或者协商不成的，专利权人或者利害关系人可以向人民法院起诉，也可以请求管理专利工作的部门处理。管理专利工作的部门处理时，认定侵权行为成立的，可以责令侵权人立即停止侵权行为，当事人不服的，可以自收到处理通知之日起十五日内依照《中华人民共和国行政诉讼法》向人民法院起诉；侵权人期满不起诉又不停止侵权行为的，管理专利工作的部门可以申请人民法院强制执行。进行处理的管理专利工作的部门应当事人的请求，可以就侵犯专利权的赔偿数额进行调解；调解不成的，当事人可以依照《中华人民共和国民事诉讼法》向人民法院起诉。"上述规定给专利行政管理部门依法进行专利侵权行政裁决提供了法律依据。自 2021 年 6 月 1 日起施行的《重大专利侵权纠纷行政裁决办法》的第 7 条和第 23 条分别规定："自治区、直辖市管理专利工作的部门对于辖区内专利侵权纠纷处理请求，认为案情属于重大专利侵权纠纷的，可以报请国家知识产权局进行行政裁决。""当事人不服的，可以自收到行政裁决书之日起 15 日内，依照《中华人民共和国行政诉讼法》向人民法院起诉。"该办法确认了行政干预在标准必要专利许可过程中的可行性。需要注意的是，报请行政裁决的纠纷，必须是重大专利侵权纠纷。

可见，美国、欧洲、日本和中国都通过不同的法律文件和政策声明，为标准必要专利许可费纠纷提供了解决途径。这些法律文件和政策声明体现了各国或地区在标准必要专利治理上的不同方法和重点，但共同的目标是促进公平、合理的许可实践，保护专利权人和标准实施者的合法权益，并避免滥用专利权。随着标准必要专利在全球技术标准中的重要性日益增加，这些国家或地区的法律实践和政策发展对全球标准必要专利治理具有重要的指导和参考价值。

（二）我国许可费纠纷的救济途径

1. 司法救济

当标准必要专利许可双方在许可谈判中无法就费率等许可条件达成一致时，司法诉讼往往成为双方解决争议的有效手段。通常情况下，专利权人会率先发难，选择在法院提起诉讼，主要通过寻求禁令的手段胁迫标准实施者接受其在谈判中提出的许可报价。针对专利权人采取的诉讼举措，标准实施者也会采取一些司法反制措施，例如提起许可费率确认诉讼，确认不侵权之诉、专利侵权之诉（针对专利权人产品提起的专利侵权诉讼）以及反垄断诉讼。

在标准必要专利许可费纠纷的司法救济中，FRAND 原则是关键，法院需要在判决中考虑 FRAND 原则的要求。2013 年广东省高级人民法院审理的"华为诉交互数字"案，是全球首个确定 FRAND 许可费率可诉的案例，具有里程碑意义。该案看似是简单的诉讼请求，却提出了知识产权审判领域前所未有的难题，因为之前从未出现过类似的案例。法院在审理中面临三大难题：①华为公司和交互数字公司并没有签订合约，法院能不能直接确定许可费率？②FRAND 原则是电信标准化协会的知识产权政策与承诺，中国法院能否直接用它来作为判决依据？③在华为公司没有明确要求判多少许可费率的情况下，该怎么判？❶ 最终，法院认为 FRAND 许可承诺具有与强制缔约义务相同的属性，其目的均是通过限制市场支配地位滥用，维护公平竞争环境，以实现合同自由与合同正义之间的平衡，并依据可比较协议法确定了许可费率。

---

❶ 章宁旦，林劲标. 标准必要专利第一案审理详情披露［N］. 法制日报，2014 – 04 – 18.

司法救济有助于确保标准必要专利权人遵守 FRAND 许可承诺，从而平衡专利权人和标准实施者的利益。通过确保专利权人获得合理的回报，司法救济鼓励了技术创新和研发投入。法院的判决为标准必要专利权人和标准实施者提供了明确的权利和义务界限，增加了市场的可预测性。法院的介入也可以防止任何一方通过滥用专利权来排除竞争对手，维护市场的公平竞争环境。但司法救济也存在弊端，例如，诉讼成本高、程序漫长；由于标准必要专利的全球性，法院在审理案件时可能面临不同法律体系的适用问题，在审理过程中，不同国家或地区的法院可能会采取不同的临时措施，如禁诉令等，这可能导致程序上的对抗和冲突，需要平衡国际礼让原则和本国法律的适用。另外，不同国家或地区的法院可能争夺案件的管辖权，这可能导致平行诉讼和司法管辖权冲突。综上所述，标准必要专利纠纷的司法救济是一把双刃剑，既有促进公平和保护创新的潜力，也存在成本高、耗时长和结果不确定等弊端。

2. 行政救济

除了许可谈判、司法诉讼，行政裁决也是一个重要的专利纠纷解决机制。专利权人或利害关系人请求专利行政机关处理侵权纠纷，是借助行政手段解决民事侵权纠纷的一种方式或途径，因此，专利行政裁决为一种"准司法"行政活动。2000 年以前，行政裁决和司法裁判针对专利侵权的纠纷处理权限并不存在差异，均能责令停止侵权并判定赔偿。《专利法》2000 年第二次修改时，取消了专利行政部门对于赔偿问题的裁决权，改为仅有权对赔偿数额进行调解。专利管理机关处理专利侵权纠纷的主要职责是认定侵权行为是否成立，以及在认定侵权行为成立时责令立即停止侵权行为，这体现了专利管理机关行政执法的目的主要是维持正常的社会秩序，其中"立即"两字体现了行政执法的时效性，专利管理机关能够更加及时地制止侵权行为，这使行政执法具有了效率高、程序简、成本低等不同于司法执法的特点。2020 年《专利法》第四次修改确立了中国知识产权纠纷解决机制可以采取司法和行政的"双轨制"。

从采用"双轨制"以来，行政裁决发挥着积极有效的作用。实践中，行政机关承担了大量专利侵权纠纷案件的处理，根据国家知识产权局的统计，仅 2022 年专利侵权纠纷行政裁决案件就多达 5.8 万件。2021 年 11 月受理了首例重大专利侵权纠纷行政裁决案件，即"勃林制药与广东东阳光药业专利侵权纠纷"案。2022 年 7 月 27 日，国家知识产权局就该案及另一关联重大专利侵权纠纷案件作出行政裁决，裁决分别涉及被请求人广东东阳光药业有限公司和宜昌东阳光长江药业股份有限公司是否侵犯德资企业勃林格殷格翰制药两合公司所拥有的ZL201510299950.3 号发明专利权。2023 年 1 月 17 日，国家知识产权局又受理了华为公司与小米公司的重大专利纠纷行政裁决案，华为公司请求裁决小米公司立即停止制造、销售和许诺销售与涉案专利相关的产品，其中涉案专利包括两件4G/LTE 标准必要专利和两件非标准必要专利。该重大专利纠纷行政裁决案是华为公司在国内首次通过行政手段处理国内企业侵权的案例。最终，涉案双方于2023 年 9 月 14 日达成交叉许可协议，华为公司撤回裁决请求，该系列案件也依法结案。该系列案件的办理体现了重大专利侵权纠纷行政裁决程序的高效性、专业性和权威性，为同类案件的办理提供了有益经验。由此可见，对于标准必要专利纠纷采用司法和行政"双轨制"，在我国具有一定的实践基础。

行政裁决具有程序简便效率高、专业性强、成本低等优点，可与司法诉讼形成互补，当侵权事由简单、争议不大时，可优先采取行政裁决的方式，以此减轻法院的负担。尤其是在标准必要专利上，这不仅充满了专利制度的最高智慧，而且融入了国与国之间的竞争。当中国最高司法机关与知识产权主管机关就知识产权协同保护达成共识之后，行政裁决的结果和效力，或将得到极大的提升。这种方式在未来关键技术的知识产权调解上，或能发挥更大的作用。但是，行政裁决也具有其弊端，例如，执法水平不一，缺乏有效制止侵权行为的手段等。当行政裁决不能有效地处理纠纷时，最终解决办法还要依靠司法诉讼。

三、标准必要专利许可费的确定

FRAND 原则仅为标准必要专利许可提供了一个大的框架，因此，需要对FRAND 原则进一步细化以用于确定标准必要专利的许可费。在确定标准必要专利许可费时需要折中处理专利权人与被许可人之间的利益，即需要在鼓励创新和标准的广泛推广之间取得平衡。因此，在确定标准必要专利许可费时，需要遵循一定的原则。

（一）标准必要专利许可费的确定原则

标准必要专利的许可费直接关系到专利权人与标准实施者双方的核心利益。如果许可费确定得过高，则会损害标准实施者的利益，最终迫使标准实施者寻求替代技术，付出高昂的技术转换成本，或者因寻求不到替代技术而无法生产，退出相关市场；如果许可费确定得过低，则专利的真实价值无法得以体现，最终影响专利权人将技术纳入标准的积极性，拖累行业的发展。因此，合理的许可费应该在一个区间中浮动，只要最终的许可费在双方的容忍范围内即可。

目前各国法院在确定标准必要专利许可费的问题上所秉持的原则基本一致，即需要在专利的私有垄断权与标准的公共权利之间取得平衡。在我国，确定标准必要专利许可费的原则也随着司法水平的不断提高而逐步完善。早在 2008 年，最高人民法院在（2008）民三他字 4 号复函中提出，FRAND 许可费应明显低于正常许可费。该原则是我国司法机关首次对标准必要专利的许可费范围进行表态，被称为"明显低于"原则。"明显低于"原则过多地强调了标准对标准必要专利所产生的价值影响，遏制了专利本身的私有价值属性，使得专利权人没有动机将先进的技术纳入标准中，不利于激励创新，也扰乱了自由市场竞争的规则，因此引发了业界的质疑。随着司法实践的不断完善，最高人民法院意识到该函中的此项规定失之偏颇，在后续的司法审判中推翻了该结论。❶ 自 2016 年 4 月 1 日起施行的《最高人民法院关于审理侵犯专利权纠纷案件应用法律若干问题的解释（二）》第 24 条第 3 款中规定："……人民法院在确定上述实施许可条件时，应当根据公平、合理、无歧视的原则，综合考虑专利的创新程度及其在标准中的作用、标准所属的技术领域、标准的性质、标准实施的范围和相关的许可条件等因素"。至此，FRAND 原则在我国以明文的形式获得了法律依据。FRAND 原则下的许可费，需契合"公平""合理""无歧视"的承诺，因此需满足以下原则。

1. 防止许可费堆叠原则

在许多技术领域，如无线通信、视频编码等领域，一个产品可能需要遵守多个技术标准，而这些标准中可能包含来自不同专利持有者的标准必要专利。每项专利的专利权人都有权要求对其专利的使用支付费用。当一个产品需要使用多项这样的专利时，这些专利往往在技术上彼此之间存在重叠。如果对每一项标准必要专利收取许可费，则这些重叠的专利会产生二次甚至多次收费，极易产生许可费堆叠问题。

专利许可费堆叠（patent licensing fee stacking）是指在技术产品或服务中，由于涉及多项标准必要专利，每项专利的持有者都可能要求支付专利使用费，从而导致产品制造商或服务提供商面临多份专利许可费用累积叠加的情况。

许可费堆叠可能导致以下问题：产品制造商或服务提供商需要支付大量的专利

---

❶ 参见最高人民法院（2012）民字第 125 号民事判决书。

使用费，这可能显著增加产品或服务的成本，进而影响其在市场上的竞争力；标准实施者需管理多个专利许可协议，跟踪每项专利的使用情况，以及处理与多个专利持有者的谈判和支付流程，增加管理的复杂性；高额的专利许可费用可能会阻碍小公司或新进入者参与市场竞争，进而扭曲市场竞争，导致资源不能有效配置。

在"微软诉摩托罗拉"案中，摩托罗拉公司就其拥有的 16 项 H. 264 标准必要专利和 11 项 802. 11 标准必要专利，要求微软公司分别按照产品（如 Xbox、电脑、手机）售价的 2. 25% 进行专利许可。法院经过调查认为：摩托罗拉公司持有的标准必要专利仅占 H. 264 标准和 802. 11 标准专利总和的 1%。如果每一个 H. 264 标准和 802. 11 标准的专利权持有人都向法院提出类似的许可费诉求，那么最终实施上述标准的许可费总额将会超过整个产品的售价，而上述标准所涉及的功能还仅为 Xbox 等产品的诸多功能之一。显然，摩托罗拉公司的许可费诉求并不合理，容易产生专利许可费堆叠。

因此，在确定许可费时必须防止产生许可费堆叠的情况。

2. 比例限额原则

所谓比例限额，是指在确定标准必要专利的许可费时，应保证许可费用总额不超过被许可产品利润的一定比例。这一原则旨在实现利益平衡，确保专利权人能够获得合理回报，同时避免过度收费，保证技术标准的广泛普及和应用。

产品的利润与技术、资本、管理和劳动等诸多因素有关，标准必要专利仅仅是其中的一个因素，因此，标准必要专利许可费应仅占产品利润的一定比例，否则标准实施者将会入不敷出。产品涉及的标准也可能有很多，例如，一部手机涉及的标准除 Wi-Fi、蓝牙外，还包括 4G、5G 等其他通信标准。由于涉案标准必要专利隶属于其中的某一个或几个标准，而一个标准通常又包含若干专利，每项专利对标准的贡献也不同，因此，在考虑标准必要专利许可费在标准实施者的产品利润中所占的比例时，应考虑标准对于产品的贡献度以及标准必要专利对标准的贡献度。具体地，可以分为表 5 - 1 所示的几种情况。

表 5 - 1 标准必要专利对产品的贡献度

贡献度	标准必要专利对标准的贡献度	标准对产品的贡献度	标准必要专利对产品的贡献度
情况一	大	大	大
情况二	大	小	小
情况三	小	大	小
情况四	小	小	小

可以看到，当标准对产品的贡献以及标准必要专利对标准的贡献均比较大时，标准必要专利对产品的贡献也会比较大。

因此，许可费在产品利润中的占比需满足一定的限额。

3. 综合考量原则

综合考量原则，顾名思义，即综合考虑多种不同的因素。确定标准必要专利许可费的基本价值导向应该以是否满足并合理平衡多方权益为标准，既要体现标准的公共属性，又要体现专利权的私有属性。广东省高级人民法院《关于审理标准必要专利纠纷案件的工作指引（试用）》第 24 条中，明确司法在审理标准必要专利案件时，涉及 FRAND 许可费确认的考量因素为：①涉案标准必要专利对产品销量与利润的贡献，该贡献不应包括专利被纳入标准所产生的影响；②涉案标准必要专利对标准的贡献；③在标准制定之前，该专利技术较之于其他替代技术的优势；④使用涉案标准必要专利的产品所缴纳的全部标准必要专利许可费的情况；⑤其他因素。

因此，在确定标准必要专利的许可费时，应综合考虑许可协议范围、许可使用方式、许可标的，遵从惯例，借鉴国内外司法判决的案例。同时，为了鼓励专利权人与标准实施者在平等、自由的基础上充分协商，在确定标准必要专利的许可费时，还应考虑产品的实际价值贡献、行业累积许可费率、专利地域分布、行业标准、市场情况等，遵从个案处理、个案认定的原则，不盲目套用已有案例判决的结论。

（二）标准必要专利许可费的计算基准

标准必要专利许可费的计算，本质上是通过计算标准必要专利对涉案产品利润的贡献，对涉案产品的利润进行价值划分。在通信领域，电子产品一般包括多个功能部件，其许可费计算基准是按照一次性打包的"整机收费"，还是按照产品部件单元收费，是确定许可费时的争议问题。因此，在对产品利润进行划分时，需要确定许可费的计算基准，在此基础上依据一定的规则进行价值分配。

1. 价值分配规则

专利权人和实施者处于天然的对立面，因此双方对计费基准的选取存在争议。对于专利权人来说，其更倾向于按照整机收费，因为此种方法简单易操作，且可保证许可费收入不会低于最低限度，甚至可维持高额的许可费收入；而对于实施人来说，其更倾向于按照产品的部件单元收费，因为并非产品的所有部件均使用了涉案专利，按照整机收费的计算方法将导致没有使用涉案专利的零部件也要交纳许可费，最终导致其利润被稀释。例如，对于智能汽车行业，其在传统汽车的基础上增加了具有通信功能的网络接入器和远程控制单元，这些技术与通信领域的标准必要专利密不可分。但是，一辆汽车包括上万个零部件，而使用通信行业的标准必要专利的零部件仅占汽车总价值的2‰～5‰，且汽车的通信功能只是汽车的一个辅助功能，如果没有该功能，也不会影响汽车的使用。上述通信功能对汽车的贡献度很小，如果按照一辆汽车的总利润进行整机收费，显然会夸大通信功能的涉案标准必要专利的价值，导致确定的许可费不合理。

在美国，经过上百年的司法实践，逐渐确立出了以价值分配规则为基础的许可费计算基准。"价值分配（apportionment）规则"，也称为"价值分摊规则"，是一种评估专利侵权损害赔偿的方法。该规则的核心在于区分涉案产品中受专利保护的技术特征和不受专利保护的技术特征，并分别计算它们对产品总价值的贡献。

价值分配规则最早由美国联邦最高法院在1884年的"Garretson v. Clark"案中提出。该案中，被告未经授权使用了原告拥有的一项改进拖把头结构的专利，并生产销售了相关产品。原告在收集了拖把的生产成本和销售价格等证据后，主张以拖把的生产利润（即销售收入与成本之间的差额）作为侵权赔偿的依据。然而，初审法院认为原告未能充分证明其实际损失，仅判决被告支付象征性的赔偿。原告对此判决不满，提出上诉。在终审判决中，美国联邦最高法院认为原告未能提供足够的证据来区分拖把头的专利特征与拖把其他部分的特征，因此不能将拖把的全部价值都归功于专利特征。由于无法对拖把的生产利润进行合理的价值分配，维持了初审的判决。法院指出："专利权人……在每个案件中，必须给出证据证明：被告基于专利特征和非专利特征这两部分的各自盈利或盈利比例，或专利权人在这两部分上的各自损失或损失比例，这种证据必须是可靠而真实的，而不能是推断或推想……整台设备的整体价值，作为一个可销售物品，（应该）合理而合法地归因于专利特征。"❶ 这一案例表明，在专利侵权赔偿案件中，专利权人需要提供充分的证据来区分专利特征与非专利特征对产品价值的贡献，以便法院能够进行公正合理的价值分配和赔偿计算。

价值分配规则的目的是公平地将产品获得的收益在专利特征和非专利特征之间进行分配，以确定合理的赔偿额度。通过该方式，可以评估专利特征对侵权者

---

❶ 参见 Garretson v. Clark，111 U. S. 120，121（1884）。

销售利润的具体影响，并据此确定专利权人应得的赔偿金额。价值分配规则为确定许可费提供了合理的制度基础，逐渐成为美国判例的普遍规则。

2. 价值分配规则的具体应用

随着司法实践的发展，在价值分配规则的基础上又逐渐衍生出"最小可销售专利实施单元"（the smallest salable patent-practicing unit，SSPPU）也称"最小可销售单元"规则和整体市场价值规则（entire market value rule，EMVR）。

（1）最小可销售单元规则

价值分配规则最初是为了解决在传统产品中，如何识别那些对产品市场价值有实质贡献的专利特征，并据此确定合理的专利使用费。该规则基于一个简单而深刻的观点：即便产品中包含专利技术，这也并不意味着产品的全部价值都来自该专利。实际上，只有那些对产品价值有实质性贡献的专利特征，才应当被视为对产品价值有所贡献。因此，专利特征对产品价值的贡献只是整个产品利润的一部分。相应地，专利许可费的计算基础也应当只包括产品利润中与专利特征相关的部分。在确定专利许可费的过程中，需要将产品的价值按照专利特征所对应的产品部件在整个产品中所占的比重，来分解出专利特征的价值。这一过程涉及对产品各部件的价值进行评估，并据此来合理分配专利许可费，确保专利权人能够获得与其专利特征对产品价值贡献相匹配的回报。但是，随着通信技术的发展，以多部件终端为被诉侵权产品的专利侵权案件日益增多，其面临的损害赔偿问题也日益复杂。多部件终端具有结构复杂、零部件多、软硬件结合等特点，这对许可费的计算提出了更为复杂的要求，最小可销售单元规则也就应运而生。

最小可销售单元规则是在价值分配规则的基础上对价值更进一步进行细分，其强调的是产品的某个部件上的专利特征对产品整体市场价值的贡献度。2009年的"惠普"案❶是第一个提出最小可销售单元规则的判例。在该案中，康奈尔大学作为原告，持有一项涉及电脑处理器指令发布机制的专利。被告惠普公司在其销售的产品中使用了该专利技术，该技术被集成在 CPU 模块中，封装进 CPU 芯片，并最终被组装到服务器和智能终端等产品中。原告诉求，应以服务器和智能终端的整体市场价值作为许可费计算基准，被法院否决。之后，原告又诉求以 CPU 芯片为计费基础，又被法院否决。最终法官提出以最小可销售单元为基础进行价值分配，认为"合乎逻辑的和随时可用的许可费计算基准是该处理器，即最

❶　Cornell Univ. v. Hewlett-Packard Co., 609 F. Supp. 2d 279（N. D. N. Y. 2009），amended，No. 01-CV-1974，2009 WL 1405208（N. D. N. Y. May 15, 2009）.

小的、经由侵权人销售的、包含该专利权利要求的零部件"❶。

最小可销售单元规则不仅可以适用于对硬件产品的价值分配，还可以适用于软件产品。2011 年"朗讯"案❷就是将最小可销售单元规则应用于软件产品中的经典判例。朗讯公司持有一项"日期选择器"软件专利，该专利在微软公司电子邮件应用程序 Outlook 中被实施。朗讯公司诉求将整个 Outlook 产品的价格作为许可费计算基准。对此，美国联邦巡回上诉法院认为："如果系争专利特征只是被控侵权产品的一个小的部分，则不能依据整个微软 Outlook 软件的价值作为计费基础，因为包含在微软 Outlook 中的被侵权的专利特征是一个更大的软件程序中一部分的一个微小特征。"由于朗讯公司未能证明消费者是基于微软 Outlook 产品的日期选择器专利特性来作出购买决定，法院依据最小可销售单元规则，判定的损害赔偿数额远低于原告最初所要求的数额，仅不到原告最初主张数额的 1/20。

虽然最小可销售单元规则在适用时不需要证明其适用条件，但需要注意区分是"专利特征"还是"非专利特征"。在具体进行价值分配时，并非识别出一个包含专利特征的最小部件即可。如果最小部件中除了包含专利特征，还包含足以影响产品价值的重要的非专利特征，则需要对这些重要的非专利特征继续剥离，直到计费基础与被侵权的专利特征密切相关为止。

最小可销售单元规则顺应了价值分配规则，因此是一种有效的作为许可费计算基础的方法，其对整机收费问题提供了有益的参考，但不是普适的、万能的计算方法。

（2）整体市场价值规则

整体市场价值规则是分配规则的一个极端情况：当整个产品中不存在非专利特征时，应当认为整个侵权产品的价值均归功于涉案专利特征。在上述"Garret-son v. Clark"案中，法院同时指出：如果专利权人没有提供在专利特征与非专利特征之间进行价值分配的证据，则必须以"同样可靠和令人满意的证据"证明，基于整个产品来计算侵权人利润和专利权人损失是因为整个产品的全部价值"适当且合法地"归功于该专利特征。❸ 整体市场价值规则实际以整机收费作为许可费计算基准。然而这一规则的应用是有条件限制的，仅在满足以下特定严格标准

---

❶ Cornell Univ. v. Hewlett‐Packard Co. , 609 F. Supp. 2d 279（N. D. N. Y. 2009）, amended, No. 01‐CV‐1974, 2009 WL 1405208（N. D. N. Y. May 15, 2009）.

❷ Lucent Techs. , Inc. v. Microsoft Corp. , 837 F. Supp. 2d 1107（S. D. Cal. 2011）.

❸ 参见 Garretson v. Clark, 111 U. S. 120, 4 S. Ct. 291（1884）.

时才可采纳：①被诉侵权零部件必须是消费者对包括声称被侵权的发明之外的部分在内的整个终端产品的需求的基础；②单个被诉侵权和非侵权的零部件，必须结合在一起出售，从而使得它们构成一个功能性单元或者是一个完整的终端产品的零部件或者是零部件的一个单独的组装件；③单个的被诉侵权和非侵权零部件必须是类似于一个单一的功能单元。仅仅是出于业务优势而将侵权和非侵权的零部件一起出售，不能满足适用整体市场价值规则的要求。❶ 由此可见，整体市场价值规则在应用时对证明被控侵权组件与非侵权组件的"整体性"有较高的证明标准，上述三个条件必须同时满足，缺一不可。

"CSIRO 诉思科"案是利用整体市场价值规则判定许可费的一个典型案例。该案中，法院否定了以最小可销售单元为计算基础，取而代之以终端为计算基础。该案中，CSIRO 就其持有的美国 5487069 号专利向思科公司提起诉讼，地区法院主要就损害赔偿问题进行审理。

地区法院经审理否决了 CSIRO 基于芯片价格的最小可销售单元许可费赔偿金模型，理由是："虽然关于 CSIRO 专利的创新部分在无线芯片的 PHY 层这点没有争议，但是芯片本身并不是发明。相反，CSIRO 的专利是技术的组合。这些技术被用来解决室内无线数据传输的多路径问题。专利的价值在于创意，而不是执行创意的硅片。"因此，法院得出结论：根据无线芯片的价格来计算 CSIRO 专利的价值并不符合逻辑。"根据单一芯片的价格来计算专利许可费就好比根据装订线、纸张和油墨等实体物品的成本来计算版权图书的价值。虽然这种计算方法可以捕捉到产品的物质成本，但不能显示产品的真正价值。"❷ 该案判决后，思科公司向美国联邦巡回上诉法院提起上诉，认为地区法院判决的许可费不是基于最小可销售单元计算的。而美国联邦巡回上诉法院认为：除了最小可销售专利实施单元规则，分配规则存在例外，如果专利权人能够证明其专利所涉及的元件是消费者购买整体产品的主要动机，则可以最终产品的整体市场价值作为许可费基础。即并非所有的许可费确定必须依据最小可销售单元规则。最小可销售单元是指实现专利特征的最小单元，它只是一种证据性工具，主要用于由陪审团审理的案件中，其功能在于在专利侵权损害赔偿问题被提交陪审团之前对专利发明的价值进行分摊，以避免陪审员被高额的收入或利润数据所误导，从而消除外界所担

---

❶　COTTER T F. Four Principles for Calculating Reasonable Royalties in Patent Infringement Litigation ［J］. Santa Clara Computer & High Technology Law Journal，2010 – 2011，27（4）：750.

❷　ANNE L – F，KOREN W W – E，崔毅，等. 计算"公平、合理、无歧视"专利许可费损失办法［J］. 竞争政策研究，2015（3）：89 – 100.

忧的陪审团判决金额畸高的风险。所有援引了最小可销售单元的判决都指出，适用该概念的动因是对损害赔偿的分摊，以及规避陪审团产生误解的潜在风险。从来没有任何法院认定最小可销售单元是专利法下的严格、实体性要求。

整体市场价值规则的一个典型应用即为高通公司的专利许可模式。高通公司的专利许可费收取模式，简称为"无芯片，无许可"模式，是以使用了高通公司生产的基带芯片的无线通信设备的整机批发净售价作为计费基准，而非以手机制造厂商向高通公司购买的使用了高通公司无线标准必要专利的基带芯片的售价作为专利许可费的计费基准。❶依靠该许可模式，高通公司向多家手机制造商，如三星、苹果、华为等公司，征收了高额的标准必要专利许可费。

高通公司的"无芯片，无许可"模式，被众多手机制造厂商诟病，也由此引发了各国对该公司的反垄断调查。2015年2月，中国国家发展和改革委员会向高通公司作出《中华人民共和国国家发展和改革委员会行政处罚决定书》，认定高通公司涉嫌滥用在无线通信标准必要专利许可市场及无线通信终端基带芯片市场的支配地位，对高通公司处以2013年度销售额8%的罚款，计60.88亿元人民币。紧接着，韩国公平贸易委员会和美国加州北部地区法院同样认定高通公司在基带芯片市场具有支配地位。针对中国国家发展和改革委员会的反垄断调查，高通公司主动提出了一揽子整改措施（以下简称《整改方案》），其中第一项即为对为在中国境内使用而销售的手机，按整机批发净售价的65%收取专利许可费。该整改措施本质上还是基于整机收费的许可模式。在"高通诉魅族"的垄断纠纷中，高通公司的索赔基础仍为《整改方案》第一项，即按照整机批发净售价的65%收取专利许可费。在"华为诉IDC"案中，法院最终确定IDC公司对华为公司的FRAND许可费率不得超过相关产品实际售价的0.019%，其也是以终端产品作为计费基础。虽然以整机收费作为计费基准在多起诉讼中遭到质疑，但它仍然是通信行业普遍采用的一种许可费计算方式。

整体市场价值规则提供了一种相对简单的方法来确定基于整个产品销售额的许可费率，从而避免了对每个专利组件单独评估的复杂性。但该规则对于"整体性"的举证，需要通过经济学模型分析、市场调研等手段，这在实践中操作难度较大，因此，基于整体市场价值规则的许可费计算方法往往难以获得法官的支持。

---

❶ 仲春. 标准必要专利与反垄断法的最新国际实践：美国FTC诉高通公司垄断一审案研究 [J]. 知识产权，2019（11）：17-30.

（三）标准必要专利许可费率的确定方法

根据国内外的理论研究和司法实践，目前确定标准必要专利许可费率的方法主要包括可比较许可协议法、自上而下法、假想交涉法、专利池比较法、自下而上法、专利价值评估法。这些方法计算的基准不同，计算方法和侧重点也不尽相同。

1. 可比较许可协议法

根据 FRAND 原则，专利权人就同一标准必要专利许可给条件相当的实施者的许可协议条款应该是相当的。因此，参考被许可人为实施与争讼专利类似的其他专利而达成的许可协议的许可费用，是司法机关确定标准必要专利许可费时的常用手段之一。这种以能够用于比较的许可协议作为参照来确定专利许可费的方法就是可比较许可协议法。可比较许可协议法使用市场上公开的许可协议作为参考，借助具体且可直接依据的标准，有助于双方理解和接受，可以减少评估过程中的主观判断，提高许可费计算的客观性，增加交易的透明度，确保所有市场参与者在相似条件下得到公平对待，避免不公平的高价许可。

由我国法院根据可比较许可协议法作出的计算标准必要专利许可费的判决案例之一是"华为诉交互数字"案。在该案中，交互数字公司自 2009 年起开始向华为公司索要专利使用费，并先后四次提出专利许可要约，其要求的费用远高于对其他企业的报价。由于多次协商谈判未能达成一致，2011 年 7 月，交互数字公司在美国特拉华州地区法院起诉华为公司侵犯其专利权。同日，交互数字公司还向美国国际贸易委员会提起诉讼，请求美国国际贸易委员会对华为等公司的相关产品展开 337 调查。2011 年 12 月，华为公司在深圳市中级人民法院指控交互数字公司设定了不公平的高价专利许可费且存在歧视性条件，请求法院判决交互数字公司停止垄断行为并确定双方的标准必要专利许可费率。2013 年 2 月，深圳市中级人民法院作出一审判决，责令交互数字公司停止垄断行为。交互数字公司提起上诉。2013 年 10 月，广东省高级人民法院作出了维持一审判决的终审判决。

在上述案件中，我国法院参考可比较许可协议法裁判了许可费率。法院认为交互数字公司有义务以符合 FRAND 原则的条件向华为公司许可标准必要专利，根据基于专利所获的利润价值、该利润在产品总利润中所占比重、相似条件下交互数字公司对苹果公司和三星公司的许可条件等因素确定了涉诉专利的许可费率。该案是我国法院首次在判决中使用 FRAND 原则，为标准必要专利许可费的确定提供了法律依据。

除了我国法院之外，可比较许可协议法在他国法院的许可费率裁判中也广为应用。英国法院在 2017 年审理的"无线星球诉华为"案中，首次参考可比较许可协议法裁判了全球许可费率。2014 年 4 月至 2016 年 8 月，无线星球公司就其所拥有的 6 件标准必要专利与华为公司展开许可谈判。在谈判未达成一致的情况下，无线星球公司向英国法院起诉华为公司专利侵权并请求法院裁决全球许可费率。在认定无线星球公司的部分专利有效的情况下，2017 年 6 月，英国一审法院判决认为双方的报价都不符合 FRAND 原则，并裁决了全球许可费率。华为公司提起上诉。2020 年 8 月，英国最高法院作出了维持原判的终审判决。

该案中，英国法院采用可比较许可协议法计算了全球许可费率。法院根据无线星球公司所有的标准必要专利数量在相关标准中的比例，参考了无线星球公司与爱立信公司的许可协议，给出了全球许可费率建议。具体地，法院首先根据无线星球公司与爱立信公司的可比许可费率确定出了计算全球许可费率的基准值，然后根据区域的不同情况进行调整，其计算公式为：费率 = E·R·F/D，其中，E 为爱立信公司的可比许可费率，R 为爱立信公司的专利组合的相对强度，F 为主要市场标准必要专利族数，D 为标准必要专利总族数。最终，英国法院判决的全球许可费率如表 5-2 所示。

表 5-2　无线星球公司给华为公司的全球 FRAND 许可费率

标准领域	主要市场		中国及其他市场	
	手机	基础设施	手机	基础设施
2G/GSM	0.064%	0.064%	0.016%	0.032%
3G/UMTS	0.032%	0.016%	0.016%	0.004%
4G/LTE	0.052%	0.051%	0.026%	0.026%

该案中，华为公司认为无线星球公司提供给三星公司的许可费率较低，损害了三星公司与华为公司之间的竞争关系，构成了差别待遇，不符合 FRAND 原则中的"无歧视"部分。对此，英国法院认为，"无歧视"原则不是"硬性的"而是"一般的"，其并没有硬性规定两个情况不同但相似的被许可人，一个已经获得低于基准费率的许可费率，那么另一个被许可人就理所应当地可以要求一个低许可费率，"无歧视"不代表"许可费相同"，因此无线星球公司没有违反"无歧视"原则。

另外，英国法院还认为，即使存在价格歧视，其也并不总是或必然有害；相反，在某些情况下，它可以提高效率。对此，法院还举了一些示例，例如，标准必要专利权人向第一个实施者提供较低的许可费率是合理的，因为它不但为专利权人提供了初始收入，也会鼓励市场中的其他实施者寻求许可。并且，若标准必要专利权人在商业上遇到困难，其可能会寻求以较低的许可费与特定的被许可人达成协议，以获得资金维持其商业运行；若如以此种情况下达成的许可费率来决定市场中其他实施者的许可费率，那么实施者将没有动力利用这样的机会与标准必要专利权人达成协议，而标准必要专利权人也无法利用这种方式筹集资金，这既不公平也不合理。

可比较许可协议法在计算专利许可费率时有着比较广泛的应用，但该方法也存在弊端：首先，由于每个许可协议的条款、谈判背景和市场条件都有所不同，找到真正"可比"的许可协议非常困难；其次，随着市场的发展和变化，过去的许可协议可能不能客观反映当前的市场情况，因此可能会无法作为当前许可费率的准确参考，特别是在新兴产业（如 6G）中，可用于进行比较的协议还未产生，对新兴产业的标准必要专利许可费率的计算不适用该方法；再次，不同国家和地区的法律和政策差异可能影响协议的条款，使得跨司法管辖区的协议难以直接比较；最后，在利用可比较协议法进行费率计算时还要综合考虑各个协议的许可交易的主体、许可标的之间的关联性、许可费包含的交易对象及许可谈判双方的真实意思表示等因素，但是由于谈判过程中的协议属于商业秘密，许多许可协议包含保密条款，使得这些协议难以获取和公开，也同样限制了可比较许可协议法的应用。

2. 自上而下法

自上而下法（top-down approach）是为了防止许可费堆叠问题而提出的，该方法首先确定专利产品的平均利润，将其作为专利许可费的最高限度，进而确定专利的相对价值，并通过数学计算获得合理的专利许可费金额。该方法的大致步骤为：①确定某一标准下所有标准必要专利数量；②计算涉案标准必要专利占所有标准必要专利的比例；③将专利产品利润乘以比例得到专利许可使用费。

自上而下法首次应用于"思科诉 Innovatio"案。该案中，法官首先将 Wi-Fi 芯片视为适用涉案专利技术的最小单元并以此作为确定许可费的基础（14.85 美元），与该段时间内的利润比例（12.1%）相乘获得许可费计算基准（约 1.8 美元）。同时，法官还参考了一份研究报告中的结论即"在涉及 84% 的价值中，实际上可以追溯到该技术标准中仅占总数 10% 的一小部分专利"。经确认，法官认为在 Innovatio 的总计 3000 项标准必要专利中，只有前 300 项专利对整体价值贡献最为显著，而涉案的 19 个标准必要专利大致处于这前 10% 之中。据此，使用许可费计算基准（1.8 美元）乘以 84%、10% 和 19/300，计算出最终的专利许可费。

我国在"华为诉康文森"案中也使用了自上而下法裁决专利许可费率。该案中，华为公司提出基于自上而下法来确定专利许可费率；而康文森公司则主张使用可比较许可协议法，认为可以参照"无线星球诉华为"案中的许可费率来确定该案的许可费率，主要原因在于其认为康文森公司的专利包购自诺基亚公司，而无线星球公司的专利包购自爱立信公司，诺基亚公司与爱立信公司相当且康文森公司与无线星球公司相当。南京市中级人民法院在审理该案时指出，由于无线星球公司从爱立信公司获得的专利组合与康文森公司从诺基亚公司获得的专利组合在质量上无法直接比较，且两组专利的平均标准必要专利许可费率存在显著差异，因此，该案不适宜采用可比较许可协议法来确定许可费率。因此，法院认为原告提出的自上而下法更适合该案的计算方法，并提出了用于计算中国标准必要专利许可费率的公式：单族专利的中国费率 = 标准在中国的行业累积费率 × 单族专利的贡献占比。该案判决体现了法院在确定许可费率时对于方法选择的审慎态度，以及在缺乏直接可比性的情况下，采用自上而下法来合理确定专利许可费用的实践。通过这种方法，法院旨在确保专利许可费用既反映专利的实际价值，又符合 FRAND 原则。

在具体应用时，自上而下法可以依据地域差异等因素进行修正，有时候还可以结合其他确定许可费率的方法进行交叉检验。在"TCL 诉爱立信"案中，法院采纳并优化了 TCL 公司所提出的自上而下法，将全球市场划分为中国、美国、欧洲以及其他国家和地区四个部分，并为每个区域设定了相应的 FRAND 许可费率，最后结合可比较许可协议法来验证其合理性。这种方法体现了法院在评估专利价值时对地域差异的重视，确保许可费用的确定既符合 FRAND 原则，又考虑到了专利组合在不同市场中的实际价值和影响力。法院采用的"自上而下法"具体步骤包括：

步骤一：确定 2G/3G 标准必要专利的总费率为 5%，4G 标准必要专利的总费率为 6%、10%；

步骤二：确定 2G 标准必要专利总数量为 365 件，3G 标准必要专利总数量为 953 件，4G 标准必要专利总数量为 1481 件；

步骤三：确定爱立信公司拥有的标准必要专利的数量，其中，2G 为 12 件，

3G 为 19.65 件，4G 为 69.88 件；

步骤四：调整爱立信公司美国之外区域的专利包强度，其中，欧洲地区的专利包强度为：2G：72.2%，3G：87.9%；ROW（其他地区）的专利包强度为：2G：54.9%，3G：74.8%，4G：69.8%；

步骤五：利用自上而下法的计算公式计算费率：

$$费率 = 总费率 × 爱立信公司所占比例 × 地区专利包强度$$

其中，爱立信公司所占比例 = 权利人所持有的未过期的标准必要专利数量/标准中标准必要专利的总数。

根据该公式计算得出的结果如表 5 - 3 所示。

表 5 - 3　"TCL 诉爱立信"案根据该公式计算得出的费率

所涉标准	总费率	标准中标准必要专利总数/件	爱立信公司标准必要专利数量/件	爱立信公司所占比例	地区专利包强度	爱立信公司费率
2G	5%	365	12	3.280%	美国：100% 欧洲：72.2% 其他地区：54.9%	美国：0.16402% 欧洲：0.11842% 其他地区：0.090049%
3G（TCL 公司）	5%	953	19.65	2.061%	美国：100% 欧洲：87.9% 其他地区：74.8%	美国：0.10309% 欧洲：0.090918% 其他地区：0.07711%
3G（爱立信公司）	5%	953	24.65	2.580%	美国：100% 欧洲：87.9% 其他地区：74.8%	美国：0.12932% 欧洲：0.11367% 其他地区：0.09673%
4G（TCL 公司）	6%、10%	1481	69.88	4.761%	美国：100% 其他地区：69.8%	美国：0.28297%（6%） 0.471611%（10%） 其他地区：0.19751%（6%） 0.32918%（10%）
4G（爱立信公司）	6%、10%	1481	111.51	7.525%	美国：100% 其他地区：69.8%	美国：0.45145%（6%） 0.752576%（10%） 其他地区：0.31517%（6%） 0.52529%（10%）

在根据上述步骤得出费率的基础上，法院又筛选出苹果、三星、华为、LG、HTC、中兴 6 家公司，通过对上述 6 家公司与爱立信公司签署的专利许可协议一

一拆解，得到所需参数，计算得出相应可比费率，通过论证最终认为上述可比协议不能被认定为是相同情况，不满足无歧视性，因而不符合 FRAND 原则。因此，法院认定 TCL 公司主张的根据自上而下法计算得出的费率范围符合 FRAND 原则。在确定 FRAND 许可费率时，将可比协议的全球费率转换为美国费率，将根据自上而下法计算得出的费率与可比协议费率摆到一起，折中确定 FRAND 许可费率，最终确定的 FRAND 许可费率如表 5-4 所示。

表 5-4 "TCL 诉爱立信"案法院确定的费率

地区	2G 标准必要专利费率	3G 标准必要专利费率	4G 标准必要专利费率
美国	0.164	0.300	0.450
欧洲	0.118	0.264	
其他地区	0.090	0.224	0.314

自上而下法将事先确定的行业累计许可费率在相关标准对应的全部标准必要专利持有人之间按照所持有标准必要专利的比例进行分配，因此可以帮助解决许可费堆积的问题。但自上而下法也有其弊端：首先，自上而下法的总累计许可费率需要行业共识，而不同国家及市场、不同标准下的行业累计费率不易获得或存在争议；其次，自上而下法要求行业累计费率在各专利之间均分，这可能忽视了不同专利在技术贡献、市场影响力和实施范围上的差异，可能导致更重要专利的价值不能得到充分补偿；最后，初始的行业累计许可费率的确定往往只基于几家主要专利权人的意见，制定过程不够透明，很可能缺乏理论支撑。自上而下法看似简单、客观性较强，但是在计算过程中对专业性的要求非常高。同时，由于产业和产品的金融数据往往由多种因素融合而成，很难区分某一项标准必要专利在其中的作用，从而在数据的确定层面主观性较强。在考虑不同地区的专利强度时，可能需要一个复杂的系数来调整，这增加了计算的复杂性和不确定性。

3. 假想交涉法及 Georgia-Pacific 因素

假想交涉法是一种模拟专利权人和潜在侵权者在侵权行为发生之前，就专利许可进行的谈判。这种谈判旨在确定一个双方都能接受的专利许可费，以平衡专利权人的利益和专利实施者的需求。在应用这种方法时，重要的是确保谈判双方的地位平等，以避免任何一方在谈判中占据不公平的优势。许可费的确定通常涉及确定一个价格区间，即专利权人可以接受的最低价格和潜在侵权者愿意支付的最高价格之间的范围。双方在这个价格区间内进行协商，以达成最终的许可协议。

假想交涉法的核心是通过模拟一个假想的谈判场景来评估许可费率，假设双方在谈判中都是理性的、充分知情的，并且都希望达成一个符合 FRAND 原则的协议。该方法主要分以下三步：一是确定许可费的计算基础；二是确定起始的许可费率；三是对许可费作出调整，得到最终的 FRAND 标准必要专利许可费。

在 1970 年的"Georgia-Pacific v. U. S. Plywood-Champion Papers, Inc."案中，法官总结了一套在假想交涉中需要考虑的因素，这些因素被广泛接受并应用在专利侵权案件中，用于确定合理的许可费。这些因素被称为"Georgia – Pacific 因素"，它们包括：

（1）专利许可费的先例：专利权人从其他许可协议中获得的专利许可费；

（2）与涉案专利相似的其他专利的许可费率；

（3）许可的性质和范围，包括许可的独占性、地域和客户限制等；

（4）专利权人维持垄断的政策；

（5）许可方和被许可方的商业关系，例如他们是否是竞争对手，或者发明者和推广者的关系；

（6）专利产品对其他产品销售的促进作用；

（7）专利期限和许可期限；

（8）专利产品的盈利情况和受欢迎程度；

（9）专利相对于现有技术的改进和优势；

（10）发明在侵权产品中的使用频率和重要性；

（11）利润中归因于发明的部分；

（12）利润或售价中的比例；

（13）专家对于合理许可费的评估和证词；

（14）先前许可协议的条款，如付款方式、期限等；

（15）假想谈判的结果，即如果许可方和被许可方在侵权开始时进行合理且自愿的谈判，他们可能达成的许可费金额。

这些因素为法官和陪审团提供了一个框架，以评估在专利侵权案件中，如果双方在没有侵权的情况下进行谈判，可能会同意的合理许可费。这种评估方法有助于确定侵权者应支付的损害赔偿金额。

在"微软诉摩托罗拉"案中，美国法院对传统的 Georgia-Pacific 因素进行了调整，以适应 FRAND 许可费率的计算。该案中，摩托罗拉公司就持有的 H. 264 和 802. 11 标准必要专利向微软公司要求按照产品售价的 2. 25% 来支付专利许可费。微软公司认为这一要求过高，违反了 FRAND 原则，因此提起了诉讼。针对争议的 FRAND 许可费率，微软公司和摩托罗拉公司各自提出了不同的评估方案：微软公司主张应考虑专利技术相对于替代技术的价值，即专利技术带来的额外价值（类似于 Georgia-Pacific 因素中的第 9 项）。摩托罗拉公司则建议通过模拟在 FRAND 条件下的假设性双边谈判来确定许可费率。法院认为 FRAND 许可协议通常是通过谈判达成的，模拟这一过程可以更真实地反映双方可能达成的协议，且法院在处理专利许可费案件时，有丰富的经验使用假设性谈判的方法，这有助于更准确地确定 FRAND 许可费率，故最终选择了摩托罗拉公司的方案。

尽管法院采用了假设性谈判的方法，但在 FRAND 义务下，这种谈判与传统的专利许可费率谈判有所不同，因为 FRAND 要求专利权人以公平、合理、无歧视的条件提供许可。因此，在评估 FRAND 许可费率时，法院需要基于专利的标准化贡献、市场力量、专利的实施范围等因素，对传统的 Georgia-Pacific 因素进行适当的调整，以确保评估结果符合 FRAND 原则。具体过程如下：

首先，审查摩托罗拉公司对 H.264 标准的贡献以及摩托罗拉公司的 H.264 标准必要专利对微软公司 Windows 操作系统和 Xbox 产品的功能影响。通过分析，法院发现摩托罗拉公司对 H.264 标准的贡献及其专利对微软产品的实际重要性较小，即使在没有摩托罗拉公司专利的情况下，由于微软公司有替代方案，其性能损失也仅为 5%～8%。

其次，评估摩托罗拉公司的许可费要求是否合理。摩托罗拉公司要求按照产品售价的 2.25% 支付许可费，并设定了每年 1 亿～1.25 亿美元的上限。为了支持这一要求，摩托罗拉公司引用了 Georgia-Pacific 因素中的第 1 项，并提供了一些现有的专利授权协议作为参考。法院对摩托罗拉公司提供的现有授权协议进行了评估，发现这些协议或因诉讼和解而达成，或实际支付的许可费率远低于该案要求，或难以区分标准必要专利的价值比重，或所涉专利已过期，因此这些协议对该案的 FRAND 许可费率不具有参考价值。即使摩托罗拉公司计算的许可费是准确的，其要求的费率也可能导致许可费堆叠问题，违背了 FRAND 原则。

最后，使用修正后的 Georgia-Pacific 因素，通过假想交涉法来模拟涉及 H.264 和 802.11 标准中的标准必要专利的许可谈判，以推测在 FRAND 条件下双方可能达成的许可费率范围。

通过这一过程，法院试图平衡专利权人的合理回报与实施者的利益，确保专利许可既公平又合理，同时避免对市场竞争的不必要干扰。这种方法既体现了对 FRAND 原则的尊重，同时也展示了法院在处理复杂专利许可问题时的灵活性和细致性。

假想交涉法的 Georgia-Pacific 因素在美国专利侵权诉讼的赔偿额确定方面具有重要地位，但存在一些使用上的缺陷和争议。Georgia-Pacific 因素并没有为法院或陪审团提供明确的指导，告诉他们如何使用这些因素来评估专利许可费。在 FRAND 原则下，某些 Georgia-Pacific 因素可能不适用或需要调整。例如，第 4 项因素和第 5 项因素不适用于 FRAND 原则下的许可谈判，因为标准必要专利权人必须遵守 FRAND 原则，对所有标准实施者进行许可。按照专利权人能够接受的最低许可价格确定许可费，可能导致专利劫持。如果每个专利权人的许可费叠加在一起，有可能超出被许可人销售产品的利润，引发许可费堆叠问题。在实际应用中，需要注意维持许可双方谈判地位的平等，否则可能导致谈判结果不公平。为了解决这些问题，可以考虑对 Georgia-Pacific 因素进行修正，避免专利劫持和许可费堆叠，选择一个合理的许可费区间，并结合其他方法一起确定标准必要专利的许可费率。

4. 专利池比较法

专利池是一种由多个专利持有者共同参与的合作模式，它允许这些参与者之间进行专利的相互授权或向外部第三方提供专利使用许可。这种模式通常围绕某个特定的技术标准或领域建立，例如数字视频广播（DVB）、第三代移动通信（3G）技术、动态图像专家组（MPEG-2）标准或数字多功能光盘（DVD）等。专利池的构建旨在简化专利授权过程，加速技术的应用和普及。它通过集结相关专利，为成员提供一个共享的资源平台，使得成员能够利用彼此的专利技术，同时也向外部用户提供了一种标准化的授权途径。

专利池的概念最早出现在 1856 年的美国，当时艾·蒙·辛格公司、威乐 & 威尔逊公司和格鲁夫 & 贝格公司为了规避无序竞争组建了"缝纫机专利池"。然而，由于被指控存在垄断行为，专利池开始走向衰落。直到 20 世纪 90 年代后期，随着科技创新的不断发展，不同专利技术之间的联系日益紧密，世界范围内的专利制度逐渐建立并完善，专利技术的重叠导致"专利丛林"现象日益严重，阻碍了专利的应用和创新。因此，为了充分有效地利用专利技术，减少因"专利丛林"现象带来的诉讼纠纷，保护创新主体，推动科技进步，专利池得以再次兴起。专利池的创建有助于克服所谓的"专利丛林"问题。通过专利池，专利权人可以更有效地管理和利用他们的专利组合，减少法律纠纷，促进技术的传播和应用。

专利池的这种模式特别适用于技术快速发展且专利密集的领域，如电信、医药和电子等，它通过集中管理和标准化流程，为专利权人和使用者创造了双赢的局面。此外，对于潜在的被许可方，专利池可以通过预先为他们正在许可的标准必要专利设置 FRAND 条款和条件来创造透明度和可预测性，并可以通过标准的预设条款和条件减少歧视。

专利池内的成员通常会就专利使用费的分配达成一致，确保所有参与者都能从专利池中获得合理的利益。这种模式鼓励了技术创新和市场竞争，同时保障了专利权人的权益。专利池提供了一种高效的机制，允许使用者通过一次性协议获取同一技术领域内众多相关专利的使用权。这种集成化的许可方案实施统一的费率结构，具有很多优势。通过集中管理专利许可，专利池简化了许可过程，减少了个别谈判所需的时间和努力，加速了谈判进程；统一的收费标准消除了就每项专利单独协商费用的需要，从而降低了交易成本；通过提供明确的许可途径，减少了专利权人和使用者之间因侵权问题而产生的法律纠纷和相关费用；通过集中管理相关专利，促进了技术的整合，为使用者提供了更全面的技术解决方案；专利池的运作模式有助于技术的快速传播和应用，可以推动整个行业的发展，鼓励创新和竞争。

在运用专利池比较法时，需要确定专利池的可比性、专利池是否在商业上确定成功和具有代表性；明确需要评估的专利或专利池的范围和特性；收集市场上类似专利或专利池的许可、交易或其他相关数据，从市场数据中筛选出具有一定相似性，可以作为比较基准的案例；评估专利池的技术领域、专利质量、市场潜力、法律状态等特征，分析专利池中专利的互补性、技术整合程度以及对整体价值的贡献；识别并调整可比案例与评估对象之间的差异，如专利数量、技术先进性、市场覆盖范围等；根据调整后的数据，计算评估对象相对于可比案例的价值比例或倍数；利用可比案例的价值和计算出的比例，估算出专利池的大致价值。

"微软诉摩托罗拉"案是首个采用专利池比较法确定标准必要专利许可费率的司法实践。该案中，法院认为微软公司提议的 MPEG LA H. 264 专利池可作为 FRAND 许可费率参照。这是因为：首先，MPEG LA H. 264 专利池有促成 H. 264 标准被广泛采用的目的，这符合 FRAND 许可费率应契合标准制定组织促进标准广泛被采用的目标。其次，微软公司、摩托罗拉公司与其他企业在创设 MPEG LA H. 264 专利池的过程中（摩托罗拉公司在 2004 年决定不加入 MPEG LA H. 264 专利池），试图取得平衡，设定的许可费率吸引了相当数量的专利权人贡献其专利到专利池中，且确保了标准实施者会使用 H. 264 标准技术而非其他替代技术。这一做法呼应了 FRAND 义务的另一基本原则，即创造有价值的标准。最后，MPEG LA H. 264 专利池拥有 1100 多个被许可人、26 个许可人，包括 275 件美国标准必要专利和 2400 件全球标准必要专利，说明其包含大量 H. 264 重要技术，缓解了被许可人担忧的专利劫持和许可费堆叠问题。相反，802. 11 专利池许可人、被许可人以及入池专利都比较少，无法体现 FRAND 原则。因此，法院最终选取 MPEG LA H. 264 专利池作为比较的基础。

法院首先以 MPEG LA H. 264 专利池作参考，计算出摩托罗拉公司 H. 264 标准必要专利 FRAND 许可费率的下限值，然后利用假想交涉法并结合防止许可费堆叠原则，确定 FRAND 许可费率的上限值。具体包括以下步骤：

S1：以专利池为单位，计算许可费范围，公式如下：

$$许可费 = 基础许可费 × 分配比例 × 参加专利池价值$$

该案中，基础许可费指专利池的许可费或专利池成立时讨论的许可费，是一个范围而非固定数值；在分配比例中，H. 264 标准是 3.642%，802. 11 标准是 10.19%；参加专利池价值是 3。由此计算得出，H. 264 标准的许可费为 0.555 ～ 16.389 美分/台，802. 11 标准的许可费为 0.8 ～ 19.5 美分/台。

S2：根据涉案专利对适用标准的产品的技术贡献，确定许可费。

对于 H. 264 标准和 802. 11 标准来说，由于涉案专利并没有作出重大贡献，因此法院最终认为，只要支付上述许可费范围的下限值即 0.555 美分/台和 0.8 美元/台作为许可费即可。

S3：根据产品 Xbox 在美国的销售价格，确定涉案专利组合的费率。

上述两个标准的许可费分别除以 Xbox 产品在美国的销售价格，即为所求费率：

H. 264 标准：0.555 美元/台 ÷ 250 美元/台 = 0.0022%

802. 11 标准：0.8 美元/台 ÷ 250 美元/台 = 0.014%

S4：确定每件专利的费率

H. 264 标准：0.0022% ÷ 16 ≈ 0.00014%

802. 11 标准：0.014% ÷ 11 ≈ 0.0013%

专利池比较法与可比较许可协议法相似，均是基于一种可比较的基准许可协议确定许可费率。但两者又具有区别：首先，由于专利池区别于普通许可协议，因此，在筛选两者的"可比性"时所考虑的因素有所不同。其次，由于专利池中的协议分为开放式协议和封闭式协议，而两种协议的许可费率也有差别，因此，不能仅用一种协议作为可比参考。最后，专利池与普通双边许可相比费率可能更低，而专利权人一方通常希望最终费率设定值高于专利池的许可费率。在

"微软诉摩托罗拉"案中，法院采用了相关专利池许可费率的 3 倍作为基准。在实际许可谈判交涉过程中，应根据个案情况，对专利质量、专利包以及终端产品的价值等进行综合考量，再确认最终费率。

专利池比较法依赖于市场上可获取的比较案例的质量和数量，因此在实践中可能存在一定局限性。此外，专利池中专利的多样性和复杂性要求评估者具备深入的技术知识和市场洞察力。在缺乏足够可比案例的情况下，可能需要结合其他评估方法，如成本法或收益法，来弥补专利池比较法的不足。

5. 自下而上法

"自下而上法"（bottom-up）由美国传统的专利侵权损害赔偿分析法演变而来。该方法考虑的是标准必要专利对产品的价值增值，又被称作增量价值法。该方法通过计算专利技术对于产品总价值的价值增值而不是技术标准化后的增值来确定专利的合理许可费，其本质是标准必要专利相较其被纳入标准之前的可替代技术方案的增值。

根据《美国专利法》第 284 条的规定，当陪审团认定的事实有利于原告时，法院应判令被告对原告因专利侵权而遭受的损失给予适当赔偿，该赔偿数额不得低于侵权行为人实施发明所需支付的合理许可费。❶ 自下而上法作为一种传统的专利侵权损害赔偿分析方法，在美国专利法实践中发挥了重要作用。然而，为了应对专利许可费堆叠和专利私掠等问题，需要对该方法进行改进和完善，以实现专利制度的公平性和有效性。

自下而上法的优点在于，它能够紧密结合 FRAND 许可的目的，确保专利权人获得与其专利贡献相称的回报。然而，在计算专利技术的增值时，自下而上法通常只关注单个涉案专利的价值增量。这包括该专利技术对技术标准的增值，以及技术标准对最终产品的增值。该方法往往没有充分考虑同一技术标准或产品中其他标准必要专利的价值。因此，自下而上法可能会过度放大单个标准必要专利的价值，导致专利许可费的堆叠现象，以及专利私掠行为的扩张。另外，该方法实施的前提是存在可替代的技术方案，但并非每一项标准必要专利在纳入标准之前均存在可替代的技术方案，这导致该方法的实施具有一定的条件限制。对于单个或数量较少的标准必要专利，适用自下而上法具有一定合理性，但是该方法在大样本下缺乏实践操作性，被采纳的比较少。例如，在"微软诉摩托罗拉"案

---

❶ 李明德. 美国知识产权法 ［M］. 2 版. 北京：北京大学出版社，2014：134.

中，微软公司曾提出以涉案标准必要专利较之于可替代技术方案的增值来确定摩托罗拉公司应收取的 FRAND 许可费，但该主张最终被法院以缺乏可操作性为由拒绝采纳。

虽然自下而上法单独作为确定标准必要专利许可费的方法缺乏实操性，但却可以从另一个维度拓宽法院确定标准必要专利许可使用费的思考广度。专利的增量价值可以反映出专利的创新价值因素，因此可以作为一种交叉检验方法，用以验证通过其他方法（如自上而下法、可比较许可协议法等）确定的标准必要专利许可费的合理性。

6. 专利价值评估法

如果说"可比较许可协议法""专利池比较法"评估得到的是专利的相对价值，那么专利价值评估法则是体现专利绝对价值的一种评估方法。专利价值评估法更多地应用于评估单件专利的价值。在标准必要专利的许可中，一般都会涉及一个或多个标准中的多件专利，运用专利价值评估法对涉案的每件专利进行价值评估不太现实。一般在如下场景中需要考虑利用专利价值评估法：许可的双方需要交叉许可，此时，双方会分别将自己持有的标准必要专利进行对冲后，判断对冲后剩余专利的价值，以此判断谁的剩余专利价值更多，多多少。另外，当某一专利属于所属领域中的基础性专利时，其在专利包中的价值对于专利许可费用的确定起着举足轻重的作用，此时需要对该专利的价值进行单独评估。专利价值评估法主要包括成本法、市场法、收益法。

（1）成本法

专利价值评估的成本法基于重新创建该专利技术所需的成本。这种方法考虑了如果从头开始开发相同技术，需要投入的时间、金钱和其他资源。成本法通常需要考虑重置成本、折旧、开发风险、替代成本、专利的功能性、时间价值和法律状态。

在实际应用中，成本法通常与其他评估方法（如市场法、收益法）结合使用，以获得更全面的专利价值评估。成本法在专利价值评估中并没有一个统一的、固定的计算公式，因为它依赖于多种因素和具体情况。然而，其基本计算框架可以表示为：

专利评估价值 = 重置成本 - 实体性贬值 - 功能性贬值 - 经济性贬值

或：

专利评估价值 = 重置成本 ×（1 - 贬值率）

这个公式只是一个简化的示例，实际应用中需要根据具体情况进行调整。例如，风险调整可能需要考虑技术失败的风险、市场需求的不确定性等因素；时间价值可能需要考虑技术领先带来的市场优势等。成本法的计算需要专业的评估人员根据专利的具体情况和市场环境进行详细的分析和调整。

成本法多用在收益额无法预测和市场无法比较情况下的技术转让，它的优点在于提供了一个基于实际投入的评估视角，准确性比较高，尤其适用于那些难以通过市场法或收益法评估的专利。然而，这种方法也有局限性，它只考虑了专利的技术价值，而忽略了专利的市场价值，比如品牌影响力、市场独占性等，往往会低估专利的真实价值，而且贬值率难以精确计算。

（2）市场法

市场法是通过比较待评估专利与市场上类似专利的交易情况来进行价值评估的一种方法。其核心思想是，相似的专利在自由市场上应该具有相似的价值。市场法的关键步骤一般为：首先，选择在技术领域、法律状态、市场潜力等方面与待评估专利相近或相似的可比专利；其次，收集这些可比专利的交易价格、交易条件等市场数据；再次，对可比专利与待评估专利之间的差异进行调整，以确保比较的公平性；最后，根据调整后的市场数据计算待评估专利的价值。

市场法的优点在于它基于实际的市场交易，因此能够反映当前市场状况和趋势。但是，市场法的局限性在于可能找不到合适的可比专利，特别是对于独特或高度专业化的专利。

（3）收益法

收益法是通过评估专利未来能够产生的收益来确定其价值的方法。它基于一个基本假设，即一项专利的价值等于其未来收益的现值。收益法需要先预测专利在未来可能产生的收益，例如许可费、节省的成本、增加的销售额等，然后确定折现率，再将预测的未来收益折现到当前时点，以计算专利的现值。

收益法的优点在于它考虑了资产的盈利潜力和未来收益，适用于那些能够直接产生收益的专利。然而，收益法也存在弊端，该方法需要准确预测未来收益并选择合适的折现率，这需要对市场和行业有深入的了解。

在专利价值评估中，市场法和收益法通常与成本法一起使用，以获得更全面和准确的评估结果。不同的评估方法可能会提供不同的视角和信息，结合使用可以提高评估的可靠性。

四、我国确定标准必要专利许可费的建议

在中国，标准必要专利的许可费确定问题一直是知识产权领域中的一个难点。随着中国在全球创新和知识产权保护方面的地位日益提升，这一问题的重要性也愈发凸显。在"OPPO 诉夏普"案中，最高人民法院已认定中国法院具有全球费率的管辖权。此外，英国法院在"康文森诉华为"案中认为，如果中国法院就中国专利包部分裁决 FRAND 费率，英国法院可以决定在其裁决的全球费率中直接加入中国法院对该中国专利包部分的裁决费率。❶ 由此可见，中国 FRAND 费率之诉中所确定的中国专利包许可费率对于专利权人在英美法院诉裁的全球 FRAND 费率结果具有一定的影响。

就目前已有的司法判例而言，中国法院裁决的标准必要专利许可费率明显低于欧美法院。例如，在"华为诉康文森"案中，一审法院南京市中级人民法院裁决的中国标准必要专利包的许可费率与德国法院认可的康文森公司许可要约中的许可费率相差达 18.3 倍。因此，标准实施者近年来纷纷在中国法院提起 FRAND 费率之诉，希望中国法院能裁决对他们更有利的许可条件。这同样也吸引了境外实施者，如三星公司曾于 2020 年在武汉市中级人民法院针对爱立信公司提出全球许可费率诉讼。❷

目前西方发达国家在确定标准必要专利及其许可费率的问题上具有更多的司法实践和优势地位。我国对于标准必要专利的重视起步较晚，因此，我国对于标准必要专利许可费率的确定缺乏深入的研究。这一方面不利于保护本国企业的经济利益，另一方面对我国创新动力的激发、企业国际声誉的提升，以及国际地位及话语权的稳定具有不利的影响。因此，确定一个符合我国国情，符合我国企业需求的标准必要专利许可费率计算方法，是非常必要的。对此，笔者有以下几点改进建议。

（一）明确 FRAND 原则含义，加强立法和司法保护

FRAND 原则内涵的确定，需要依靠标准化组织、欧盟、美国等发达国家和经济体的率先指引，通过法令、案例等形式，对 FRAND 原则的含义进行进一步

---

❶ 参见 TCL v. Ericsson, 8：14 - CV - 00341 - JVS - DFM。
❷ 参见武汉市中级人民法院（2020）鄂 01 知民初 743 号民事裁定书。

明确。同时，也要依靠国内专利从业者和法官，结合我国具体国情，对 FRAND 原则作出符合我国实际需要、符合我国企业利益的解释。我国可以借鉴国际经验，结合国内实际情况，制定更为明确的 FRAND 原则实施细则，为企业在标准必要专利许可谈判中提供清晰的指导。同时通过立法明确标准必要专利许可的相关法律问题，法院在处理标准必要专利许可费争议时，应采取积极的态度，通过司法判决为市场提供明确的指导。我国还可以建立专门的知识产权调解和仲裁机构，为标准必要专利许可谈判提供专业的服务。

（二）统一许可费计算框架，完善专利价值评估体系

目前，虽然国际上存在多种确定标准必要专利许可费的计算方法，但每种方法在操作层面均存在局限性。因此，在确定标准必要专利的许可费用时，法院和当事人需要克服操作层面的问题，借助专业的评估方法和专家意见，以确保许可费的确定既公正又合理。同时，法院需要考虑综合使用多种方法，以获得更全面的视角。笔者认为，在确定标准必要专利许可费时，可基于一种主流方法进行确定，同时结合其他方法进行交叉验证，以确保所确定的标准必要专利许可费在一个合理的区间内。另外，建立和完善专利价值评估体系，包括制定评估标准、培养专业评估人才、建立评估数据库等，提高专利价值评估的透明度和公正性。根据具体案件的具体情况，结合国内外相关领域最新进展，得出最符合个案需求的许可费计算方式。

（三）不断深化国际合作，促进信息公开和共享

我国可以与其他国家和国际组织合作，共同制定全球标准必要专利许可费的计算标准和规则。通过参与国际标准的制定，可以确保我国企业和专利在全球市场中得到公平对待。为了解决信息不对称问题，可以采取一系列措施来促进专利信息的公开和共享。政府可以建立公开透明的专利信息平台，让所有相关方都能够方便地访问标准必要专利的详细信息，包括专利的范围、有效性以及与特定标准的相关性。此外，标准化组织可以在专利的信息披露政策中增加透明度，要求专利权人提供更详细的专利信息和证明其必要性的证据。同时，鼓励企业之间建立信息共享机制，例如通过行业协会或专利池组织来共享专利信息和许可经验。这不仅可以帮助实施者更好地评估专利价值，还可以促进行业内的公平竞争。政府还可以通过立法，要求专利权人在谈判过程中提供必要的信息，以确保双方能够在平等的基础上进行谈判。

通过上述措施，可以逐步解决我国在标准必要专利许可费计算方面存在的不足，推动构建更加健康、公平的标准必要专利许可生态。这不仅有利于保护专利权人的合法权益，激励创新，也有利于实施人合理使用专利技术，促进技术普及和产业发展。同时，这也将有助于提升中国在全球知识产权治理中的影响力，为中国企业"走出去"提供更加坚实的知识产权支撑。

第六章　国际平行诉讼的管辖权问题

一、标准必要专利国际平行诉讼

(一) 国际平行诉讼的概念

国际平行诉讼是一个来源于英美法系国家的法律术语，顾名思义，其是指在全球范围内不同国家并行发生的关联诉讼。对国际平行诉讼的理解，国内主流观点认为："国际平行诉讼是指相同当事人就同一争议基于相同事实以及相同目的在两个以上国家的法院进行诉讼的现象"[1]；"平行诉讼是指同一纠纷分别在两个以上有管辖权的国家起诉的状态"[2]；"平行诉讼是指相同当事人就同一诉讼标的在两个或两个以上国家的法院提起诉讼而产生的一种多重诉讼现象"[3]。综合上述关于国际平行诉讼的观点来看，确定两个或两个以上不同国家的诉讼为国际平行诉讼，首先需要满足两个或两个以上诉讼分布在不同国家；其次还要确定两个或两个以上诉讼的诉讼当事人相同、事实相同以及目的相同等。

从他国或地区对国际平行诉讼的定义来看，欧洲共同体于 1968 年签订的《关于民商事案件管辖权和判决执行的布鲁塞尔公约》（以下简称《布鲁塞尔公约》）第 21 条规定："相同当事人就同一诉因在不同缔约国法院起诉时，首先受诉法院以外的其他法院应主动放弃管辖权……"《瑞士联邦国际私法》第 9 条规定："如果相同当事人间就同一标的诉讼已在国外提起……"上述两个规定对国际平行诉讼的认定都只包括了相同当事人、相同诉讼标的和在不同国家法院的诉讼三个要素，并不包括诉讼目的是否相同的判断。另外，海牙《国际民商事案件

---

❶ 李双元，谢石松，欧福永. 国际民事诉讼法概论 [M]. 3 版. 武汉：武汉大学出版社，2016：334.

❷ 李旺. 国际诉讼竞合 [M]. 北京：中国政法大学出版社，2002：12.

❸ 肖凯. 国际民事诉讼中未决诉讼问题比较研究 [M] // 韩德培，等. 中国国际私法与比较法年刊：第四卷. 北京：法律出版社，2001：472.

中外国判决的承认和执行公约》在其第 20 条中也同样规定："当两个国家受根据第二十一条规定的补充协定约束时，如果在另一国法院有相同的当事人之间就同样事实以及同一标的诉讼悬而未决，而这一诉讼的判决依本公约规定应为第一个国家当局承认时，其中一国的司法当局得放弃或中止其诉讼。"可见，上述公约在进行平行诉讼的管辖规定中同样未涉及诉讼目的的判断。

综合上述内容可以看出，虽然国内外关于国际平行诉讼的定义或规定的方式多种多样，但两个或两个以上的诉讼为国际平行诉讼除诉讼国别要求不同外，最主要的两个方面是诉讼当事人和诉因都要相同。

（二）标准必要专利国际平行诉讼的产生

专利具有地域特性，一个国家所授予的专利权只能在该国家的范围内有效，在其他国家不发生法律效力。同时，为了在多个国家展开专利布局，专利权人通常会在许多国家申请实质内容相同的专利，这就使得专利还具备同族性。此外，各个国际标准组织均要求各个参与该组织的国家遵守其制定的各个标准，从而能够确保技术在全球范围内互联互通。那么，标准和专利相结合所产生的标准必要专利就同时具备了地域性和全球性的特点。

在专利被纳入标准成为标准必要专利后，专利权人会与相应实施者展开许可谈判从而许可专利并从中获益。基于节约成本、提高谈判效率的考虑，标准必要专利权人和实施人所开展的标准必要专利许可谈判的范围和方式，往往涵盖标准必要专利权人所拥有的全球同族标准必要专利，以及涵盖标准实施人在全球范围内所销售、使用、进口的无线通信产品，并以普通许可、有偿许可的方式进行授权许可。❶ 针对标准必要专利的全球许可，许可谈判各方对技术的创新程度、市场占有率的大小等认定不同，导致许可谈判的难度加大，也可能会导致无法达成有效的许可协议。在这种情况下，专利权人因为无法及时从标准必要专利中获利，往往会在一个或多个国家的法院提起侵权或确认许可条件等诉讼，而标准实施者往往也会选择在有利于自身的国家的法院以类似事由提起诉讼，这就导致了国际平行诉讼的产生。

国际平行诉讼通常包括以下两种形式：

第一种形式是同一当事人的重复诉讼，即一方当事人针对同一案件事实在不同国家的法院对另一方当事人提起多个基本相同的诉讼。在此情况下，所诉的不

---

❶ 祝建军. 标准必要专利禁诉令与反禁诉令颁发的冲突及应对［J］. 知识产权，2021（6）：15.

同国家的法院对于案件均具有管辖权。当事人提起重复诉讼的目的是要通过在多个国家的法院提起诉讼从而迫使另一方当事人花费大量的人力和物力来应对多个诉讼，进而促使对方不得不作出利益让步。

第二种形式是不同当事人相互之间的对抗诉讼，即不同的当事人基于同一案件事实，在不同国家的法院分别对对方提起诉讼。在这些诉讼中，双方当事人的角色发生了互换，即在一个案件中作为原告的一方，在另一个案件中则成为被告。通常情况下，在一方当事人于一个国家的诉讼中处于不利地位的情况下，其往往会试图通过在其他国家的法院提起针对另一方当事人的诉讼，从而形成对抗诉讼，进而获得有利于自身的判决结果。本质而言，对抗诉讼属于一种利益博弈。

（三）标准必要专利国际平行诉讼的确定

与一般的国际平行诉讼不同，由于当事人差异、专利地域性和诉讼类型不同等因素，在确定标准必要专利诉讼是否属于国际平行诉讼时会存在诸多困难，主要难点在于诉讼当事人是否相同以及诉因是否相同的判断。

1. 从诉讼当事人的角度

由于标准必要专利国际平行诉讼的诉讼当事人身份和地位的多样性，当诉讼双方在不同国家的法庭上互换地位，或者其身份虽不完全相同但实质上归属于同一母公司时，如何认定诉讼当事人的同一性，成为确定一个诉讼是否为国际平行诉讼的首要问题。

（1）相同的原告和被告在不同国家提起诉讼

在传统的民商事诉讼案件中，如果是完全相同的原告就同一个案件事实针对完全相同的被告向两个或两个以上国家的法院提起诉讼，由于诉讼双方当事人和诉因完全一致，经过简单的判断就可以确定这种情况构成了国际平行诉讼。

（2）原告和被告在不同国家诉讼中的地位互换

如果在两个或两个以上国家的诉讼中诉讼当事人的地位发生互换，即原告在一个国家起诉被告，同一被告就相同的诉因在另一国家起诉同一原告，通常也会认为两个诉讼当事人是相同的。例如，在1987年的"克比什公司诉帕拉博公司"案❶中，针对两个诉讼当事人地位互换能否认定为相同当事人的问题，当时的欧

---

❶　Gubisch Maschinenfabrik KG v. Palumbom Case 144/86 December 8，1987 E. C. R. 4861.

洲共同体法院认为，当事人在两个诉讼中是否处于同一地位并不重要，由此肯定了当事人诉讼地位互换不影响对是否为国际诉讼竞合即国际平行诉讼的认定。❶

（3）原告和被告在不同国家的诉讼中的地位互换且身份不完全相同

在通信领域的标准必要专利诉讼中，身份发生互换的互诉案件经常出现，但是由于同一技术公司在不同国家会有很多子公司或者分支机构，这就会使得在不同国家诉讼的当事人的身份并不完全相同。例如，在一国诉讼中的原告是 A 公司，被告是 B 公司的子公司 B1，而在另一国对抗诉讼中的原告是 B 公司及其子公司 B2，被告是 A 公司的子公司 A1。这会导致在不同国家的诉讼中只有部分当事人是相同的。对于这种情况的诉讼，通常也认为两个诉讼的当事人实质上是相同的。

在诉讼当事人的身份不完全相同的情况下，依然认为两个诉讼当事人具备同一性的原因在于：通信领域有影响力的公司往往是一些国际化大公司，这些公司掌握着本领域核心的标准必要专利，并且，这些公司也主要负责实施这些标准必要专利。而由于专利的地域性、同族性和标准的国际性，这些公司在某个国家申请和实施这些标准必要专利时，往往会依托于在这个国家建立的子公司或分支机构来进行，这些子公司或分支机构看似与在另一个国家被诉或起诉的当事人是不同的公司，但是两者往往都归属于相同的母公司。从诉讼程序的角度来看，这些子公司和分支机构与母公司是一体的，并且，它们也往往跟母公司共同作为原告或者被告来参与到司法程序中，因此，将两者认定成实质上属于相同的当事人是合理的。

在我国最高人民法院裁定的首例禁诉令案件"华为诉康文森"案❷中，法院在判决中认为"两国诉讼的当事人基本相同"且"审理对象存在部分重合"也能进一步印证当事人实质上相同的认定的合理性。另外，在全球首例签发禁诉令的标准必要专利诉讼案件"微软诉摩托罗拉"案❸中，美国法院同样认为，禁诉令的签发并不要求当事人完全相同，只要能够证明当事人以利益相符的方式存在关联即可，并且，在案件审理过程中双方当事人也承认在美国和德国的两个诉讼当事人是相同的。

2. 从诉因的角度

判断两个或两个以上国家的诉讼是否属于国际平行诉讼的另一个重要方面是

---

❶ 张淑钿. 从 Gubisch 案看欧共体法院对国际诉讼竞合的认定［J］. 河北法学，2004（1）：134.

❷ 参见中华人民共和国最高人民法院（2019）最高法知民终 732、733、734 号之一民事裁定书。

❸ Micrisoft Corp. v. Motorola, Inc., 696 F. 3d 872（2012）.

确定诉讼的诉因是否相同。但是，由于通信领域的标准必要专利诉讼所涉及的诉因差异性比较大，并且各个国家对于诉因是否相同的判断标准也存在很大不同，因此对于诉因是否相同的判断较为困难。

（1）通信领域的标准必要专利诉讼的诉因差异性大

在通信领域的标准必要专利诉讼案件中，在不同国家所提起的诉讼的诉因往往是不同的。这种不同主要表现在两个方面：一方面，由于专利兼具地域性和同族性的特点，因此标准必要专利诉讼所针对的事实基础不同，一方当事人在一国提起的诉讼针对的标准必要专利和另一方当事人在另一国提起的诉讼针对的标准必要专利由于专利地域性的原因，虽然实质内容相同，但专利从法律性质上来讲也只能认定为不同国家的专利；另一方面，由于当事人会基于各自目的进行对应起诉，因此标准必要专利诉讼在不同国家的诉讼请求不同，诉讼请求的类型主要包括许可费率纠纷、侵权纠纷和反垄断纠纷等，例如，一方当事人在一个国家请求裁定许可费率，而另一方当事人往往会在另一个国家请求裁定侵权损害赔偿，从严格意义上来讲，两种诉讼请求的诉因是不同的。因此，通常情况下，不同国家的标准必要专利诉讼的诉因从形式上来看是不同的。

（2）各个国家对于诉因是否相同的判断标准差异性大

虽然各个国家的标准必要专利诉讼在事实基础和诉讼请求事项上存在差异，但各个国家并不会因此不同而直接否定诉讼属于国际平行诉讼。对此，不同国家的判断标准存在较大差异。

例如，我国以审理对象的重合来判断诉因的同一性。从我国的司法实践来看，在"华为诉康文森"案中，华为公司向法院提交的诉讼请求是确认其未侵犯专利权以及确定专利许可费用，而康文森公司向德国杜塞尔多夫地区法院提起的是侵权诉讼，两者的诉讼请求是不同的。并且，中国诉讼所针对的专利是中国专利，而德国诉讼所针对的专利是欧洲专利，因此两者所针对的事实基础也不同。针对这两个方面的不同，最高人民法院认为："从审理对象看……杜塞尔多夫法院作出的停止侵权判决以标准必要专利权利人康文森公司在与华为公司等协商过程中提出的许可费要约符合公平、合理、无歧视原则为前提。因此，虽然本三案与德国诉讼在纠纷性质上存在差异，但审理对象存在部分重合。"该案中，最高人民法院认为虽然在形式上两者的诉讼请求存在差异，但两者存在一定的重合，这种重合使得两者能够成为国际平行诉讼。

此外，在"三星诉爱立信"案❶中，武汉市中级人民法院同样认为："如果在本案诉讼期间，被申请人在中国或其他国家法院提起本案涉及的4G、5G标准必要专利许可条件或许可费率诉讼，或者起诉要求确认被申请人在谈判中是否履行公平、合理、无歧视义务，将会导致在先受理的本案在审理及判决结果上同该在后诉讼发生重合或冲突，进而造成本案判决执行受阻的情况。"可见武汉市中级人民法院也使用了"重合或冲突"这一表达。

从我国司法实践来看，上述两案虽然都未提及不同地域的专利不同的问题，但实际上都默认了同族专利事实上的同一性。并且，法院使用了审理对象重合的表述来表达不同案件诉因的密切关联关系，进而实质上认为两国诉讼属于标准必要专利国际平行诉讼。

又如，欧盟通过分析判决是否存在抵触来确定诉因的同一性。欧盟在《布鲁塞尔公约》第21条规定了最先受诉法院原则：相同当事人间就同一诉因在不同缔约国法院起诉时，最先受诉法院以外的其他法院应主动放弃行使管辖权，让最先受诉法院审理。从这一规定可以看出，该公约对国际平行诉讼的认定包括相同当事人、相同诉因和在不同缔约国法院起诉三个标准。但是《布鲁塞尔公约》并没有对这三个标准作出进一步规定。但是，从欧盟各国的司法判例来看，各个国家在确定诉因是否相同的时候，不是仅依据两个诉讼请求在形式上的一致性，而是重点考虑不同国家的判决是否会形成相互矛盾的结论以及判决是否能在双方国家得到承认和执行。并且，海牙国际私法会议报告中也曾指出：对诉因应当进行宽泛解释，一方当事人因合同向另一方当事人提起违约之诉，与另一方当事人因同一合同对该方当事人提起基于重大误解而请求撤销合同的诉讼应当被视为具有相同的诉讼标的。可见，欧盟在不断形成的法律实践中，并不要求诉因在形式上的同一性，而是从实质上去分析两国的判决是否存在抵触来确定诉因的实质相同问题。

再如，美英通过判断前诉能否解决后诉的问题来确定诉因的同一性。作为英美法系代表国家的美国和英国是通过各种判例来诠释对国际平行诉讼的理解。在全球签发的首例禁诉令案件即"微软诉摩托罗拉"案❷中，美国法院认为：从诉讼的种类上来看，微软公司在美国提起的违约诉讼和摩托罗拉公司在德国提起的侵权诉讼虽然在诉因上不同，但两诉中原被告的身份倒置，且争议的事实相同，

---

❶　参见武汉市中级人民法院（2020）鄂01知民初743号民事裁定书。

❷　Micrisoft Corp. v. Motorola, Inc., 696 F. 3d 872（2012）.

符合平行诉讼的构成要件。美国法院同时认为美国关于许可费率的判决将能够解决德国专利侵权相关判决的问题，因而满足国际平行诉讼的前提，从而签发了禁诉令。在 2018 年美国加州北区法院对"华为诉三星"案的禁诉令裁判中，法院基于 FRAND 原则的承诺属于第三人利益合同，认为美国的合同之诉可以解决中国诉讼涉及的问题。

从上述美国的判例来看，诉因在形式上的不同并不是判断国际平行诉讼的关键因素，而是要看两者的争议事实实质上是否相同，且在前诉讼的判决是否能够解决在后诉讼判决的问题。当然，不签发禁诉令的案例在英美法系也常见，例如"苹果诉高通"案。该案件包含了专利侵权和反垄断等多种法律争议，在考虑苹果公司提出的禁诉令请求时，美国法院认为美国的诉讼程序可能仅能解决与 FRAND 原则相关的专利许可问题，而反垄断诉讼则涉及特定国家的法律诉由，这超出了美国诉讼的范围，无法被美国诉讼一并解决，因此美国法院决定不签发禁诉令。可见，美国法院不签发禁诉令的理由也是主要看在前诉讼是否能解决在后诉讼的问题，也不关注诉因在形式上的完全一致性。

综合上述各个国家关于诉因同一性的判断标准可以看出，当不同的当事人针对相同的案件事实基于不同国家的法律规定来提起诉讼时，各个国家都不会仅仅因为诉因在形式上的不同而否定其同一性，而通常会从诉讼行为效果和判决执行结果等方面来全面考虑论证。我国在进行国际平行诉讼的认定时，也可以借鉴欧盟或英美国家的认定标准，使得认定逻辑更加清晰。

（四）标准必要专利国际平行诉讼的影响

1. 标准必要专利国际平行诉讼的积极效应

标准必要专利国际平行诉讼属于诉讼当事人根据其自身利益需要所选择的正常诉讼程序，属于当事人正当的诉讼权利，其本身具有一定的合理性。

通信领域的专利往往是以同族专利的形式进行全球布局，标准也往往是全球统一的，当事人在其他国家主动发起平行诉讼经常是出于利益博弈的需要，使他们能够在更有利的司法环境下维护自己的权益，这是法律上应当给予保护的正当诉讼权益。国际平行诉讼作为保护当事人权利的一种可选择的司法救济措施，可以帮助限制某些国家法院可能的不恰当管辖，让当事人有机会选择对自己更有利的司法环境。并且通过这种诉讼方式，各国法院在处理跨国纠纷时能够更加平衡地考虑各国利益，维护国际法律秩序。此外，随着国际平行诉讼的增多，各国法院在处理相似案件时可能会逐步形成共识，这也有助于推动国际法律规则的协调和统一。

2. 标准必要专利国际平行诉讼的消极影响

国际平行诉讼虽然在保护当事人利益、保障正当的诉讼权利等方面存在积极意义，但是，其所带来的消极影响也很多。

首先，标准必要专利国际平行诉讼给当事人带来额外负担。国际平行诉讼一旦发生，当事人可能需要在多个国家同时应对法律诉讼，这无疑会显著地增加他们在经济、时间和人力上的支出，从而造成资源的不必要消耗。有些当事人还会策略性地利用诉讼，故意在多个国家发起诉讼，增加另一方当事人的诉讼负担，以实现自身利益的最大化，这种策略性诉讼会破坏诉讼双方应有的平等地位。随着诉讼成本的增加和资源的过度消耗，诉讼本身的意义和价值可能会受到削弱。

其次，标准必要专利国际平行诉讼造成司法资源浪费。当事人基于同一案件事实在不同国家的法院分别提起诉讼，导致同一案件在多个司法管辖区被重复审理。各个国家的法院基于本国法律和司法主权的考虑，通常会受理这些案件，这不仅消耗了大量的司法资源，降低了司法效率，也违背了诉讼应当追求经济、高效的原则。此外，不同国家的法院可能对同一案件作出不同的判决结果，这也可能会损害法律的统一性和可预测性。

再次，标准必要专利国际平行诉讼也会影响当事人权利的实现。如果国际平行诉讼所涉及的两个国家的不同法院在诉讼审理后得出了相同的判决结果，只会造成司法资源的浪费。如果不同国家的法院作出了不同的判决结果，那么这些判决很可能不会被对方国家所认可或执行。更进一步，如果两个国家的判决结果相互矛盾，这也会使当事人处于一种尴尬的境地，致使当事人的权益实质上无法得到保障。

最后，随着国际平行诉讼的日益增多，标准必要专利的国际平行诉讼审判面临新的挑战，经常会出现一方当事人在一个国家的法院请求签发禁诉令，来阻止或限制另一方当事人在其他国家的法院行使司法管辖权，而另一方当事人也经常会因自身利益的考虑在他国法院申请反禁诉令。这进一步加剧了双方当事人的矛盾，造成不同国家之间司法管辖权的冲突。

综合来看，虽然国际平行诉讼有其正当性和合理性，但其造成的司法资源浪费、当事人权利损害等问题也非常严重，因此，各个国家在处理国际平行诉讼时应更加谨慎。

二、标准必要专利国际平行诉讼中的禁诉令问题

对于国际平行诉讼，不同国家的法院的判决结果可能会不一致。这不仅会阻碍判决的执行，影响法院的权威性，还会浪费司法资源。因此，各国都在积极探索国际平行诉讼的应对策略。一种解决方案是依据国际礼让原则限制本国管辖权，例如通过不方便法院原则或最先受诉法院原则来撤销或中止本国的诉讼程序。但这些原则的适用存在较大自由裁量空间，在当前各国争夺司法管辖权的背景下，依赖其他国家的法院的自由裁量权来保护本国当事人的利益是不稳定且不可靠的。随着通信领域标准必要专利纠纷的增多，各国为了维护本国当事人利益，对司法管辖权的争夺越来越激烈。签发禁诉令成为争夺管辖权的常见手段，各国正在探索禁诉令的法律适用，以禁止一方当事人在他国进行诉讼。

（一）禁诉令制度的概念和特点

1. 禁诉令制度的概念起源

（1）禁诉令制度的概念

从名称上来看，禁诉令就是禁止诉讼的命令，是专门针对平行诉讼所签发的，其是一个司法管辖区法院发布的临时性的对人救济措施，以禁止诉讼当事人在另一个司法辖区发起或者继续平行诉讼。❶ 禁诉令是英美等国家较为普遍的一项处理诉讼管辖权冲突问题的机制。从国际司法实践上来看，禁诉令通常分为狭义禁诉令和广义禁诉令。

狭义禁诉令是指一国法院基于一方当事人的申请而签发的，禁止另一方当事人在国外法院提起或者继续进行与在本国法院未决诉讼或者仲裁程序相同或者相似的诉讼或仲裁的一项强制性命令。❷ 例如，在深圳市中级人民法院于 2020 年就"OPPO 诉夏普"案所作的禁诉令裁定中，其要求夏普株式会社不得在任何其他国家就与该诉讼相关的专利提起新的诉讼或禁诉令申请，直到深圳市中级人民法院对诉讼作出最终判决。狭义禁诉令在一定程度上体现了防御性，以防止当事人

---

❶ CONTERAS J L . Anti-Suit Injunctions and Jurisdictional Competition in Global FRAND Litigation：The Case for Judicial Restraint ［J］. NYU Journal of Intellectual Property & Entertainment Law，2019，11（2）：171，174.

❷ 广东省高级人民法院知识产权审判庭. 通信领域标准必要专利法律问题研究 ［M］. 北京：知识产权出版社，2020：244.

在他国提起的诉讼对本国诉讼产生干扰。

广义禁诉令的范围更广，其除包括狭义禁诉令外，还包括禁执令和反禁诉令等。禁执令是指一国法院基于一方当事人的申请而签发的，责令另一方当事人在国外法院不得申请执行与在本国法院未决诉讼或者仲裁程序相同或者相似的诉讼或仲裁作出的具有可执行效力的判决。例如，在我国最高人民法院裁定的"华为诉康文森"案中，最高人民法院依据华为公司的申请，裁定康文森公司在法院对该案件作出最终裁决之前，不得申请执行德国杜塞尔多夫地区法院的判决。反禁诉令是一国法院应一方当事人的申请而签发的命令，它要求对方当事人撤销在其他国家法院提出的禁诉令请求，或者不得执行其他国家法院已经签发的禁诉令。我国法院目前还未针对标准必要专利诉讼签发过反禁诉令，但我国武汉市中级人民法院裁定"小米诉交互数字"案中所签发的禁诉令，遭到了印度法院签发的反禁诉令。

上述划分是从禁诉令的具体裁定内容上来看的。从范围上来看，禁诉令又可分为全球性禁诉令和针对特定国家的禁诉令。全球性禁诉令要求另一方当事人在全球范围内不得启动或继续与本国法院正在审理中的诉讼或者仲裁程序相同或类似的法律行动，而针对特定国家的禁诉令则仅限制另一方当事人在特定国家的法院启动或继续与本国法院正在审理中的诉讼或仲裁程序相同或类似的法律行动。显然地，全球性禁诉令的裁定范围更广泛，对另一方当事人的要求更严格，对司法管辖的影响更大。

（2）禁诉令制度的起源

普遍观点认为，禁诉令制度的起源可以追溯到英国。最初，英国所使用的禁诉令并不是用于解决国际平行诉讼问题，而是用来解决国内多个不同诉讼之间的冲突问题。

英国早期的司法体系由王室法院和教会法院组成，这两个法院在管辖权上常常出现重叠。为了避免当事人向教会法院提起诉讼，确保王室法院能够取得案件的司法管辖权，王室法院会签发"禁止起诉令状"来争夺管辖权，这可以被视为王室法院限制教会法院扩张的一种策略。之后，衡平法院继承了这一制度，并以相似的方式来限制普通法院对诉讼案件的管辖权。如果衡平法院认为某个诉讼案件不适合由普通法院审理，也会通过发出禁诉令来限制普通法院，从而达到与普通法院争夺管辖权的目的。

随着英国在国际民商事法律关系中的参与度逐渐提高，国际仲裁成为英国解决与其他国家争议的关键手段。在争议解决过程中，一些当事人会违背仲裁协议，选择在英国以外的其他国家提起诉讼，法院因此将禁诉令的适用范围进一步扩展至国际平行诉讼来保证仲裁协议的有效履行。● 19 世纪末，衡平法院与普通法院逐渐合并，形成了现代英国的法院体系，并发展出一套成熟的禁诉令制度。

到了 20 世纪，随着全球化的不断推进，禁诉令制度在英美法系国家进行了广泛的应用，得到了完善，特别是美国，其通过判例法的方式继承了英国的禁诉令制度，并迅速发展出一套明确的规则体系。近数十年，法国和德国等大陆法系国家也开始尝试在国际民事诉讼中采用禁诉令来保护当事人的私权和司法主权，禁诉令制度的使用越发普遍。

2. 禁诉令制度的实践应用

（1）禁诉令首次应用于标准必要专利诉讼

随着移动通信技术的发展，涉及移动通信技术标准必要专利的国际平行诉讼频发。为了保护自身利益，专利权人或实施者开始寻求通过申请禁诉令来阻止对方在其他国家的法院提起诉讼或执行诉讼裁决。

美国是最先将禁诉令应用于移动通信领域标准必要专利诉讼的国家。在"微软诉摩托罗拉"案●中，美国法院针对摩托罗拉公司签发了禁执令。

2010 年 11 月，微软公司向美国华盛顿西区法院提起针对摩托罗拉公司的诉讼，声称摩托罗拉公司提出的许可条件违反了 FRAND 原则。紧接着，摩托罗拉公司在美国威斯康星西区法院对微软公司提起了专利侵权诉讼。随后，威斯康星西区法院将案件转交给了华盛顿西区法院进行并案处理。2011 年 7 月，隶属于摩托罗拉公司的通用仪器公司在德国曼海姆地区法院起诉微软公司侵犯其 2 项专利权。2012 年 3 月，微软公司向华盛顿西区法院申请临时限制和初步禁止摩托罗拉公司执行在德国可能获得的禁令救济。2012 年 5 月，德国法院确认微软公司侵犯了摩托罗拉公司的专利权并签发了禁令。随后，华盛顿西区法院支持了微软公司的申请，签发了禁执令。在摩托罗拉公司上诉的情况下，美国联邦第九巡回上诉法院也认为华盛顿西区法院签发的禁执令是正确的。

随着这第一案的尘埃落定，禁诉令制度在标准必要专利领域开始频繁被采纳，成为解决标准必要专利平行诉讼问题的一种重要手段。这一趋势不仅在美国本土显现，同时也引起了其他英美法系国家和大陆法系国家的广泛关注，各国纷

---

❶ 张利民. 国际民诉中禁诉令的运用及我国禁诉令制度的构建［J］. 法学，2007（3）：122.

❷ Micrisoft Corp. v. Motorola, Inc. , 871 F. Supp. 2d 1089 n. 10（W. D. Wash.），affd, 696 F. 3d 872；Micrisoft Corp. v. Motorola, Inc. , 696 F. 3d 872（2012）.

纷尝试利用禁诉令制度，来解决标准必要专利平行诉讼问题。

（2）禁诉令在标准必要专利诉讼中频繁使用

在美国法院在"微软诉摩托罗拉"案第一次将禁诉令应用于标准必要专利 3 年后，禁诉令广泛应用于标准必要专利领域。据不完全统计，2012～2023 年，全球共有 20 余件涉及申请禁诉令的案件，其中有 3 件案件在当事人申请禁诉令后法院未签发。具体情况如表 6－1 所示。

表 6－1　2012～2023 年全球涉及申请禁诉令的案件

案件名称	时间	国家	禁诉令类型
微软诉摩托罗拉	2012	美国	禁执令
Vringo 诉中兴	2015	美国	未签发
TCL 诉爱立信	2015	美国	禁诉令
苹果诉高通	2017	美国	未签发
无线星球诉华为	2017	英国	禁诉令
康文森诉中兴 & 华为	2018	英国	禁诉令
PanOptis 诉华为	2018	美国	未签发
华为诉三星	2019	美国	禁执令
诺基亚诉 Continental	2019	美国、德国	禁诉令（美国）、反禁诉令（德国）
IPCom 诉联想	2019	美国、法国、英国	禁诉令（美国）、反禁诉令（法国、英国）
华为诉康文森	2020	中国	禁执令
中兴诉康文森	2020	中国	禁执令
OPPO 诉夏普	2020	中国、德国	禁诉令（中国）、反禁诉令（德国）
小米诉交互数字	2020	中国、德国、印度	禁诉令（中国）、反禁诉令（德国、印度）
三星诉爱立信	2020	中国、美国	禁诉令（中国）、反禁诉令（美国）
飞利浦诉 OPPO	2022	英国	禁诉令

从应用的时间来看，随着各国对涉及标准必要专利的国际平行诉讼重视程度的增加，为了争夺管辖权，全球范围内禁诉令的使用频次随着时间的推移大致呈持续增多的趋势。在 2019 年之前，禁诉令多应用于美英等国家；到了 2020 年，我国法院在"华为诉康文森"案首次使用禁诉令后，禁诉令在同一年被我国多次使用。但是，2020 年之后，禁诉令使用进入了调整期，各个国家的法院对禁诉令的使用都呈现出偏于谨慎的趋势。

从应用的国家来看，美国是被申请禁诉令和签发禁诉令最多的国家，有 9 件案件。中国签发禁诉令的数量达到 5 件，这也体现出我国在受到禁诉令这一制度影响之下的积极应对。欧洲国家被申请禁诉令和签发禁诉令的案件有 8 件。印度有 1 件签发了反禁诉令案件。

从签发的类型来看，签发禁诉令的案件有 9 件，签发禁执令的案件有 4 件，禁诉令的占比相对较高。另外，有 5 件案件在美国或中国法院签发禁诉令之后，被他国签发了反禁诉令，这也体现出各国在管辖权被侵犯后对司法主权的维护。

总体来看，涉及禁诉令申请和签发的案件中，80% 以上涉及中国企业。一方面，这说明我国移动通信企业的发展有了长足的进步，在国际市场上的竞争力越来越强；另一方面，这也提醒我国企业在走出国门之后需要更加重视知识产权特别是标准必要专利的积累和运用，我国法院有必要继续加强涉及标准必要专利司法制度的研究，进一步提升自身的司法保护国际化水平。

3. 禁诉令制度的产生原因

标准必要专利权人和标准实施者在不同国家的诉讼本身的冲突是禁诉令产生的直接原因，而更深层次的原因在于当事人为了自身利益挑选法院和国际民商事诉讼管辖权的冲突等。

（1）标准必要专利权人和实施者的诉讼冲突

禁诉令的签发一般包括两种场景。第一种场景是，标准必要专利权人在一国法院提起针对实施者的专利侵权诉讼，要求标准实施者停止侵权并请求法院签发禁诉令来阻止侵权的进一步实施；对应地，标准实施者通常会在他国法院针对专利权人提起许可条件违约诉讼，请求法院确认专利权人违反了 FRAND 原则。第二种场景是，因双方谈判的破裂，标准必要专利权人和标准实施者会请求不同国家的法院裁判基于 FRAND 原则的许可条件。

在上述两种场景之下，都会发生请求签发禁诉令的情况。比如，在第一种场景之下，因为标准实施者认为其在一国提起的许可条件违约诉讼完全可以解决其与专利权人的许可条件的问题，因此会请求法院签发禁诉令来阻止标准必要专利权人在他国提起侵权诉讼。在第二种场景之下，因任何一国的许可条件裁决都可以解决双方的许可争议，标准必要专利权人和标准实施者都可能会请求法院签发禁诉令以阻止对方在他国提起相同的诉讼。

（2）当事人挑选法院导致的管辖权冲突

在司法实践中，管辖权通常被视为公法范畴内的事务，当事人在选择司法管辖方面的自由度相对有限。然而，随着私法自治理念的深化和扩展，公法与私法之间的界限逐渐模糊，公法私法化的趋势愈发显著，这种趋势使得当事人选择法院的行为在司法实践中得到了更多的认可。当事人可能出于自身利益的考量，在不同的司法管辖区域提起相似的诉讼，从而导致管辖权冲突的产生。为了解决这种冲突，禁诉令作为一种法律工具应运而生。

另外，诉讼中当事人选择法院的行为与不同国家法律制度的差异性紧密相联。一方面，管辖权法律规则的多样性和管辖权基础的广泛性是当事人选择法院的直接驱动因素。由于标准的全球性和专利的地域性特点，标准必要专利诉讼往往涉及两个或更多国家，标准必要专利诉讼的管辖权基础更具多元化的特点，当事人可以利用各国的法律以及国际公约中关于管辖权的不同规定，找到支持他们选择特定法院的法律基础。另一方面，基于实际利益的考虑，在标准必要专利国际诉讼中，当事人往往会趋利避害，从若干能够行使管辖权的法院中选择对自己有利的法院进行诉讼，这是当事人挑选法院的实质诱因。

（3）国际民商事诉讼管辖权的冲突

管辖权属于国家司法主权的一部分。随着世界经济一体化进程的逐步深入，跨国民商事的密切往来带来的纠纷和摩擦不断增多，各国的司法管辖权呈现出扩张的趋势。为了维护本国相关企业的利益，各个国家在确定管辖权依据时，也会借鉴其他国家的做法，夸大行使管辖权的关联因素，使得管辖权呈现出多样化、宽泛化和复杂化的趋势，导致各个国家的国际民商事诉讼管辖权规则各不相同，甚至出现管辖权的相互争夺，最终引发了禁诉令的出现。

4. 禁诉令制度的共同特征

通过分析梳理各个国家签发的禁诉令可以发现，禁诉令制度在其实施和运用上通常呈现出一些共同特征。

（1）对案件具有管辖权是法院签发禁诉令的前提

禁诉令的签发一般都需要满足法院对诉讼双方当事人都有属人管辖权这一前提，基于被申请人是禁诉令签发法院所受理的诉讼的一方当事人，法院有权对其签发禁诉令。例如，英国法院认为这种属人管辖权体现在：当事人在英国出现；在英国法院出庭应诉或向英国法院提交相关法律文件以接受英国法院管辖；双方当事人之间存在管辖权协议，并且合意选择了英国法院。❶ 由于禁诉令的签发通常会不利于被申请人，通常情况下，被申请人都会想尽办法提起管辖权异议来否定法院对案件具有管辖权，因此，各个国家的法院在签发禁诉令之前都会首先考虑管辖权的合理性和正当性。

---

❶ WILSON J. Anti – Suit Injunction［J］. Journal of Business Law, 1997：424.

（2）签发的对象是诉讼案件的当事人而非外国法院

禁诉令是法院向其具有管辖权的当事人作出的，用于限制诉讼当事人在其他国家的诉讼行为。出于对他国司法主权干预的担忧，作为禁诉令制度起源国的英国从一开始就强调禁诉令的签发对象是诉讼当事人而不是外国法院。在 1834 年的"Lord Portarlington v. Soulby"案中，英国法院签发了禁诉令，主审法官一直在强调禁诉令的签发对象是诉讼当事人而非爱尔兰法院❶；1928 年裁判的"Ellerman Lines Ltd. v. Read"案的判决书中同样指出："英国法院无权签发禁诉令来限制外国法院的诉讼，但是，英国法院显然有权利通过签发禁诉令来限制涉及欺诈违约的英国公民……因此，英国法院显然有权禁止受英国法院管辖的人以违约和欺诈的方式向外国法院提起诉讼。"❷ 上述判决直接指出了禁诉令的对象是当事人。另外，2001 年裁判的"Turner v. Grovit"案中也特别指出：禁诉令并不是基于"向外国扩张审判权……"❸进一步明确了禁诉令的对象并非外国法院。虽然各个国家的法院在签发禁诉令时尽量避免造成对他国司法主权的侵犯，但是，采用禁诉令来解决国际平行诉讼导致的管辖权冲突，天然地会侵犯其他国家的管辖权，这也是禁诉令一直受到很多国家诟病的原因。

（3）签发的目的是维护本国诉讼的正当性

禁诉令需要合理正当地使用，各个国家的法院在签发禁诉令时也一直强调其签发的目的在于阻止或限制当事人在其他国家法院提起诉讼，以此保障当事人的合法权益并维护本国的司法权威。正因如此，法官在签发禁诉令时都会用很大篇幅来论述被申请人在他国或地区的诉讼或者判决执行对本国法院判决的影响。

（4）签发一般都以强制措施作为保障

由于禁诉令针对的是诉讼当事人，因此，为了确保禁诉令的有效执行，必须对违反该命令的当事人具有约束力。各个签发禁诉令的国家都制定了相应的惩罚措施，例如罚款、强制退出签发法院所在国家的市场，甚至监禁等严重后果，这些惩罚效力可以一直持续到被申请人遵守禁诉令。例如，在我国签发禁诉令的首例诉讼案件中，就施行了按日罚金制度，如果被申请人违反禁诉令，则每天会受到 100 万元的处罚。

---

❶ 李旺. 国际诉讼竞合［M］. 北京：中国政法大学出版社，2002：85－87.

❷ Lloyd's Law Report（1928）［M］. London：Informa UK plc，1928：77.

❸ 参见［2002］1 WLR 107，at p. 120 para. 29。

（二）主要国家关于禁诉令制度的适用

禁诉令制度起源于英国，英美法系国家在解决国内和国际平行诉讼问题时经常会签发禁诉令；迫于压力或者司法权对等的考虑，大陆法系国家也逐步尝试使用禁诉令，但各个国家使用禁诉令的考虑角度是不同的。本节主要针对各个国家的禁诉令制度的适用开展研究分析。

1. 禁诉令制度在英国的适用

英国最初签发禁诉令主要是为了解决王室法院与教会法院之间的平行诉讼竞争问题。随后，这一制度被扩展到普通法院与衡平法院之间的平行诉讼冲突处理中。随着全球化的不断推进，禁诉令的应用范围进一步扩展，开始用于处理国际平行诉讼问题。

（1）禁诉令制度在英国的适用原则

禁诉令被英国法院应用于标准必要专利诉讼中的主要法律依据是 1981 年颁布的《英国高等法院法》和 1996 年颁布的《英国仲裁法》。其中，高等法院法第 37 条第 1 款规定："在任何情况下，只要法院认为公正而且做起来方便，高等法院就可以以命令的形式，签发禁诉令。"这一条款首次明确了禁诉令签发的条件，一个是对当事人双方而言要公正，另一个是法院实施起来要方便。这一条款首次对禁诉令的适用给出了原则性的指导。相比而言，《英国仲裁法》第 44 条第 1 款的规定更为直接，其规定法院在仲裁案件中有权签发临时禁诉令，即："除非当事人另有约定，为了仲裁程序，法院有权就仲裁程序的一些事项作出相应的命令，包括：……（5）发出临时禁诉令；……"至于签发禁诉令的依据，其中并未给出说明。上述两个条款虽然从法律条文上给禁诉令的签发提供了依据，但两者对禁诉令的签发原则规定相对抽象笼统，这也就留给了法院自由裁量的空间。在实际运行中，法官在签发禁诉令时还要以判例法作为参考。

综合分析法律条文和签发过禁诉令的典型判例可以发现，英国禁诉令的签发原则主要包含以下六个方面：

其一，法院必须首先确认对案件具有管辖权。如果英国法院认为其对被申请人有属人管辖权，则会认为拥有对被申请人签发禁诉令的权利。如果双方当事人事先在合同中同意将争议提交至英国法院解决或由英国的仲裁机构裁决，或者双方已经明确约定禁止向其他国家的法院提起诉讼，则当被申请人违反上述合同约定而向其他国家的法院提起诉讼时，英国法院可以直接签发禁诉令。

其二，法院所签发的禁诉令针对的是诉讼当事人，而非其他国家的法院。英国法院希望通过这一原则的澄清，减少对其他国家司法主权的干涉。

其三，法院签发禁诉令必须是公正合理且必要的，需要有充足的理由。

其四，法院需要确定对方当事人在其他国家的法院所提起的诉讼是"无理取闹或具有压迫性的"（vexatious or oppressive）。对于这一条的判断，在实际案件审理过程中，申请人无须证明其他国家的诉讼是"无理取闹或具有压迫性的"，在提交申请之后，举证责任会向被申请人转移，被申请人有责任证明其有充分理由抗拒禁诉令的签发。但是，在实际运行中，这种证明是很难做到的。

其五，法院在签发禁诉令时需要非常谨慎，要充分考虑国际礼让原则，尽量避免禁诉令对其他国家的司法主权造成侵犯。

其六，如果被申请人执意选择不遵守禁诉令的要求，继续在其他国家的法院进行相关诉讼，那么可能会被法院视为蔑视法庭并承担相应的不利后果，轻则处以罚金，重则可能被判监禁。

除了通过法律来规定或者通过判例来约定一些适用原则，在 2020 年英国脱欧之前，由于欧盟通过《布鲁塞尔条约》第 36 条第 1 款约定欧盟国家间要彼此信任并无条件相互承认法院的判决，因此，英国所签发的针对其他欧盟国家的禁诉令往往不被承认，英国法院主要是针对欧盟国家以外的被申请人签发禁诉令。而随着 2020 年英国脱欧，欧盟的这一法律规定对英国签发禁诉令失去了效力，英国在禁诉令的签发上更注重依据本国法律和判例所确定的原则，其也会针对欧盟国家的被申请人签发禁诉令。

（2）禁诉令制度在英国的司法实践

英国最早将禁诉令应用于标准必要专利诉讼的案件是"无线星球诉华为"案，英国法院在该案中签发了禁诉令。之后，英国法院又陆续多次在标准必要专利诉讼案件中使用了禁诉令，并且在"IPCom 诉联想"案中签发了反禁诉令。

1）在"无线星球诉华为"案❶中签发禁诉令

2014 年 3 月，无线星球公司在英国法院对华为公司提起诉讼，指控华为公司侵犯了其 5 项标准必要专利权，同时希望获得标准必要专利全球许可。英国法院认定华为公司侵犯了无线星球公司的 2 项标准必要专利权，于 2017 年 6 月裁判了标准必要专利组合的全球许可条件，并以华为公司是否接受该许可条件来决定

---

❶ Unwired Planet International Ltd. v. Huawei Technologies Co，Ltd.（UK）Co.，Ltd.［2017］EWHC 2988；Unwired Planet International Ltd. v. Huawei Technologies Co，Ltd.（UK）Co.，Ltd.［2020］UKSC 37.

是否向华为公司签发禁令。华为公司不服法院判决并提起上诉。为了对抗无线星球公司，2017 年 7 月，华为公司在中国深圳市中级人民法院针对无线星球公司提起反垄断诉讼。紧接着，无线星球公司向英国法院提交了针对华为公司的禁诉令申请，要求法院责令华为公司撤回其在中国深圳市中级人民法院的反垄断诉讼。其主要理由是：华为公司在中国的诉讼是无理取闹和具有压迫性的，会影响英国法院行使管辖权，是对英国法院已经作出裁判的事项进行的重复诉讼，涉及对程序的滥用，并可能推翻英国法院已经作出的结论。

针对无线星球公司的禁诉令申请，英国法院签发了禁诉令。其主要理由是：在中国深圳市中级人民法院启动的诉讼程序构成了对当前英国法院诉讼案件的拖延且不应该被启动，华为公司通过起诉来尽可能拖延支付许可费，证明华为公司有意不遵守英国法院作出的判决。❶ 这实际上对"诉讼是'无理取闹或具有压迫性的'"这一原则作了认定和解释。2017 年 10 月，迫于禁诉令压力，华为公司撤回了在中国的诉讼。

英国法院在该案中对禁诉令的签发采取了较为宽松的审查态度，这也使得英国法院成为全球非专利实施主体发起标准必要专利诉讼的优选法院。

2）在"IPCom 诉联想"案中签发反禁诉令

2019 年，由于 IPCom 公司与联想公司未能就标准必要专利许可费率达成共识，联想公司在美国法院对 IPCom 公司提起诉讼，旨在请求法院确认许可条件。2019 年 7 月，IPCom 公司在英国法院对联想公司提起了专利侵权诉讼。2019 年 9 月，联想公司向美国法院请求对 IPCom 公司发出禁诉令，该禁诉令得到了美国法院的支持。作为回应，IPCom 公司向英国和法国的法院同时提出了反禁诉令的申请。最后，该两个反禁诉令申请都得到了支持，英国法院和法国法院均责令联想公司停止在美国法院对 IPCom 公司寻求禁诉令。

英国法院在判决中认为英国法院的诉讼并不会影响美国法院的既有诉讼，其主要理由❷包括：①英国法院对该诉讼案件具有合理的管辖权，从诉讼内容来看，两国法院存在较大区别，英国法院诉讼内容涉及专利侵权，美国法院诉讼内容涉及标准必要专利的许可费率，两者不会相互影响；②由于 IPCom 公司与联想公司在 FRAND 许可谈判中对可接受的许可条款存在较大分歧，执行美国法院发出的禁诉令对 IPCom 公司而言显得非常不公，这使得法院有理由怀疑美国法院的

---

❶　参见 ［2017］ EWHC Case No：HP‐2014‐000005。
❷　参见 ［2019］ EWHC Case No：HP‐2019‐000024。

禁诉令是具有压迫性的和令人困扰的；③执行美国法院的禁诉令可能会干扰英国法院正在进行的诉讼程序，这将被视为对英国司法主权的侵犯，而英国法院发出的禁止执行美国法院禁诉令的反禁诉令则不会对美国法院的诉讼产生实质影响。

上述理由考虑的因素既包括案件是否相互影响，也包括是否对本国法院和申请人造成了压迫，同时还兼顾考虑了司法主权的干涉和国际礼让原则。结合英国法院对该案和"无线星球公司诉华为"案的态度来看，其一方面对签发禁诉令持相对宽松的态度，另一方面又对他国法院签发的禁诉令持相对严格的对抗态度，显然两者的签发标准是不统一的。

2. 禁诉令制度在美国的适用

美国的禁诉令制度在很大程度上受到英国的影响，但由于美国独特的历史环境和法律制度，美国法院作出禁诉令的条件与英国法院也存在很大区别。由于禁诉令的签发可能会违背国际礼让原则，美国联邦最高法院通常对此类命令持保留态度，因此美国的禁诉令往往是由较低级别的法院作出的。作为联邦制国家，美国存在联邦法院和州法院两套法院体系，对于联邦法院和州法院之间，由于美国宪法条款中规定联邦法优先于州法，因此，州法院无权对联邦法院签发禁诉令。并且，根据美国反禁令法所规定的"除少数案件外，联邦法院一般也不能签发禁止州法院诉讼的禁诉令"这一原则，联邦法院也不会对州法院签发禁诉令。另外，由于联邦法院之间存在管辖权的前置转移，通常也不会相互签发禁诉令。因此，在美国法院的实践中，主要是由州法院对其他州的法院和外国法院的诉讼签发禁诉令，以及联邦法院对外国法院的诉讼签发禁诉令。❶

（1）禁诉令制度在美国的适用原则

美国不同地区法院对禁诉令的考量存在着比较大的差异，主要呈现出三种不同的态度，可归类为三种不同的方法：自由主义方法（liberal approach）、保守主义方法（conservative approach）❷ 以及后续发展出来的折中主义方法。三种方法基本遵循联邦第九巡回上诉法院在 2000 年的 "E. & J. Gallo Winery v. Andina Licores S. A."案❸中确定的 Gallo 判断框架，即三步调查框架（three-part inquiry），都会考虑并分析该三步调查框架下的所涉诉讼是否相同、支持禁诉令签发的因素以及国际礼让原则三个方面，只是考虑的侧重点有所不同。

---

❶ 甘勇，江宇轩. 美国禁诉令制度之发展及其对中国的启示 [J]. 国际法研究，2023（2）：129.

❷ Gau Shan Co. v. Bankers Trust Co. , 956 F. 2d 1349.

❸ E. & J. Gallo Winery v. Andina Licores S. A. , 446 F. 3d 984.

1）自由主义方法

自由主义方法也被称为宽松标准（lax standard），采取自由主义方法的典型代表法院是美国联邦第五巡回上诉法院、联邦第七巡回上诉法院和联邦第九巡回上诉法院，这三个法院更容易签发禁诉令。法院会按照前述的三步调查框架来判断是否签发禁诉令。首先，判断所涉诉讼是否相同，即确定国内和国外诉讼的当事人和争议焦点是否一致以及美国诉讼是否对拟被禁止的诉讼起决定性作用。其次，如果判断出所涉诉讼具有同一性，法院会继续按照联邦第五巡回上诉法院在"In re Unterweser Reederei GmbH"案❶中确定的四个 Unterweser 要素中的任何一个来判断是否支持禁诉令的签发。四个要素主要包括：①国外诉讼是否妨碍美国的公共政策；②国外诉讼是否为滥诉或者具有压迫性的诉讼；③国外诉讼是否会威胁美国签发禁诉令的法院对物权或者准物权的管辖权；④国外诉讼是否为有损其他衡平考量因素的诉讼。只要满足上述四个因素中的任何一个因素，法院就可准予签发禁诉令。除了这四个要素之外，法院还将后续"China Trade & Dev. Corp. v. M. V. Choong Yong"案❷中的判断要素"对同一问题的裁判是否会造成拖延、不方便，产生不必要的费用，出现不一致的或者竞争的判决"添加到 Unterweser 要素中作为第五个要素。最后，对于国际礼让这一因素，采用自由主义方法的法院并不要求绝不损害国际礼让原则，只要在可以容忍的范围内即可。

2）保守主义方法

采取保守主义方法的典型代表法院是美国联邦第三巡回上诉法院、联邦第六巡回上诉法院、联邦第八巡回上诉法院和哥伦比亚地区法院。相比于采用自由主义方法的法院，这些法院在签发禁诉令时会更加谨慎。保守主义方法更注重对国际礼让原则的考虑以及对于不同国家诉讼当事人的平等对待。在具体判断时，在满足前述三步调查框架中的第一步"所涉诉讼具有同一性"这一条件的前提下，采取保守主义方法的法院会对上述五个要素中所包含的"国外诉讼是否妨碍美国的公共政策"和"国外诉讼是否会威胁签发禁诉令的法院对物权或者准物权的管辖权"这两个关键要素进行重点考察；只有符合这两个因素，才足以证明违反国际礼让原则是合理的❸，法院才会签发禁诉令。

❶　In re Unterweser Reederei GmbH, 428 F. 2d.
❷　China Trade & Dev. Corp. v. M. V. Choong Yong, 837 F. 2d 33, 36（2d Cir. 1987）.
❸　欧福永，袁江平. 国际专利诉讼中的禁诉令制度［J］. 湖南大学学报（社会科学版），2022，36（2）：140.

3）折中主义方法

采取折中主义方法的典型代表法院是美国联邦第一巡回上诉法院和联邦第二巡回上诉法院。相比于自由主义方法和保守主义方法，折中主义方法更注重对国际礼让原则和各个因素的综合考虑。采取折中主义方法的法院在签发禁诉令时会首先认定，基于国际礼让原则，法院应推定不予签发禁诉令，除非支持签发禁诉令的要素足以推翻这一推定。在实际分析签发禁诉令的要素时，与自由主义方法在判断仅满足一个要素的条件时就可签发禁诉令不同，折中主义方法通常会综合考虑这些要素，来判断支持禁诉令签发的要素的考量是否足以超过国际礼让原则的限制，从而推翻之前不予签发禁诉令的认定。

比较上述三种方法可以看出，自由主义方法不太关注国际礼让原则，其更关注的是重复诉讼是否是压迫性的、拖延的或存在威胁的；而保守主义方法更注重对国际礼让原则的考虑，其关注的是对管辖权或公共利益的损害，其提倡限制禁诉令的签发，认为禁诉令只有在例外情况下才能够签发；折中主义方法介于这两者之间，其要求对国际礼让原则、当事人的行为等因素进行综合考虑后来判断是否签发禁诉令。

此外，《美国联邦民事诉讼规则》第 37 条中对违反禁诉令的处罚进行了规定。依据该法条，美国法院可以将当事人违反禁诉令的行为认定为藐视法庭，并据此处以罚金等处罚❶。

（2）禁诉令制度在美国的司法实践

美国法院对禁诉令的使用在 2012 年的"微软诉摩托罗拉"案后相当活跃，既有禁诉令的签发，也有禁执令的签发，同时还签发了一些反禁诉令。

1）"微软诉摩托罗拉"案❷中签发禁执令

在"微软诉摩托罗拉"案中，针对微软公司提交的禁执令申请，美国联邦第九巡回上诉法院和华盛顿西区法院签发了针对摩托罗拉公司的禁执令，禁止该公司执行其在德国可能获得的禁令救济。两个法院签发禁执令的理由基本相同，参照的都是自由主义方法的标准即三步调查框架下的标准。法院基于该标准认为：首先，针对所涉诉讼的同一性问题，美国诉讼和德国诉讼的当事人是相同的，且美国法院审理的合同违约诉讼能够解决德国法院审理的侵权诉讼的问题，美国诉讼对德国诉讼起到决定性的作用。其次，针对支持禁执令签发的因素，法

---

❶ 李晓枫. 论以我国行为保全制度实现禁诉令功能［J］. 法学杂志，2015（7）：138.

❷ Micrisoft Corp. v. Motorola, Inc. , 871 F. Supp. 2d 1089 n. 10（W. D. Wash.），affd，696 F. 3d 872；Micrisoft Corp. v. Motorola, Inc. , 696 F. 3d 872（2012）.

院认为被申请人在他国法院的诉讼满足 Unterweser 要素的两项：第一项是摩托罗拉公司在德国法院提起的侵权诉讼被视为滥用诉讼程序，因为在该诉讼中摩托罗拉公司以禁令来威胁微软公司，使得其不得继续在欧洲市场销售有关产品；第二项是摩托罗拉公司在德国法院申请的禁令干扰了美国法院对相关案件的审理，因为摩托罗拉公司在德国获得的禁令可能会使得微软公司在美国法院作出公正裁判前就被迫接受摩托罗拉公司的许可条件。最后，针对国际礼让原则的问题，法院认为该禁执令对国际礼让的影响是可以容忍的：一方面，因为美国法院受理的合同诉讼仅仅涉及私人纠纷，不会对国际司法礼让产生影响；另一方面，美国法院签发的禁执令，其作用仅仅是限制摩托罗拉公司在美国法院对案件作出裁决之前就其在德国的专利向德国法院申请执行禁令。

从该案的判决理由来看，其基本上遵循了自由主义方法的判断原则，对禁诉令采取的是一种相对宽松的标准，也正是在这一宽松标准的影响之下，后续美国出现了较多签发禁诉令的案例。

2）"爱立信诉三星"案❶中签发反禁诉令

2020 年末，爱立信公司和三星公司分别向美国得克萨斯东部地区法院和中国武汉市中级人民法院提起诉讼。在之后的几个月里，双方在多个国家相互起诉对方。针对诸多诉讼，三星公司向武汉市中级人民法院申请了禁诉令，武汉市中级人民法院签发了针对爱立信公司的全球禁诉令。之后，爱立信公司认为武汉市中级人民法院的禁诉令影响到了美国得克萨斯东部地区法院正在进行的诉讼，向法院提交了反禁诉令申请。虽然反禁诉令是针对国外签发的禁诉令的反制，但是美国法院在考虑是否签发反禁诉令时，依然采用了签发禁诉令的裁判标准。其中，主要采用了 Unterweser 要素进行考虑。法院认为：第一，中国武汉市中级人民法院和美国得克萨斯东部地区法院审理的案件的法律问题不同，中国诉讼是对全球许可条件进行裁判，而美国诉讼则是要判断谈判行为是否符合 FRAND 原则，两个诉讼的争议点不同，不构成重复诉讼，如果执行中国武汉市中级人民法院的禁诉令将使得美国得克萨斯东部地区法院无法正常行使对案件的管辖权，因此，中国武汉市中级人民法院的禁诉令威胁到了美国的管辖权；第二，中国武汉市中级人民法院签发的禁诉令会直接剥夺爱立信公司在美国行使在法律上应有的诉权，显然这是不公正的，明显侵犯了爱立信公司的诉权。从上述判决意见来看，美国法院重点考虑的是各方利益的平衡和对美国管辖权的侵害。

---

❶ Ericsson Inc. v. Samsung Elecs. Co. , NO. 2：20 – CV – 00380 – JRG, 2021 WL 89980, at 8.

3）"苹果诉高通"案❶拒绝签发禁诉令

2017 年 1 月，苹果公司在美国加利福尼亚南部地区法院对高通公司提起多项诉讼请求，并在同年 1～4 月，陆续在其他国家发起针对高通公司的包括反垄断诉讼和确认不侵权诉讼等在内的多项诉讼。随后，高通公司向美国加利福尼亚南部地区法院请求签发禁诉令，以阻止苹果公司在其他国家继续进行相关的诉讼活动，但是法院拒绝了高通公司的禁诉令申请。法院基本上按照前述的三步调查框架进行分析，具体理由是：第一，在外国法院进行的诉讼案件的性质和争议焦点与美国法院的案件存在实质差异，美国法院的诉讼程序无法解决外国法院诉讼所要解决的问题；第二，高通公司的理由不满足 Unterweser 要素之一的条件，苹果公司在国外的诉讼具有合理的理由，未采取不合理的措施，并非无理取闹，不会妨碍美国的公共政策，并且美国法院也没有对别国专利法的适用作出裁判的权利；第三，因为国外法院已经针对反垄断和无效诉讼请求展开了诸多的调查，禁诉令的签发可能会干预其他国家正在进行的诉讼程序，并剥夺其他国家法院的管辖权，这种行为是不可接受的，因此，基于国际礼让的考虑，也不能签发禁诉令。综合来看，该案基本上沿用了"微软诉摩托罗拉"案的标准和思路。

4）"Vringo 诉中兴"案❷拒绝签发禁诉令

2010 年开始，Vringo 公司在多个国家起诉中兴公司专利侵权，双方进行了多轮谈判。因谈判未能达成一致，中兴公司在中国深圳市中有人民法院对 Vringo 公司提起反垄断诉讼，指称 Vringo 公司在签订专利许可合同时违反了 FRAND 原则，滥用了其市场主导地位。作为回应，Vringo 公司在美国纽约南部地区法院提起了违约诉讼，并请求法院签发禁诉令。美国纽约南部地区法院认为中兴公司构成违约并不能解决 Vringo 公司是否滥用市场主导地位的判断的问题。因此，法院驳回了 Vringo 公司的禁诉令申请。从该案可以看出，在争议点是否相同的判断中，如果国外法院是关于国外专利的反垄断诉讼，则美国法院通常不认为国外的诉讼和本国诉讼的争议点相同。

3. 禁诉令制度在欧盟的适用

相比于作为禁诉令制度发源国的英美法系国家来说，大陆法系国家会将禁诉令视为一种外来法律制度，通常认为其有违国际礼让原则且攻击性太强，在适用时会相对比较保守，通常不会主动签发禁诉令。正是因为大陆法系国家对禁诉令

---

❶ Apple Inc. v. Qualcomm Inc. , NO. 3：17‐CV‐00108‐gpc‐mdd, at 5‐6 (S. D. Cal. , Sep. 7, 2017).

❷ Vringo, Inc. v. ZTE Corp. , NO. 14‐CV‐4988 LAK, 2015 WL 3498634, at 11 (S. D. N. Y. June 3, 2015).

的不认同，在遇到他国针对本国诉讼当事人签发禁诉令时，为了维护本国的司法主权，大陆法系国家通常也会进行反击，通过签发反禁诉令来对抗禁诉令。

由于欧盟这一组织包括诸多成员国，成员国之间会有诸多涉及知识产权的相关法律约定，因此，禁诉令制度在欧盟的适用原则可以划分为欧盟内部的适用原则以及欧盟成员国和非成员国之间的适用原则，两者会存在较大的不同。

（1）欧盟成员国之间一般不适用禁诉令

欧盟成员国之间关于民商事案件管辖权的立法最早开始于 1968 年，当时的欧共体（欧盟的前身）成员国缔结了《布鲁塞尔公约》。该公约旨在规定统一的民商事管辖权冲突规则并简化判决承认与执行的程序。基于相互信任原则，该公约第 21 条中规定：相同当事人间就同一诉因在不同缔约国法院起诉时，首先受诉的法院以外的其他法院应主动放弃行使管辖权，让首先受诉的法院审理。2000年，欧盟成员国对该公约进行修订并签署了《关于民商事案件管辖权和判决执行的第 44/2001 号条例》（以下简称《布鲁塞尔 1 号条例》）。该条例第 27 条规定：相同当事人间就同一诉因在不同成员国法院起诉时，首先受诉的法院以外的其他法院应依职权中止诉讼。上述公约和条例实质上明确了最先受诉法院原则，通过这一原则来对各成员国之间平行诉讼纠纷的解决机制进行规定。欧盟成员国后续在 2012 年又对《布鲁塞尔 1 号条例》进行修订并形成了《关于民商事案件管辖权和判决执行的第 1215/2012 号条例》（以下简称《布鲁塞尔 1a 号条例》）。该条例除了继续沿用最先受诉法院原则，还进一步规定了专属管辖优先、协议管辖优先等规则，进而对最先受诉法院原则进行限制，防止案件当事人随意挑选法院，影响案件审判的公平正义。

从上述公约或条例中的规定来看，在欧盟成员国之间，一般不会签发禁诉令，只有在专属管辖优先、协议管辖优先等规则的限制下，才可能会谨慎地签发禁诉令。并且，梳理欧盟成员国之间涉及标准必要专利的诉讼也可以发现，目前尚未发生过相互签发禁诉令的诉讼案例。

（2）欧盟成员国与非成员国之间的适用原则

在《布鲁塞尔 1a 号条例》中，除了规定专属管辖优先、协议管辖优先等规则，还规定了欧盟成员国和非成员国之间的管辖权冲突交由国内法或双边协定来解决。鉴于这一规定，欧盟成员国是否针对非成员国签发禁诉令就要看各国法律制度的差异。对于禁诉令制度的适用，最典型的当属德国。

与其他欧盟成员国相似，德国法院对禁诉令的适用持较为排斥的态度。究其原因，一方面，德国民事诉讼法中没有关于法院可以签发禁诉令的法律依据；另一方面，不同于英国法院的体系，德国法院是一套自上而下的体系，其没有衡平法权力，当德国法院内部存在管辖权冲突时，都是通过其自身的法律协调途径来解决。但是，由于国际平行诉讼在全球的盛行，德国法院也经常会收到来自欧盟之外的他国法院签发的禁诉令，这也就使得德国法院不得不进行被动应对。

对于签发禁诉令的法律依据，《德国民事诉讼法》第940条规定：因避免重大损害或防止急迫的强暴行为，或因其他理由，对于有争执的法律关系，特别是继续性的法律关系，有必要规定其暂时状态时，可以实施假处分。❶ 其中的"假处分"也被称为临时禁令，其被作为德国法院签发反禁诉令的法律依据，这一法律实质上暗含着对公民基本诉讼权利的保障和对诉讼当事人正当防卫行为的支持。可见，德国法院签发禁诉令时更多是因为正当防卫的需求，其签发的往往是反制他国签发的禁诉令的反禁诉令。从德国法院的司法实践来看，获准签发反禁诉令必须满足三个条件❷：第一，德国法院存在一个已经受理的标准必要专利诉讼并且拥有管辖权；第二，专利实施者在外国法院已经请求或威胁请求签发禁诉令；第三，专利权人在德国法院请求签发反禁诉令，以反制被告在外国法院申请的行为。依据上述标准和条件，德国法院在"诺基亚诉 Continental"案❸中首次签发反禁诉令，在这一开端之下，后续德国法院又在"小米诉交互数字"案❹和"IP Bridge 诉华为"案❺中签发了反禁诉令，以此来维护自身的司法主权。

与德国类似，法国对禁诉令的签发也持相对保守的态度。在"IPCom 诉联想"案中，法国巴黎法院针对联想公司发出的反禁诉令指出，被控侵犯标准必要专利权的一方当事人申请禁诉令本身可能表明其并没有真诚地寻求基于 FRAND 原则的许可谈判，因此这种行为需要被阻止。这明显反映了对禁诉令的反对立场。在该案中，法国法院还特别强调，专利权作为一种财产权，是受到国家法律保护的基本权利，联想公司申请禁诉令的意图是阻止专利权人行使其独占权，这进一步侵犯了 IPCom 公司根据法国法律享有的保护其专利的基本权利、一般财产权以及获得公正法律程序的权利。

另外，法国法院对诉讼同一性的判断要求与对是否无理取闹和压迫性的判断

---

❶ 德意志联邦共和国民事诉讼法［M］. 谢怀栻，译. 北京：中国法制出版社，2001：259.

❷ 张怀印. 德国标准必要专利诉讼中的反禁诉令制度及其启示［J］. 知识产权，2023（6）：77.

❸ Nokia v. Continental, District Court of Munich, Order dated 30 July 2019, Case – No. 21 O 9512/19；Nokia v. Continental, High District Court of Munich, Decision dated 12 December 2019, Case – No. 6 U 5042/19.

❹ InterDigital v. Xiaomi, District Court（Landgericht）Munich I, Judgement dated 25 February 2021, Case – No. 7 O 14276/20.

❺ IP Bridge v. Huawei, District Court of Munich, Judgement dated 24 June 2021, Case – No. 7 O 36/21.

要求也比较高。在"Vringo诉中兴"案中，法国法院认为因两国诉讼分别为合同诉讼和反垄断诉讼，国内外诉讼处理的问题不同，因此，拒绝签发禁诉令。同时，法国法院还会要求请求人来证明被请求人在他国的诉讼是无理取闹和压迫性的，这实际上也是保守态度的重要体现。

4. 各个国家禁诉令制度的适用差异

从世界主要国家的法院甚至是一国国内的不同法院对禁诉令制度的态度来看，禁诉令的适用标准存在严格和宽松两种标准。

就英美法系国家而言，禁诉令的适用相对宽松。美国法院在签发禁诉令时，虽然要判断国际平行诉讼之间的同一性，即确定国内外诉讼的当事人和争议焦点是否一致，但其要求的也并非严格意义上的同一性，而是只要满足本国诉讼的结果能够处理他国诉讼的问题这一实质性条件即可，而对于妨碍美国公共政策、国外诉讼是否为滥诉或者是否具有压迫性、国外诉讼对物权或者准物权的管辖权的威胁等因素，不同法院具有不同的自由裁量空间，其标准并非具体且唯一的，这也体现出一种对禁诉令签发的宽松态度。英国法院在签发禁诉令时，重点是确定对方当事人在其他国家的法院所提起的诉讼是"无理取闹或具有压迫性的"，这一判断条件的自由裁量空间更大，并且，在实际案件审理过程中，诉讼是否"无理取闹或具有压迫性的"也无需申请人来证明，而是需要由被申请人来证明其有充分理由抗拒禁诉令的签发。单从这一点上来看，英国法院禁诉令的签发明显是宽松的。此外，英美两国法院虽然也都强调要在签发禁诉令时谨慎且充分考虑国际礼让原则，尽量避免禁诉令对其他国家的司法主权造成侵犯，但在实际诉讼案件中，对这一因素的考量非常有限。

相比而言，大陆法系国家对于禁诉令的适用相对严格，大陆法系国家普遍认为禁诉令会不当干涉他国的主权和司法管辖权并侵害公共秩序，因此，大陆法系国家原则上对禁诉令持反对态度，法院签发的一般都是保障本国诉讼的反禁诉令；并且，对于禁诉令的签发条件要求比较严苛，既要求他国诉讼和国内诉讼满足严格的同一性要求，同时对于他国诉讼是否无理取闹或者具有压迫性也有相对严格的要求，也会较多地考虑国际礼让原则。

（三）我国禁诉令制度的司法实践和适用分析

禁诉令制度在国外频频用于标准必要专利国际平行诉讼纠纷中，对中国当事人产生了不可忽视的影响。由于我国缺乏相关司法制度设计，国内当事人在遭遇他国法院签发的禁诉令时，往往不得不放弃在中国的诉讼。在此种形势下，我国也正在逐步探索使用禁诉令来保护国内创新主体的合法权益。2020 年，我国最高人民法院首次以行为保全制度为依据签发了禁诉令，之后，中国各地法院也陆续签发了几起禁诉令，取得了不同的效果。

1. 我国禁诉令制度的司法实践

（1）总体情况

我国没有专门的禁诉令制度，我国法院在 2020 年之前都未曾针对标准必要专利国际平行诉讼签发过禁诉令。但是，随着国外签发的针对我国通信企业的禁诉令越来越多，我国通信企业往往会迫于禁诉令的压力而接受不合理的裁定，并且国外禁诉令的签发也会间接影响我国法院对于案件管辖权的行使。因此，为了保护我国企业的利益以及反制国外法院的禁诉令对我国司法管辖权的干扰，我国法院也逐步开始探索依据当事人的申请来签发禁诉令。表 6 – 2 就显示出从 2020年之后比较有影响力的 5 件签发了禁诉令的诉讼案件。

表 6 – 2　中国标准必要专利禁诉令使用情况

案件名称	裁定内容	禁诉令内容	审查考量	裁判效果	法院
华为诉康文森	不侵权诉讼和中国许可费率	被告不得执行德国法院的停止侵权判决（禁执令）	域外判决的影响、不签发的损害程度、双方损益平衡、公共利益、国际礼让等	双方和解	最高人民法院
中兴诉康文森	中国许可费率	被告不得执行德国法院的停止侵权判决（禁执令）	域外判决的影响、不签发的损害程度、双方损益平衡、公共利益、国际礼让等	双方和解	深圳市中级人民法院
OPPO 诉夏普	全球许可费率	全球禁诉令	不签发的损害程度、损益平衡、公共利益、国际礼让等	德国签发反禁诉令，法院释明后果，夏普撤回反禁诉令	深圳市中级人民法院
小米诉交互数字	全球许可费率	全球禁诉令	双方的主观故意错误、不签发的损害程度、损益平衡、公共利益、国际礼让等	印度、德国签发反禁诉令	武汉市中级人民法院
三星诉爱立信	全球许可费率	全球禁诉令且不得申请反禁诉令	域外判决的影响、不签发的损害程度、双方损益平衡、公共利益、国际礼让等	美国签发反禁诉令后，双方和解	武汉市中级人民法院

（2）典型案例

我国在禁诉令制度方面的尝试开始于"华为诉康文森"案。之后，几个地方法院也开始尝试使用禁诉令制度来维护行使管辖权，比较有代表性的是"OPPO诉夏普"案和"三星诉爱立信"案。在这两个案件中，深圳市中级人民法院和武汉市中级人民法院都签发了禁诉令。

1）"华为诉康文森"案中签发禁执令

2018 年 1 月，华为公司在南京市中级人民法院对康文森公司提起诉讼，请求法院确认其没有侵犯康文森公司的标准必要专利权，并请求法院确定专利许可费率。同年 4 月，康文森公司在德国杜塞尔多夫地区法院对华为公司及其子公司提起专利侵权诉讼，要求德国法院判决华为公司侵权并停止侵权行为。2019 年 9 月，南京市中级人民法院作出一审判决，对部分专利的许可费率进行了裁决。2020 年 8 月，德国法院认定华为公司侵权并发布了禁令，并且其确定的许可费率是中国法院确定的许可费率的 18.3 倍。对此，华为公司于 2020 年 8 月以"将遭受不可弥补的损害"为由向最高人民法院申请了行为保全，请求法院禁止康文森公司执行其在德国法院获得的对华为公司的判决。最高人民法院在综合考虑了禁诉令的必要性、损益平衡、国际礼让原则等因素后，在 48 小时内作出了禁诉令裁决，禁止康文森公司在最高人民法院终审判决前申请执行德国法院的判决，违反该裁决将面临每日高达 100 万元人民币的罚款。

在这一案件的带动之下，我国法院陆续在多个标准必要专利诉讼案件中签发禁诉令，并都产生了不同的反响。

2）"OPPO 诉夏普"案中签发全球禁诉令

2020 年，夏普株式会社开始与 OPPO 公司就其持有的标准必要专利展开许可谈判。谈判期间，夏普株式会社向日本东京地方法院提起了针对 OPPO 公司的专利侵权诉讼，并请求法院对 OPPO 公司实施临时禁令。随后，夏普株式会社还在德国慕尼黑等地的法院对 OPPO 公司提起侵权诉讼。2020 年 2 月，OPPO 公司向深圳市中级人民法院提起诉讼，请求法院裁定夏普株式会社持有的标准必要专利的全球许可费率，同时还提出了行为保全申请以防止夏普株式会社利用域外禁令干扰正在进行的谈判。对此，深圳市中级人民法院在权衡了行为保全措施的必要性、双方当事人的利益平衡、社会公共利益、国际礼让原则等因素后，向夏普株式会社签发了禁诉令，要求夏普株式会社在该案终审判决之前不得在其他任何国家就该案所涉专利对 OPPO 公司提起新的诉讼。作为回应，夏普株式会社迅速向德国慕尼黑第一地区法院提起了反禁诉令申请，德国法院立即向 OPPO 公司签发了反禁诉令，要求 OPPO 公司撤回其之前的禁诉令。

在德国法院对深圳市中级人民法院签发的禁诉令作出反制即签发反禁诉令后，深圳市中级人民法院详细审视了禁诉令与反禁诉令的内容，调查并固定了夏普株式会社违反行为保全裁定的事实和证据，并向其释明违反中国法院裁判将面临的严重法律后果。夏普株式会社在权衡利弊后，主动撤回了其向德国法院申请的反禁诉令。

在该案的处理过程中，我国法院通过释法说理的方式最终化解了国外签发的反禁诉令对我国司法管辖权的挑战，维护了我国企业的合法权益，展现了我国法院在处理国际法律纠纷时的智慧和决心，也为禁诉令制度在实践中的应用提供了宝贵经验。

3）"三星诉爱立信"案中签发禁诉令且要求当事人不得申请反禁诉令

从 2020 年开始，三星公司和爱立信公司就各自持有的标准必要专利组合进行许可谈判。2020 年 12 月，由于谈判未能取得共识，三星公司选择向武汉市中级人民法院提起诉讼，请求法院确认全球许可条件。随后，爱立信公司在美国得克萨斯东区法院对三星公司提起诉讼，声称其在谈判过程中的行为和许可报价均符合 FRAND 原则。紧接着，三星公司向武汉市中级人民法院提出了行为保全申请。武汉市中级人民法院在综合考虑了该案是否存在因爱立信公司的行为导致判决难以执行的情形、不采取行为保全措施是否会使三星公司遭受难以弥补的损害、不采取措施对三星公司造成的损害是否超过采取措施对爱立信公司造成的损害、采取措施是否损害社会公共利益、三星公司提供的担保条件等因素后签发了禁诉令，禁止爱立信公司在该案裁判生效前：①在全球针对三星公司寻求或申请执行 4G 或 5G 标准必要专利的禁令救济或行政措施；②在全球请求裁定许可条件（包括许可费率）或许可费；③寻求反禁诉令。

在收到武汉市中级人民法院签发的禁诉令后，爱立信公司迅速向美国得克萨斯东区法院提出了紧急的单方临时禁止令和反禁诉令申请。法院经过审慎考虑，签发了针对三星公司的临时禁止令和反禁诉令，禁止三星公司执行武汉市中级人民法院的裁定，并禁止三星公司在任何国外法院进一步申请类似的反禁诉令。

从该案来看，国内法院签发的禁诉令并未取得实质的效果，在他国签发反禁诉令的情况下，该案进入了一种两难的处境。最终，该案的双方当事人达成和解。

2. 我国禁诉令制度的适用分析

（1）禁诉令的签发均以行为保全制度为法律依据

当前，我国在法律或司法解释层面尚未对禁诉令设立专门的制度或规范，这意味着在处理涉及禁诉令的案件时，我国尚未有明确的法律条文或司法解释作为依据。从上述国内法院所签发的禁诉令的司法实践可以看出，我国签发禁诉令的主要依据是 2012 年修改的《民事诉讼法》第 100 条有关行为保全制度的规定，即人民法院在一定情况下可以根据对方当事人的申请，责令一方当事人作出或者禁止其作出一定行为的措施。行为保全制度的立法目的在于针对侵犯知识产权等案件，可以通过禁止当事人作出某种行为或者责令其作出某种行为的方式，来制止侵权事实的发生，防止侵害结果的扩大。可以看出，使用行为保全制度作为法律依据，使得签发禁诉令有据可查、有法可依，符合我国当前的司法现实情况。

我国法院在签发禁诉令时，除了考虑《最高人民法院关于审查知识产权纠纷行为保全案件适用法律若干问题的规定》第 7 条中人民法院审查行为保全申请应当考虑的因素中的第（二）、（三）、（四）项所规定的"难以弥补的损害""损益平衡"和"公共利益"，还增加了"域外判决临时执行对中国诉讼的影响"、"当事人的主观故意"和"国际礼让原则"等考虑因素，而对于该条第（一）项所涉及的"请求保护的知识产权效力是否稳定"并未进行考虑。究其原因在于禁诉令的签发主要发生在诉讼案件未决阶段，申请人主要目的是防止域外诉讼对当前诉讼产生影响，并不需要进一步考虑专利效力的稳定性。

此外，我国法院在禁诉令签发时设置了当事人违反禁诉令的按日罚金措施。

（2）禁诉令的约束范围和程度有所差异

我国法院签发禁诉令的案件虽然都涉及对被申请人在国外法院的诉讼行为的约束，但在约束的范围和程度上还有比较大的差异。具体而言，"华为诉康文森"案和"中兴诉康文森"案都要求被申请人不得执行德国法院的停止侵权判决，属于在德国法院作出判决之后对被申请人执行判决的约束，其实质上是一种禁止执行令即禁执令。而在"小米诉交互数字"案、"OPPO 诉夏普"案和"三星诉爱立信"案中，法院裁定的是禁止被申请人向域外法院寻求禁令救济或请求裁判许可费率。此外，在"三星诉爱立信"案中，法院还进一步裁定被申请人不得向域外法院申请反禁诉令。由此可以看出，虽然都涉及禁诉令的签发，但法院针对不同案件所签发的禁诉令的约束内容和约束范围及其程度也有比较大的差异。

（3）签发禁诉令易触发不同管辖法院的冲突

虽然各国法院在签发禁诉令时都会或多或少地考虑到国际礼让原则，也都会强调禁诉令的签发针对的是诉讼当事人而非他国法院，但是由于禁诉令是对被申请人执行法院裁判的情况或者在他国法院发起诉讼请求的情况进行的限制，所签发的禁诉令不产生对他国法院的干涉是不可能的。例如，在武汉市中级人民法院于"小米诉交互数字"案中签发禁诉令后，德国法院裁定认为中国法院没有国际管辖权，武汉市中级人民法院签发的全球禁诉令违反了德国的公共秩序，并且违反了德国民法对专利权人的权利保障，因此德国法院签发了反禁诉令。又如，在武汉市中级人民法院于"三星诉爱立信"案中签发禁诉令之后，美国法院裁定，关于爱立信公司和三星公司是否违反 FRAND 原则的争议，中国诉讼不得采取任何行动来干预美国法院对此争议的管辖权，亦不得干扰美国法院正在审理或即将审理的任何相关诉讼，以此来维护美国法院在解决此类国际平行诉讼纠纷中的独立性和权威性。可见，法院在上述案件中所签发的禁诉令都触发了他国法院对案件管辖权的异议，最终他国法院签发了反禁诉令来对中国法院的禁诉令进行反制，引起了不同国家法院管辖权的冲突。

另外，在"OPPO 诉夏普"案中，深圳市中级人民法院同时宣布对标准必要专利全球许可费率具有管辖权，此举在某种程度上会与专利的地域性原则相违背，可能导致各国参与到标准必要专利全球许可费率的管辖权争夺当中，从而破坏礼让原则，加剧国际矛盾。❶

（4）禁诉令的过度使用会导致当事人陷入两难境地❷

为了确保被请求人能够有效执行法院所签发的禁诉令或反禁诉令，各国法院都会设置违反禁诉令或反禁诉令的惩罚措施。在我国法院签发了禁诉令的诉讼案件中，实行了按日罚金措施，如果被申请人违反了禁诉令，则每天会受到 100 万元的处罚。相应地，在国外法院针对我国签发的禁诉令来签发反禁诉令的情况下，同样会设置惩罚措施。如在"小米诉交互数字"案中，德国法院签发的反禁诉令同样规定如果每次小米公司违反了反禁诉令，都将面临最高 25 万欧元的罚款或相关责任人最长 6 个月的拘留。针对中国法院和德国法院关于违反禁诉令的惩罚措施，相信两个当事人在进行抉择时都相当困难，这也就使得双方当事人

---

❶ 徐伟功，贾赫. 标准必要专利纠纷视角下我国禁诉令制度的构建［J］. 社会科学家，2022（10）：130 − 138.

❷ 孙远钊. 禁诉令、反禁诉令与国际司法对峙［EB/OL］.（2022 − 02 − 23）［2024 − 10 − 27］. https：//www.sohu.com/a/524865366_120133310.com.

因禁诉令和反禁诉令的签发陷入了两难境地，很可能会重新回到谈判原点，耗费双方的人力、物力和财力，同样也无形中浪费了行政和司法资源。

（5）全球禁诉令签发更易引起他国法院的反制

在我国法院签发了禁诉令的标准必要专利诉讼中，"华为诉康文森"案和"中兴诉康文森"案的涉诉内容都涉及中国许可费率的确定，为了避免对中国诉讼案件的审理和判决产生影响，其签发的禁诉令也是针对德国法院关于停止侵权判决的禁执令。而"OPPO诉夏普"案、"小米诉交互数字"案、"三星诉爱立信"案的涉诉内容都涉及全球许可费率的确定，中国法院认为自身具有对全球许可费率的管辖权很可能也是受到英国法院所裁定的"无线星球诉华为"案的影响，在这一影响下，中国法院签发了全球禁诉令。这三件诉讼案件签发的禁诉令相比于前两件案件而言，因要裁判全球许可费率导致其签发的禁诉令所涉及的范围更广泛、禁止条件更严苛，甚至"三星诉爱立信"案还裁定爱立信公司不得向他国申请反禁诉令。这也就导致他国法院对类似禁诉令的签发更排斥，无形中加重了管辖权冲突，更易引起域外法院的反制。

3. 我国禁诉令制度的设置考量

（1）有效且合理使用禁诉令以提升话语权

2020年之前，我国并未探索使用过禁诉令制度，使得我国企业在国际竞争和诉讼中处于不利地位，并且禁诉令的缺乏也导致了司法不对等问题。以英国法院审理的"无线星球诉华为"案为例，在无线星球公司于英国法院起诉华为公司侵犯其标准必要专利权后，华为公司在深圳市中级人民法院针对无线星球公司提起诉讼，请求法院判定华为公司未侵犯无线星球公司的标准必要专利权，同时请求法院裁定标准必要专利的许可费率。随后无线星球公司在英国法院申请禁诉令，要求华为公司撤销在深圳市中级人民法院的诉讼。由于当时我国并没有相应的反制禁诉令的法律手段，所以华为公司只得撤回在中国的诉讼，并在英国法院进行诉讼，最终华为公司被判侵权且英国法院确定了高额的全球许可费率。对于上述案件，在我国探索签发禁诉令之后，华为公司既可以申请禁诉令，还可以针对英国法院发出的禁诉令申请反禁诉令，这样就让中国企业多了一些针对外国法院所签发的不对等裁定的反制措施，增强了中国企业的主动性。

此外，随着科技实力的提升，中国逐渐成为全球最重要的通信产品消费市场，这些应当成为标准必要专利纠纷裁判时考虑的因素。然而，域外法院并不如此考虑，例如在"无线星球诉华为"案中，英国法院将欧美通信产品市场认定为主要市场，而将中国巨大的通信产品市场归类为"中国和其他市场"加以考虑，通过签发禁诉令来行使管辖权。又如，在"华为诉康文森"案中，德国法院以欧美市场的许可费率作为标准确定的许可费率是我国法院确定的许可费率的18.3倍。这些都严重损害了中国企业的利益，制约了中国企业的健康发展，也使中国法院丧失了话语权。在各国对管辖权激烈争夺的背景之下，如何确保在不失去对标准必要专利诉讼的管辖权的同时，有效保护国内企业的权益，属于中国司法亟待解决的问题。基于国际司法上所通常遵循的最密切联系原则，中国作为通信市场大国和通信技术全球领先国家，中国企业近些年在国际诉讼中越来越多地成为诉讼主体，相应的标准必要专利诉讼案件也理应更多地由中国法院来管辖，而中国法院也在努力争取这种管辖权。例如，在"OPPO诉夏普"案中，对于中国法院是否对案件具有管辖权的问题，最高人民法院认为主要取决于该纠纷与中国是否存在适当联系，具体要在综合考虑标准必要专利许可纠纷特点的基础上，通过专利授予地，专利实施地，专利许可合同签订地、磋商地或履行地，财产所在地等是否在中国领域内等因素来考虑案件是否与中国存在适当联系。这些关于管辖权的判决对中国法院合理行使标准必要专利诉讼的管辖权起到了积极的作用，在此基础上结合禁诉令制度的不断完善，可以有效提升中国法院在标准必要专利诉讼管辖中的话语权，维护国内创新主体的正当权益。

（2）制定可执行能协商的FRAND规则作为基础保障

对于通信领域的标准必要专利而言，标准化组织要求标准必要专利权人按照FRAND原则与实施者达成许可协议，许可协议的核心一般而言就是许可费率的确定。从我国签发禁诉令的诉讼案件来看，诉讼的起因都涉及要裁定中国或全球许可费率，但是，许可费率的确定依赖于专利技术的重要程度、市场的占有份额等因素，而谈判双方对上述因素的理解差异明显。同时，FRAND原则是一个相对抽象的原则规定，许可谈判双方对这一原则规定的认识各不相同，导致在这一规定下很难达成双方都可接受的许可费率，所以才会频发诉讼进而导致禁诉令和反禁诉令的签发使用。并且，禁诉令和反禁诉令的过度使用又会导致双方当事人陷入僵持状态，还得回到原点就许可费率进行谈判。因此，需要细化FRAND原则中的具体规则，明确规则所必须考虑的因素以及基于这些因素之上的可操作方式，使得其能够成为可依据、能运行的许可谈判规则，进而确定出合适的许可费率，使标准必要专利权人和标准实施者达到双赢的状态。

（3）健全司法或行政制度以建立有效磋商机制消除分歧

虽然寻求签发禁诉令是标准必要专利诉讼当事人的基本权利，但从目前的司法实践来看，禁诉令的签发也经常会带来相反的效果，导致诉讼当事人处于两难境地，而这必然不是诉讼双方当事人的初衷。因此，建立有效机制来实现标准必要专利权人和标准实施者之间的有效磋商机制才有益于双方的目标。可以从司法制度、行政手段等方面来思考建立磋商机制，引导双方以诚信为基础进行谈判，最大限度地消除当事人的分歧，以最终达成有效许可协议为目的，维护公平竞争的市场秩序。

（4）不断完善签发禁诉令的审查考虑因素

禁诉令的签发由于涉及管辖权的冲突，因此需要审慎进行。我国虽然依据民事诉讼法中的行为保全制度并结合利益平衡等因素开启了签发禁诉令的司法实践，但签发禁诉令的考量因素也需更完善。判断案件是否为国际平行诉讼当然是考虑的首要因素❶，在此基础上，需要同时考虑域外判决对当前案件的影响、不签发禁诉令的损害程度、当事人双方的损益平衡、公共利益、国际礼让等因素。此外，还可以考虑将域外诉讼对我国法院行使管辖权的影响、域外诉讼的善意性和合理性等作为签发禁诉令的参考因素，进一步完善禁诉令签发的法律制度基础。

三、标准必要专利全球许可费率的管辖权问题

技术专利化和专利标准化持续推动着标准必要专利价值的提升，许可费作为标准必要专利价值的直接体现，成了标准必要专利权人和标准实施者许可谈判的核心。当标准必要专利权人与标准实施者无法就许可协议达成共识时，为了推动协议达成并在司法程序中占据有利地位，各方往往会选择向特定国家特别是那些对其自身权益更为有利的国家的法院提起诉讼，请求对标准必要专利的全球许可条件进行裁决。这种做法试图将原本难以通过谈判解决的全球许可条件交由单一国家的法院来处理，进一步加剧了各国法院在管辖权上的冲突和竞争。

（一）全球许可费率裁判问题的缘起和发展

1. 全球许可费率的概念

标准的国际通用性和使用上的强制性促使标准持有者会在各个国家寻求专利

---

❶ 王雪冰. 涉外标准必要专利诉讼中禁诉令的适用研究 [D]. 武汉：湖北师范大学，2022.

保护，当标准专利持有者在多个国家获得标准必要专利权后，为了实现其标准必要专利的价值，最直接的方式就是对标准实施者进行许可。由于专利的地域性限制，其虽然可以选择在各个国家进行授权许可，但这种逐个国家许可的方式效率显然很低。因此，通常情况下，标准必要专利权人基于其在各个国家持有专利的情况，更愿意在全球范围直接进行全球许可。另外，随着经济全球化的日益深化，实力雄厚的标准实施者也会在全球范围内运用专利技术研发、生产和制造相关产品。出于经济和效率的考量，标准实施者也更倾向于与标准必要专利权人达成一份覆盖全球的统一许可协议。在这种情境下，由标准必要专利权人和标准实施者共同商定的基于全球许可所确定的许可费率，就是全球许可费率。

2. 全球许可费率裁判的缘起

当标准必要专利权人和标准实施者不能就全球许可费率达成一致时，通常会通过诉诸法律的方式来请求某一国家的法院进行裁判。与在英美法系国家具有悠久历史的禁诉令问题不同，全球许可费率裁判问题属于标准必要专利国际平行诉讼中产生的新问题。与最先将禁诉令应用于通信领域标准必要专利诉讼的案件相同，由一国法院首次裁决全球许可费率的案件也是美国法院裁定的"微软诉摩托罗拉"案❶。在这之后，在无线星球诉华为和康文森诉中兴 & 华为的合并案中，英国法院在双方当事人未达成管辖合意的情况下也主动裁决了全球许可费率，将全球许可费率的管辖权问题推向了高潮，引起了各个国家对该裁判方式的争议。

（1）美国法院在双方当事人达成管辖合意的情况下裁判全球许可费率

在"微软诉摩托罗拉"案❷中，微软公司因认为摩托罗拉公司提出的许可费率不合理，遂在美国华盛顿西区法院对摩托罗拉公司提起合同违约诉讼。在该案审理的过程中，诉讼双方当事人均同意由华盛顿西区法院裁决全球许可费率。2013 年 4 月，法院基于确定许可费率的 15 项考量因素，通过评估专利组合对相关技术标准的贡献程度、对被许可人终端产品的重要性，并结合可比协议，计算出了摩托罗拉公司标准必要专利包的全球许可费率。同时，法院裁定摩托罗拉公司的要约违反了 FRAND 原则，因此判定其违约。摩托罗拉公司对一审判决持有异议，提出上诉。2015 年 7 月，美国联邦第九巡回上诉法院作出二审判决，维持了华盛顿西区法院的一审判决。

---

❶ Microsoft Corp. v. Motorola, Inc., 871 F. Supp. 2d 1089 n. 10（W. D. Wash.），affd, 696 F. 3d 872.

❷ Micrisoft Corp. v. Motorola, Inc., 871 F. Supp. 2d 1089 n. 10（W. D. Wash.），affd, 696 F. 3d 872; Micrisoft Corp. v. Motorola, Inc., 696 F. 3d 872（2012）.

这是美国也是全球首次由一国法院裁判标准必要专利全球许可费率，由于这次判决是在当事人双方达成管辖合意的基础上作出的，案件在全球范围内并未引起广泛争议，在这之后的一段时间，各个国家一直相对谨慎地对待全球许可费率。

（2）英国法院在双方当事人未达成管辖合意的情况下裁判全球许可费率

2017 年 4 月，在"无线星球诉华为"案❶中，英国法院在无线星球公司对华为公司发起侵犯专利权的诉讼且通过技术认定无线星球公司的 2 件专利为标准必要专利的情况下，主动裁决了自认为符合 FRAND 原则的全球许可费率，并要求华为公司接受该许可条件，否则将禁止华为公司在英国境内制造和销售相关侵权产品。而华为公司认为英国法院只能审理无线星球公司的涉及英国的标准必要专利的许可条件，无权审理全球专利许可条件，法院所裁决的全球专利许可费率不符合 FRAND 原则，因此，华为公司向英国最高法院提出上诉。

受上述案件的影响，康文森公司也于 2017 年 7 月在英国法院对华为公司和中兴公司提起诉讼，声称两家公司侵犯了其标准必要专利权，并请求法院确认其提供的全球许可条件遵循 FRAND 原则，同时要求法院发布禁令。华为公司和中兴公司对此提出了管辖权异议，主张法院仅能对涉及英国的标准必要专利许可条件进行审理，而对英国以外的专利的许可条件无管辖权。2018 年 4 月，英国法院驳回了华为公司和中兴公司的管辖权异议。两个公司对此不服，遂向英国最高法院提起上诉。

2020 年 8 月，英国最高法院将上述两案合并审理，驳回了华为公司和中兴公司的上诉，裁定英国法院有权裁决全球许可费率，因此维持了原判。

相比于美国法院裁判的"微软诉摩托罗拉"案，该案中英国法院在双方当事人未达成管辖合意且华为公司有明显管辖异议的情况下裁判了全球许可费率，这一判决属于强行裁判本法域之外的全球许可费率的先例。基于这一先例，任何拥有英国标准必要专利的专利权人，都可以在英国提起侵权诉讼并寻求英国法院判决全球许可费率，而无须考虑英国法院是否为合适的诉讼地。该案表现出的强制管辖以及对确定全球许可费率的激进态度，加剧了我国通信企业与国外标准必要专利权人的利益冲突，也引起了业界的广泛争议。

3. 全球许可费率裁判的发展

全球许可费率的裁判属于标准必要专利司法领域的新问题。从各个国家的司

❶ Unwired Planet International Ltd. v. Huawei Technologies（UK）Co.，Ltd.［2017］EWHC 2988.

法实践来看，其发展主要经历了三个阶段。

第一阶段是保守探索阶段。这一阶段从 2012 年的"微软诉摩托罗拉"案开始，主要是美国法院在双方当事人达成管辖合意的情况下，初步探索裁判全球许可费率，其主要焦点在于费率本身的确定上。

第二阶段是开放突破阶段。这一阶段始于英国法院所裁判的"无线星球诉华为 & 中兴"案以及"康文森诉华为 & 中兴"案，法院在双方当事人未达成管辖合意的情况下，裁决全球许可费率。英国法院强制裁判全球许可费率的方式在美国法院裁判"微软诉摩托罗拉"案的基础上，迈出了激进的一大步。

第三阶段是各国争议阶段。在英国迈出激进一步的情况下，之后各个国家对此裁判看法不一，英国的原则依然开放和激进，美国依然保守地坚守其只有双方当事人合意的情况下才能裁判的原则，而像荷兰和我国为了维护自身的司法主权，主动宣称对全球许可费率的管辖权。时至今日，裁判全球许可费率依然是各个国家争议的热点问题。全球许可费率裁判的发展情况见表 6 - 3。

表 6 - 3   全球许可费率裁判的发展情况

国家	案件名称	时间	法院的态度
英国	无线星球诉华为	2017	在双方当事人未达成管辖合意的情况下，裁决全球许可费率
	康文森诉华为 & 中兴	2020	
	诺基亚诉 OPPO	2023	在双方当事人未达成管辖合意的情况下，裁决全球许可费率
	交互数字诉联想	2023	针对双方的费率争议，裁决全球许可费率
	Optis 诉苹果	2023	针对双方的费率争议，裁决全球许可费率
美国	摩托罗拉诉微软	2012	双方当事人达成管辖合意的情况下，裁决全球许可费率
	TCL 诉爱立信	2017	
	Optis 诉华为	2018	在双方当事人未达成管辖合意的情况下，不同意裁决全球许可费率
	Optis 诉苹果	2019	
荷兰	Vestel 诉 Access Advance	2022	对全球许可费率有管辖权
中国	OPPO 诉夏普	2021	在双方当事人未达成管辖合意的情况下，法院判决对全球许可费率有管辖权，因双方和解，未裁决全球许可费率
中国	OPPO 诉诺基亚	2023	在双方当事人未达成管辖合意的情况下，将全球划分为三个区域分别裁决了不同区域的许可费率

4. 全球许可费率裁判的合理性和管辖原则

确定双方都满意的专利许可费率是标准必要专利许可谈判中最重要的一环。

自 2012 年至今，各个国家都出现了针对裁判全球许可费率的不同态度。正因如此，在考虑涉及标准必要专利的全球许可费率时，对于由单一国家来裁定这一费率的合理性以及相应的管辖原则，显然成为一个值得深入探讨的问题。

（1）全球许可费率裁判的合理正当性

标准必要专利许可费是标准实施者在实施标准必要专利时由标准必要专利权人和标准实施者双方许可谈判的对象，本质而言，这属于典型的商业问题。由于通信领域标准必要专利权人拥有的标准必要专利数量众多，专利权人和实施者逐件进行专利许可谈判是不现实的，双方更愿意通过打包方式进行"一揽子"的许可谈判。并且，由于专利的地域性特点，专利权人的标准必要专利往往会覆盖全球多个国家，基于经济和效率的考虑，专利权人和实施者当然也不希望就每个国家的专利分别进行谈判，双方更愿意协商一个符合各自利益的全球许可费率来解决诸多国家的专利许可问题。因此，直接谈判或约定全球许可费率是更符合通信领域标准必要专利权人和标准实施者双方需求的商业惯例。

虽然通过许可谈判来获得符合双方利益的全球许可费率是标准必要专利权利人和实施者共同追求的目标，但是很多时候这一目标很难达成。专利权人为了其利益最大化，肯定会想方设法提高其专利许可费用，对应地，实施者必然是想将许可费用压得越低越好。由于国际标准化组织并不负责解决双方的许可谈判争议问题，当双方不能达成各自的许可目的时，专利权人与实施者往往会在全球范围内的多个国家提起针对对方的平行诉讼。这些诉讼不仅给双方带来了高昂的诉讼成本，同时也占据了大量的司法资源。显然，这种逐个国家进行诉讼以确定各国许可费率的方式是不符合经济和效率原则的。

另外，从商业利益的角度出发，标准必要专利权人获取专利的目的是其专利能够得到许可并从中获取收益，标准实施者的目的是能够获取到专利权人的许可并快速投入生产，快速确定符合双方意愿的全球许可费率更符合各自的商业利益。因此，直接由法院来裁判全球许可费率具有其合理正当性。

（2）全球许可费率裁判的管辖原则

当标准必要专利权人和标准实施者对于全球许可费率的谈判不能达成一致时，虽然裁判全球许可费率更符合商业惯例和双方的利益实现，但是由于国际标准化组织作为一种中立机构，并不负责解决标准必要专利权人和标准实施者双方的专利纠纷，国际上也没有专门的司法机构来解决双方的专利纠纷，这会导致全球许可费率主要由某个国家的法院来裁判，因此，有必要探讨由各个国家的法院来裁判全球许可费率的管辖权问题。通常情况下，管辖原则主要包括当事人意思自治原则、最密切联系原则、不方便法院原则、最先受诉法院原则和国际礼让原则等。

1）当事人意思自治原则

确定涉外标准必要专利诉讼的管辖权问题应当遵循涉外民商事诉讼管辖的基本原则，而当事人意思自治原则是最先考虑的原则。这意味着应当首先考虑并尊重当事人的意愿和选择。意思自治是指民事主体依法享有法定范围内广泛的行为自由，并可以根据自己的意志设立、变更、消灭民事法律关系。❶ 当事人意思自治原则具体体现为协议管辖（又称约定管辖或合意管辖）。协议管辖是指双方当事人出于方便的考虑，在不违背国内专属管辖的前提下，以协商一致的方式来选择管辖法院。❷ 协议管辖以协议不违反法院的专属管辖为原则，协议管辖充分体现了契约自由和当事人意思自治。❸ 由于协议管辖融入了当事人的意志，其将最大程度地减少平行诉讼的出现，避免各国管辖权的冲突，将确保当事人选择的法院是可预见的，为各国法院所普遍接受。

2）最密切联系原则

在涉外民商事纠纷的解决过程中，尊重当事人意思自治通常是首要考量。然而，双方当事人往往都期望选择对自己有利的法院进行诉讼，以保护自身利益最大化，这可能导致标准必要专利权人与实施者之间在管辖法院的问题上难以达成共识。当双方无法就管辖法院达成一致时，为了防止对抗性诉讼的出现并确保纠纷得到公正高效的解决，可以依据最密切联系原则来确定一个合适的管辖法院。

最密切联系原则是指法院在处理国际民商事案件时，应该综合分析与该国际民商事法律关系相关的各种因素，从中找出最本质的联系，并以此为标准去适用法律。❹ 最密切联系原则在涉外民商事纠纷的管辖权确定中扮演着关键角色。它基于公平价值的考量，强调裁决法院所在国与诉争法律关系之间应当存在最紧密的联系。当多个国家的法院基于不同的法律体系和利益考量均认为对案件拥有管辖权时，根据这一原则，与案件联系最密切的法院被视为最适合行使管辖权的机构。由这样的法院来审理案件，能够更深入地了解案件背景并准确地适用法律，

---

❶ 王利明. 中国民法典释评 [M]. 北京：中国人民大学出版社，2020：18.
❷ 刘力. 国际民事诉讼管辖权研究 [M]. 北京：中国法制出版社，2004：15.
❸ 冯霞. 论国际民商事诉讼中的协议管辖原则：兼评我国相关立法及立法建议 [J]. 法律适用，2005（7）：81.
❹ 刘力. 国际民事诉讼管辖权研究 [M]. 北京：中国法制出版社，2004：184.

从而更根本性地解决争议。并且，这样的法院也更便于执行其所作出的裁判，确保纠纷得到妥善解决。

在判断哪个国家的法院与案件联系最密切时，可以参考冲突法中的联结点。联结点是指将涉外民商事法律关系与一定地域的法律联系起来的客观事实因素。在涉及标准必要专利的诉讼中，这些联结点主要包括：标准必要专利的主要实施地（也就是合同履行地或者侵权行为地）、一国专利数量在涉案标准必要专利组合中的占比、当事人专利许可磋商地、专利许可合同签订地等。通过分析这些联结点，可以确定与案件具有最密切联系的国家，进而确定合适的管辖法院。首先，标准必要专利的主要实施地因直接关系到标准实施者的主要利润来源，无疑是确定最密切联系时的一个主要联结点。在"无线星球诉华为"案中，华为公司的主要产品制造地和主要市场均为中国，中国市场占其全球销售额的 56%，而英国市场只占其全球销售额的 1%，英国法院仅仅以 2 件有效的标准必要专利为联结点，无视华为公司的管辖异议而主动裁定全球许可费率的行为，明显不符合最密切联系原则。其次，一国专利数量在涉案标准必要专利组合中的占比也是确定最密切联系时考虑的重要因素。如果一项涉案标准必要专利组合中完全不涉及本国专利，那么在确定全球许可费率时，相当于完全是对是否违反基于外国专利的外国 FRAND 义务的判断，除非在当事人达成管辖合意的前提下，很难说一国法院对此具有管辖权。❶ 再次，因专利的质量和数量是确定全球许可费率的基础，当一国的专利质量越好、数量越多时，其与全球许可费率的关系更密切，因此，一国专利数量的占比也是确定最密切联系时考虑的重要因素。最后，标准必要专利权人和标准实施者通常是一些跨国企业，在全球行使权利和布局业务，这使得其专利许可磋商地以及合同签订地等都具有相对的灵活性和偶然性，其只能作为与争议有实际联系的地点，可以作为判断是否具有管辖权的参考因素。

3）不方便法院原则

不方便法院原则起源于英美法系国家，其被广泛应用于解决平行诉讼问题，后来也被大陆法系国家所接受并使用。

不方便法院原则，指对某一案件具有民事诉讼管辖权的法院，综合当事人是否便利参加诉讼以及法院自身审理案件的便利程度等因素，如果自认为不方便管辖该案件，而另一国法院对该诉讼同样具有管辖权并且这种管辖更为方便和合

---

❶ 戚秋杰. 标准必要专利全球许可费率管辖权裁判研究［J］. 中国发明与专利，2023，20（9）：68.

适，也符合当事人和大众的利益，则拒绝行使管辖权的制度。❶ 该原则的核心在于，当考虑案件受理可能给法院或当事人带来不便时，需要受诉法院进行自主评估。值得注意的是，这一原则在实际运用中给予了法院相对较大的自主裁量权，对于"便利"的界定，法院拥有较大的解释空间。然而，在当前各法院普遍倾向于争取案件管辖权的背景下，法院通常不会单纯基于这一原则就轻易断定自身对案件没有管辖权。例如，在"康文森诉华为 & 中兴"案中，华为公司认为英国的销售额明显小于中国的销售额，由中国法院来审理案件将更为便捷和高效，据此基于不方便法院原则向英国法院提出了抗辩。尽管华为公司提出了这样的观点，英国法院依然主张该案由其审理比由中国法院审理更为便利。这一裁决凸显了在不方便法院原则的应用中法院裁量空间过大的问题，可能进一步导致对案件管辖权的争议。

4）最先受诉法院原则

最先受诉法院原则是指发生平行诉讼时，原则上应由最先受理该案件的法院来行使管辖权。在理想状态下，当内外国法院与案件的联系程度相近且没有明显差异时，适用最先受诉法院原则更为合理。这种情况下，后受理案件的法院应当主动放弃对案件的管辖权，以确保司法效率并避免司法资源的浪费，减少当事人因平行诉讼而面临的额外负担。

最先受诉法院原则被广泛运用于欧盟内部，《布鲁塞尔公约》第 21 条规定：相同当事人间就同一诉因在不同缔约国法院起诉时，首先受诉的法院以外的其他法院应主动放弃行使管辖权，让首先受诉的法院审理。但是对于非欧盟国家之间或者欧盟国家和非欧盟国家之间，最先受诉法院原则的约束性并不强。在实际操作中，当没有达成相关国际条约作为指导时，是否适用最先受诉法院原则往往取决于各国法院对国际礼让原则的自觉遵守程度。

5）国际礼让原则

在标准必要专利司法实践中，国际礼让原则是法官在涉外诉讼中必须考虑的原则之一。对于标准必要专利全球许可费率管辖权的裁判也需要遵循国际礼让原则，任何扩大管辖权的行为都要考虑到是否会破坏礼让原则背后国与国之间的司法合作精神。国际礼让原则强调在主权平等的基础上适当平衡国家主权利益，但其本身并不是一项绝对的义务，也不仅仅是对他国法律单纯的尊重或者善意，而是基于对国际责任和国际义务便利性的考虑，顾及本国公民或其他受其法律保护的主体的权

---

❶ 刘力. 国际民事诉讼管辖权研究［M］. 北京：中国法制出版社，2004：215.

利，在一国境内自愿承认外国法的效力，即承认他国的立法、行政和司法行为。❶然而，需要注意的是，遵循国际礼让原则并不意味着在出现国际平行诉讼时，一国应当无条件地放弃其管辖权。相反，各国在维护本国司法主权的同时，应当综合考量国际礼让及其他相关因素，对他国主权给予充分的尊重。这种平衡的做法旨在实现涉外诉讼管辖争端的协调处理，确保国际法律秩序的稳定与公正。

（二）各个国家对裁判全球许可费率的不同观点

从全球各个国家的司法实践来看，各国法院对于裁判全球许可费率的态度存在较大差异，英国法院相对开放和激进，而美国法院则趋于保守和谨慎，在这两大国家的影响之下，其他国家的裁判则采取了相对折中的态度。

1. 英国法院对裁判全球许可费率的开放态度

英国法院对全球许可费率的态度主要体现在"无线星球诉华为"案❷和"康文森诉华为＆中兴"案❸中。在这两案并一案的审理中，在双方当事人未达成合意的情形下，英国法院以开放的态度裁判了全球许可费率，并以禁令的方式确保标准实施者接受其全球许可费率的裁判结果。英国法院裁判的理由和依据主要包含以下几个方面。

（1）全球许可符合 FRAND 原则

对于全球许可是否符合 FRAND 原则这一问题，法院主要是从 FRAND 原则的性质来进行分析的。英国法院强调其对标准必要专利全球许可费率的管辖权来自 ETSI 的知识产权政策，其认为 FRAND 许可承诺的法律性质是标准必要专利权人与标准制定组织之间形成的"第三人利益合同"，且 ETSI 在其制定的《ETSI 知识产权指南》第 4.3 条中规定"一旦知识产权被授予，在有关各方之间没有协议的情况下，国家法院是解决知识产权争端的唯一权威"，依据这一规定，英国法院认为 FRAND 原则暗含了对标准必要专利包的全球许可，全球许可是一个合同问题，英国法院有权管辖并对合同内容作出解释。

（2）全球许可符合经济效益

标准必要专利权人和标准实施者往往在全球范围进行商业实践活动，从经济

---

❶ Hilton v. Guyot, 159 U. S 113（1895）.

❷ Unwired Planet International Ltd. v. Huawei Technologies（UK）Co., Ltd. ［2020］UKSC 37.

❸ Huawei Technologies（UK）Co., Ltd. v. Conversant Wireless Licensing SARL；ZTE Corporation v. Conversant Wireless Licensing SARL ［2020］UKSC 37.

效益的角度出发，没有哪个理性的企业会选择在各国逐一进行许可谈判，双方达成的许可协议一般都是全球性的。就如在"无线星球诉华为"案中，法院指出华为公司在 51 个国家开展经营和销售活动，无线星球公司在 42 个国家拥有专利，合理且高效的方式是寻求就全球许可达成一致，而不是逐个国家去寻求许可，这种行为是疯狂的。因此，全球许可是唯一的且更有效率的许可方式。

（3）全球许可不违反专利的地域性原则

在"无线星球诉华为"案中，华为公司认为因为专利的地域性特点，一个国家的专利无法在另一个国家要求执行，一个国家的法院也不能判定其他国家专利的有效性和侵权等法律问题，其他国家专利的有效性和相应的专利价值也应当由其他国家的法院来判定，因此无线星球公司无权要求英国法院裁判全球许可费率。英国法院充分认可专利的地域性特点，即一项专利所赋予的权利仅适用于其被授予的国家范围内，英国法院裁决的并非其他国家的专利的有效性或是否存在专利侵权行为，法院更侧重于在知识产权政策框架下，基于 FRAND 原则来确保专利权人与实施者在谈判过程中的权益平衡。同时，英国法院认为其对于全球许可费率的裁判，也并不会限制或阻碍实施者在其他国家挑战专利的有效性；如果专利的有效性挑战在其他国家获得成功，双方可以根据实际情况，对相应的专利许可费率进行必要的调整。

（4）确定全球许可不以判断专利有效性为前提

英国法院认为专利的有效性和必要性虽然是判断专利侵权的基础，但在确定全球许可费率这一合同问题上，并不直接依赖于对专利有效性和必要性的判断。在"无线星球诉华为"案中，英国法院明确指出，当标准实施者通过获得一份通常包含未经严格审查的国际专利组合的许可来购买新标准的使用权时，许可费率应当反映出这一专利组合中可能存在的未经充分验证的专利特性。通过这种方式，标准实施者实际上是在购买一种确定性，即他们可以在不经过逐个专利有效性验证的情况下，直接使用这些专利组合所涵盖的技术。因此，英国法院认为，知识产权政策并不要求标准必要专利权人仅能在那些已被认定为有效且被侵权的专利中收取许可费。这种处理方式旨在促进技术的广泛采用和标准的统一实施，同时也为专利权人和实施者提供了更加公平和灵活的合同安排。

（5）英国法院是管辖全球许可费率的适格法院

在"无线星球诉华为"案和"康文森诉华为 & 中兴"案中，华为公司或中兴公司都提出了英国法院作为不方便法院的抗辩，认为其全球销售额只有很小一部分在英国，而中国市场的销售额占了更大一部分，因此中国法院应该是更方便法院。针对此抗辩，英国法院认为，该案中标准必要专利谈判双方应当遵循标准制定组织 ETSI 的知识产权政策，而 ETSI 的知识产权政策赋予了专利授权国确定全球许可费率的权力，至少在缺少当事人合意的情况下，中国法院对 FRAND 全球许可条件不具有管辖权，即使双方当事人均同意由中国法院裁决全球许可费率，也不确定中国法院是否会行使这一管辖权，较之中国法院不确定的管辖，英国法院显然是更适宜的法院。可以看出，英国法院基于案件与英国的最低联系来判断其是管辖全球许可费率的适格法院。

在英国通过"无线星球诉华为"案争夺全球许可费率的管辖权后，2021 年 12 月，英国知识产权局发布《标准必要专利与创新：征求意见》，其中提到"在英国，法院已经准备好确定全球投资组合许可费率，正如我们从英国最高法院最近的判决（如'无线星球诉华为'案）中看到的那样"，英国也是将"无线星球诉华为"案作为标杆案例，试图建立符合英国产业发展利益的标准必要专利许可规则。英国后续在"诺基亚诉 OPPO"案、"交互数字诉联想"案等标准必要专利许可诉讼案件中持续坚持开放的管辖权态度。

2. 美国法院对裁判全球许可费率的谨慎态度

美国法院在"微软诉摩托罗拉"案中尝试裁判全球许可费率后，一直保持较为谨慎的态度，这种谨慎的态度主要体现在美国法院会充分尊重当事人的管辖合意上。

（1）双方当事人达成管辖合意的情况下裁判全球许可费率

通常情况下，美国法院只有在双方当事人达成管辖合意的情况下才进行全球许可费率的裁判。其中，最典型的案例是"TCL 诉爱立信"案❶。

爱立信公司拥有一系列的移动通信技术全球标准必要专利组合包。2014 年 3 月，TCL 公司向美国加利福尼亚地区法院提起诉讼，认为爱立信公司未按 FRAND 原则提供专利许可条件，请求法院裁决涉案专利组合的全球许可费率。爱立信公司也同意法院裁决全球许可费率。法院在裁判中认为，因未获得专利权的发明属公共领域，不应计入专利许可费的考量中，并且，公平合理的许可费率应与专利权人在不同国家的专利实力成正比，无视区域专利实力的差异则忽视了 FRAND 原则与各个国家的专利法之间的联系。最终，法院根据爱立信公司在全球的专利实力差异，将全球分为四个区域，并分别为这些区域确定了 FRAND 许

---

❶ TCL Communication Technologies Holdings, Ltd. v. Telefonaktiebolaget LM Ericsson, 2017 WL 6611635 (C. D. Cal. 2017).

可费率。

上述案件表明，美国法院在当事人达成管辖合意的情况下，愿意裁判标准必要专利全球许可费率，但在确定费率时同样采取了谨慎的态度，会充分关注当事人在不同区域的专利实力的差异性。这为全球专利许可费率裁判争议提供了重要的参考依据。

（2）双方当事人未达成管辖合意情况下拒绝裁判全球许可费率

在仅有一方当事人同意裁判全球许可费率时，美国法院通常会拒绝裁判，最典型的案例是"Optis 诉华为"案❶❷和"Optis 诉苹果"案❸。

在"Optis 诉华为"案中，2017 年，Optis 公司在美国得克萨斯州法院起诉华为公司，请求法院确认其全球专利许可符合 FRAND 原则，但华为公司对此持有异议。美国法院认为，该案涉及外国法律适用和对外国专利侵权的判定，若仅按美国法律来裁决，可能与外国法院的判决结论不同，并且，如果对域外的专利侵权索赔进行管辖，会超出其自由裁量权的范围。因此，法院在权衡各方利益后，决定仅对涉及美国的标准必要专利许可费纠纷部分行使管辖权，而拒绝了对非美国专利是否侵权、许可是否符合 FRAND 原则等问题的裁判。这一决定体现了美国法院在尊重国际法律体系和各国司法主权方面的审慎态度。类似地，在"Optis 诉苹果"案中，美国法院同样认为与外国专利相关的问题更适合由专利授予国的法院进行裁决，美国法院仅对涉及美国的专利或根据美国法律所享有的权利进行裁决。

上述案件表明，美国法院将标准必要专利全球许可费率确认问题视为专利侵权索赔问题，其需要严格根据专利权的地域性对美国域内的纠纷进行管辖。并且，只要有任何一方当事人对标准必要专利全球许可费率存在异议，美国法院就不会裁判全球许可费率。

3. 德国、法国和荷兰努力争取对全球许可费率的管辖权

德国、法国和荷兰等国作为欧盟成员国，也一直在争取对全球许可费率的管辖权。

（1）德国通过签发禁令来实质行使全球许可费率管辖权

德国法院认可全球许可符合 FRAND 原则，但法院在具体司法实践中未直接

---

❶ Optis Wireless Tech., LLC. v. Huawei Device Co., Ltd., 2018 WL 476054（E. D. Tex. 2019）.
❷ Optis Wireless Tech., LLC. v. Huawei Technologies Co., Ltd., 2018 WL 3375192（E. D. Tex. 2019）.
❸ Optis Wireless Tech., LLC. v. Apple Inc., CIVIL ACTION NO. 2：19 - CV - 00066 - JRG.

裁决全球许可费率，而是直接通过对被许可人签发禁令的方式确认其对全球许可费率的管辖权。这一点从"Sisvel 诉海尔"案❶可以看出。

2014 年，Sisvel 公司在德国杜塞尔多夫地区法院起诉海尔公司专利侵权，并请求法院签发禁令。法院一审判决海尔公司侵权并签发了禁令。海尔公司提起上诉，二审法院认为 Sisvel 公司给予海尔公司的许可费率存在歧视，中止了禁令执行。Sisvel 公司再上诉，德国联邦最高法院在裁决中认为专利组合许可的方式并不违法，但须遵守以下原则：不能强制将非标准必要专利进行许可；不能将是否接受全球专利组合许可作为衡量一方是否履行 FRAND 原则的标准；非歧视性许可并非要求所有被许可人都获得相同的许可条件。最终，德国联邦最高法院确认 Sisvel 公司的许可不存在歧视。该案中，德国法院虽未具体裁定全球许可费率，但禁令惩罚措施实质上确认了其对全球许可费率的管辖权。

（2）法国和荷兰以当事人与本国的联系作为判定管辖权的标准

法国法院在确定全球许可费率争议的管辖权时，会考虑案件事实或案件当事人与法国的联系。在"TCL 诉飞利浦 & ETSI"案❷中，从 2015 年开始，诉讼双方当事人就专利许可谈判未果。2018 年，飞利浦公司在英国高等法院针对 TCL 公司提起专利侵权诉讼。同年，TCL 公司在法国巴黎民事法院请求裁判全球许可条件。飞利浦公司认为英国法院已经受理了该纠纷，主张法国法院对该案没有管辖权。法国巴黎民事法院驳回了飞利浦公司的管辖权异议。法院认为，因被告 ETSI 在法国，法国法院对案件具有管辖权，并同时拥有裁判全球许可费率的管辖权。在后续裁判的"小米诉飞利浦 & ETSI"案❸中，法国法院也再次坚持了这一观点。

荷兰法院同样通过判断当事人与荷兰的联系来作为其裁判全球许可费率的依据。在"Vestel v. Access Advance"案❹中，Vestel 公司向荷兰海牙地区法院申请确认 FRAND 许可条件，而 Access Advance 公司认为其专利池的多数成员并未在荷兰设有住所地，因此对管辖权提出了异议。法院认为，作为专利池成员的飞利浦公司在荷兰成立，因此法院具有合法的管辖权。此外，鉴于 Vestel 公司对欧盟内其他被告提出的诉讼内容相同，为了提高司法效率，法院认为将这些诉讼共同处理是合理的。因此，荷兰海牙地区法院裁定自己对该案件拥有管辖权，包括裁

---

❶ Sisvel. v. Haier, Federal Supreme Court of Germany, Case No. KZR 35/17.

❷ TCL v. Philips, Tribunal de Grande Instance in Paris, Case ID：RG 19/02085.

❸ XIAOMI v. Philips & ETSI, Tribunal Judiciaire in Paris, Case ID：RG 20/12558.

❹ Vestel v. Access Advance, ECLI：NL：RBDHA：2021：14372.

决全球许可费率的权力。

4. 各个主要国家全球许可费率管辖原则的适用差异

通过对不同国家对待管辖全球许可费率的态度可以看出，国家之间的标准差异很大，特别是主要国家的法院会适用不同的标准来确定全球许可费率的管辖权，具体参见表6-4。

表6-4 各个主要国家适用的不同管辖原则

国家	管辖原则
英国	最低联系原则
美国	意思自治原则
法国、荷兰	属地管辖原则
德国	未明确

美国法院以双方当事人的管辖合意作为裁判全球许可使用费率的前提，遵循的是意思自治原则的管辖根据，只有在双方当事人同意的情况下，美国法院才会作出全球许可费率裁判。另外，美国法院在裁判全球许可费率时，会充分根据当事人在不同国家或地区的专利实力的差异性来划分不同的许可费率，更加严谨和保守。

英国法院在考虑全球许可费率的管辖问题时，会侧重于分析标准必要专利全球许可纠纷的争议性质、全球许可费率与专利有效性的关系、不方便法院原则等因素，基于这些因素的综合分析来确定对全球许可费率的管辖权。从结果来看，只要与英国存在联系，不论联系的大小，英国法院通常就会认为其具有对全球许可费率的管辖权，其实际上是依据最低限度联系原则来确立的管辖。此标准的管辖依据很显然是突出自身对此问题的话语权，更加激进和开放，此管辖的门槛过低，当然也引发了其他主要国家的广泛争议，激化了各国的管辖权冲突。

法国和荷兰法院通常以案件事实或当事人与本国的联系作为确定法院裁判全球许可费率争议的管辖，只要案件相关事实或者至少有一方当事人与本国存在地域联系，本国就拥有对全球许可费率的管辖权。

德国虽未明确针对全球许可费率的直接管辖依据，但其在司法实践中，通过对非善意被许可人采取禁令措施，来促使被许可人遵循全球许可费率的裁决结果，间接体现了德国对标准必要专利全球许可费率的管辖权。

（三）我国裁判全球许可费率的司法实践和使用分析

一直以来，在涉及标准必要专利的司法案件中，我国法院一直坚守严格的法域主权原则，并未主动裁定涉案标准必要专利的全球许可费率，也未声明自己拥有对全球许可费率的管辖权。但随着裁判全球许可费率案件的频发，且多数案件都涉及我国企业，为了保护我国企业的合理权益，并在标准必要专利诉讼中树立自身的话语权，我国法院开始尝试着在全球声明其对全球许可费率的管辖权。

1. 我国裁判全球许可费率的司法实践

关于标准必要专利的全球许可费率的管辖权问题，2016 年最高人民法院发布的《最高人民法院关于审理侵犯专利权纠纷案件应用法律若干问题的解释（二）》明确：推荐性国家、行业或者地方标准所涉必要专利的实施许可条件，应当由专利权人、被诉侵权人协商确定，经充分协商，仍无法达成一致的，可以请求人民法院确定。这实质上为裁判标准必要专利许可费率提供了司法依据。2018 年，广东省高级人民法院在其制定的《关于审理标准必要专利纠纷案件的工作指引（试行）》第 16 条中探索性地规定：标准必要专利权人或被许可人一方请求裁判的有关标准必要专利的许可地域范围超出裁决地法域范围，另一方在诉讼程序中未明确提出异议或其提出的异议经审查不合理的，可就该许可地域范围内的许可使用费作出裁判。通过分析该条款可以看出，一方面，如果裁决的许可地域范围超出裁决地法域范围，原则上而言需要经过另一方当事人同意；另一方面，该条款也赋予了法院一定的自由裁量权来裁定另一方提出的管辖权异议是否合理，这就给法院在双方当事人未达成管辖合意的情况下裁判全球许可费率留下一定的空间。2021 年，在"OPPO 诉夏普"案❶中，我国首次应用"更密切联系原则"解决标准必要专利全球许可纠纷的管辖权争议，并于 2022 年在"OPPO 诉诺基亚"案❷中再次应用该原则确立了我国法院对全球许可费率的管辖权。

（1）"OPPO 诉夏普"案

2018 年 7 月，夏普株式会社与 OPPO 公司就夏普株式会社拥有的 3G、4G 和 Wi-Fi 无线通信标准必要专利进行谈判。然而，在谈判即将进入实质性阶段时，夏普株式会社于 2020 年 1～4 月在全球多地起诉 OPPO 公司专利侵权并寻求禁令。随后，OPPO 公司向深圳市中级人民法院提起诉讼，指控夏普株式会社在谈判中违反了 FRAND 原则，并请求法院裁决涉案专利的全球许可条件。夏普株式

---

❶ 参见广东省深圳市中级人民法院（2020）粤 03 民初 689 号民事裁定书、最高人民法院（2020）最高法知民辖终 517 号民事裁定书。

❷ 参见重庆市第一中级人民法院（2021）渝 01 民初 1232 号民事裁定书、最高人民法院（2022）最高法知民辖终 167 号民事裁定书。

会社提出管辖权异议，但被深圳市中级人民法院驳回。夏普株式会社上诉至最高人民法院，认为该案属于侵权纠纷，应由域外的侵权行为实施地、侵权结果发生地或者被告住所地法院管辖，并认为该案存在多起国际平行诉讼，我国法院不具有裁决全球许可费率的管辖权。

2021年8月，最高人民法院详细分析了该案中标准必要专利许可纠纷的管辖联结点，终审裁定我国法院具有对该案的管辖权，首次将"更密切联系原则"适用于标准必要专利全球许可条件的管辖权判断。

（2）其他案件

在"OPPO诉夏普"案之后，最高人民法院同样在"OPPO诉诺基亚"案中明确了对标准必要专利全球许可费率的管辖权，其审判标准与在"OPPO诉夏普"案中的标准基本相同。此外，中兴公司就标准必要专利全球许可费率问题向深圳市中级人民法院起诉天珑移动，成为我国法院借"OPPO诉夏普"案确立标准必要专利全球许可费率管辖权后，管辖标准必要专利全球许可费率的另一案件，也是我国标准必要专利权人首次主动请求裁判全球许可费率的案件。

2. 我国裁判全球许可费率的使用分析

在裁判全球许可费率时，我国法院强调标准必要专利纠纷的合同性质，以当事人的实质意愿作为基础，并以适当联系原则来作为主要判断准则。

（1）标准必要专利许可纠纷具备合同纠纷性质

在最高人民法院裁判的标准必要专利全球许可纠纷案件中，法院认为专利许可纠纷同时具备合同纠纷和专利侵权纠纷的特点。但鉴于标准必要专利许可纠纷的核心在于请求法院明确专利的特定许可条件，以推动各方达成许可协议，最高人民法院通常将其视为一种相对更偏向于合同纠纷的特殊类型案件。

（2）更密切联系原则是确定全球许可费率管辖权的基本判断原则

最高人民法院在判断是否对标准必要专利全球许可纠纷具有管辖权时，主张应基于纠纷是否与我国存在更密切联系为判断原则。这种联系可能体现在多个方面，如专利的授权地、专利实际实施地、专利许可合同签订地、专利许可磋商地、专利许可合同履行地以及可被扣押或执行的财产所在地等，只要这些联结点中的任何一个位于我国境内，我国法院就有权处理标准必要专利的全球许可纠纷。

（3）将当事人的意愿作为适合裁判全球许可费率的事实基础

当事人的意愿是决定法院是否适合对标准必要专利全球许可条件进行裁决的

关键因素。如果案件的双方当事人都明确表达了由我国法院来裁决全球许可费率的意愿，那么这样的共识自然赋予了我国法院在处理全球许可费率问题上的适宜性和权威性。但是，如果案件双方当事人都有在全球范围内对所涉及的标准必要专利进行授权许可的意愿且也曾围绕该意愿展开过磋商，这实质上也相当于双方当事人达成了就全球许可费率进行裁判的意愿，即使一方当事人就全球许可条件的管辖权存在异议，我国法院也会认为这与双方当事人就订立许可合同的目的不符，异议不成立。

（4）域外平行诉讼不影响我国法院对案件的管辖权

在考虑域外平行诉讼是否会影响我国法院对案件的管辖权时，应参考我国民事诉讼法并结合案件核心争议点来综合判断。若我国法院审理的案件与域外其他诉讼的核心争议点相重合，那么这可能构成潜在的冲突点。为了准确判断，需要综合考虑纠纷的性质、涉及的专利以及核心争议点等多个因素，以确定我国法院审理的案件与其他法域的诉讼案件是否存在显著冲突。同时，根据我国民事诉讼相关法律规定，即使同一案件在域外法院也在进行平行诉讼，只要我国法院对该案件具备法定的管辖权，域外法院的平行诉讼原则上也不会对我国法院行使管辖权构成影响。

3. 针对我国裁判全球许可费率的建议

标准必要专利全球许可纠纷的管辖不仅关系到我国的司法主权，还与技术变革和产业利益密切相关。我们必须以知识产权保护的全面视角，审慎审视我国在应对这类纠纷时所采取的管辖实践及策略，在保护我国司法权益的同时，推动我国通信技术产业持续健康发展。

（1）以积极的态度维护我国的司法管辖权

司法主权是不可讨论的主权问题。在"无线星球诉华为"案中，英国最高法院以我国民事法律制度不能解决专利全球许可问题为由认为我国法院不具有管辖权，来抢占对于全球许可费率裁判问题的管辖权，显然未充分考虑国际礼让原则，侵犯了我国的司法管辖权。对此，我国法院应坚定捍卫国家司法管辖的尊严和权威，以积极、果断的姿态应对标准必要专利国际平行诉讼，并在涉及标准必要专利全球许可费率的问题上，根据我国法律和国际法的规定，合理且有效地行使司法管辖权，确保我国法律权益得到切实维护。

（2）合理确定标准必要专利全球许可费率的管辖权

在涉及同一件全球许可费率纠纷的案件中，许多国家都具备或表现出行使管辖权的意愿。鉴于这种情况，为了有效减少或避免潜在的管辖权冲突，各国应当基于合理的原则或标准审慎界定各自在此类案件中的管辖权范围。

意思自治原则体现的是双方当事人对于全球许可费率纠纷案件管辖的意愿，这构成了管辖该类案件的基础。但是，只是在双方当事人明确同意法院管辖的情况下才认为符合意思自治原则，可能并不完全契合双方当事人的真实意愿。实际上，如果双方当事人存在在全球范围内进行授权许可的意愿，并且已经围绕这一意愿进行了深入的磋商，那么也可以被视为双方已经达成了就全球许可费率进行裁决的默契，也可以认为符合意思自治原则。因此，标准必要专利全球许可费率管辖权的裁判虽然不是以双方当事人达成管辖合意作为必要条件，但是要受到当事人具备达成全球许可意愿的限制，以保证最大程度上尊重当事人意思自治。❶

另外，在通常情况下，由与案件联系最密切的法院来行使对标准必要专利许可费率纠纷案件的管辖权，更能从根本上解决争议，因此，以最密切联系原则作为管辖权的判断依据是确定管辖权的本质。在具体适用最密切联系原则判断是否具有管辖权时，要综合考虑涉案标准必要专利权利授予国及分布比例、标准必要专利的主要实施地、标准实施者的主要营业地或主要营收来源地等因素来判断。

最后，在确定管辖时，同样要参考不方便法院原则、最先受诉法院原则等重要因素，并且，出于互相尊重司法主权的要求，充分考虑国际礼让原则，避免对国际平行诉讼管辖的恶性竞争。

（3）充分发挥磋商调解机制来解决全球许可费率问题

全球许可费率的管辖虽然体现的是各个国家对全球许可费率司法裁判的争夺，但本质上是各个国家为了维护本国企业的利益所采取的措施。诉讼只是达成合理的许可协议以维护自身利益的一种手段，诉讼当事人对于管辖权的争议，实质上缘于对自身利益的担忧。通常情况下，诉讼双方当事人往往倾向于在诉讼过程中达成和解，或者基于诉讼的最终结果来确立最终的许可协议，从而在减少诉累的同时满足自身合理利益。因此，基于此种状况，法院在诉讼过程中可以积极使用调解机制，积极引导和促使双方当事人回到现实基础的利益问题上，从而更公平合理地解决纠纷。

另外，也可以充分发挥仲裁程序的作用。2023年，国家知识产权局和司法部联合出台《关于加强新时代专利侵权纠纷行政裁决工作的意见》，这不仅标志

---

❶ 戚秋杰. 标准必要专利全球许可费率管辖权裁判研究［J］. 中国发明与专利, 2023, 20（9）: 68.

着行政裁决在专利侵权纠纷处理上迈出了坚实步伐，而且在初步的司法实践中赢得了积极反响。对于标准必要专利的全球许可费率纠纷，应持续进行积极探索，构建权威且公正的涉外纠纷解决机制。行政裁决这种更为缓和的解决方式有助于我国掌握更多专利纠纷解决的主动权，进而提升国际公信力，赢得更广泛的国际认可与信赖。

第七章　标准必要专利滥用的反垄断规制

一、标准必要专利与反垄断制度

（一）反垄断和反垄断法

何为垄断？汉语中"垄断"一词来源于《孟子》一书中的"必求龙（同"垄"）断而登之，以左右望而罔市利"，意思是说站在市场的高处，居高临下观望市场，期望获得整个市场的利润，即独自占有的意思。而英语中"molopoly"（垄断）一词来源于古希腊，有独自控制贸易或商品的意思。而随着市场经济和法治的发展，垄断逐渐用于描述市场结构状态，表现为对市场或产品具有显著的统治力，这种统治力能够直接影响市场竞争或者产品的价格、产量等。垄断的形式多种多样，例如通过短期价格协定控制价格，同一部门内瓜分市场、规定产量、规定价格的卡特尔，统一掌管所属企业的生产、购销和财务活动的托拉斯等。

何为反垄断？反垄断是对垄断的反作用，表现为禁止、限制垄断等。对垄断进行制约的反垄断思想同样自古有之，如中国的《唐律》规定：欺行霸市，牟取暴利，垄断市场者，将受杖刑；重者将以盗罪论处。罗马帝国制定的《粮食法》和欧克雷狄亚斯敕令，即有禁止以囤积居奇、妨害市场、惜售等方法来提高市场价格及获取暴利之行为。[1] 从英国的《大宪章》时期后，英国的普通法法官开始提出关于"贸易限制"的原则，该原则禁止独占和串通，认为这是对个人自由参与竞争的限制，是不合法的。[2]

（二）反垄断法的发展

随着工业革命、市场经济的飞速发展，各国逐渐发展出与其市场、科技相适

---

[1] 周韵. 反垄断法论 [D]. 北京：中国政法大学，2001.
[2] 白艳. 欧美竞争法比较研究 [D]. 北京：中国政法大学，2004.

应的反垄断法。例如美国的反垄断法又称为反托拉斯法,而欧盟的反垄断法又称为欧盟竞争法。下面就各国反垄断法的发展进行一一介绍。

1. 美国反垄断法的发展

美国是现代反垄断法的源头,其反托拉斯法主要包括《谢尔曼法》《联邦贸易委员会法》《克莱顿法》,其中美国司法部负责执行《谢尔曼法》,联邦贸易委员会负责执行《联邦贸易委员会法》,两个机构都可以执行《克莱顿法》。

1890 年制定的《谢尔曼法》,被认为是现代反垄断法的开端,是美国国会制定的第一部最基本的反托拉斯法,同时也是美国历史上第一个授权联邦政府控制、干预经济的法案。该法案规定:任何限制州际或与外国之间的贸易或者商业的契约,以托拉斯形式或其他形式的联合,或共谋,均被宣告非法。

1914 年美国先后通过了《联邦贸易委员会法》和《克莱顿法》。《联邦贸易委员会法》的主要内容是禁止不正当竞争行为,核心内容有两部分,其一是界定"不公平竞争方法"和"商业中不公平或欺诈性的行为"的规则;其二是授权成立联邦贸易委员会来专门负责对上述"不公平竞争行为和方法"的调查处理。❶

《克莱顿法》最重要的条款是第 7 条。该条款是针对企业合并和建立合营企业的核心条款,主要包含以下规定:从事商业或者从事影响商业活动的任何人,都不得直接或者间接取得从事商业或影响商业活动的其他人的股份或财产,如果这一取得会导致国内某个商业部门或者某个影响商业的活动严重减少竞争或者产生垄断趋势。因为这个条款的目的是将托拉斯、共谋和垄断遏制在萌芽状态,消除处于早期阶段的垄断势力,所以《克莱顿法》的立法原则也被称为"早期原则"❷。

应该注意到,美国反垄断立法与美国两大学派哈佛学派、芝加哥学派之间存在密切关系。哈佛学派强调市场结构对市场活动和市场绩效的决定性影响,主张制定严格的反垄断政策,以维护公平竞争的市场环境。芝加哥学派认为市场绩效或市场行为决定了市场结构,主张放松对并购和价格歧视等行为的规制,以促进市场竞争和创新,实现经济效率和社会福利的最大化。因此,在早期哈佛学派占主导地位时,美国反垄断法主要关注市场结构,通过规制企业合并和市场份额等方式来维护公平竞争。而随着芝加哥学派的理论观点逐渐得到重视,反垄断法对并购和价格歧视等行为的规制也逐渐放松。可见,不同历史时期,这两个学派的

---

❶ 周昀. 反垄断法新论 [M]. 北京:中国政法大学出版社,2016:30-32.
❷ 王晓晔. 紧盯国际卡特尔:美国反托拉斯法及其新发展 [J]. 国际贸易,2002 (3):39-43.

影响力不同，也推动美国反垄断法的不断变化和完善发展。

2. 欧盟反垄断法的发展

欧盟竞争法的立法目的和美国反托拉斯法有所不同：美国反托拉斯法更侧重自由竞争；欧盟竞争法的立法目的是反对垄断行为保护良性竞争，同时兼顾政府干预。这是因为：一方面，欧洲竞争法的发展受到德国弗莱堡学派思想的影响，该学派认为立法既要维护市场经济的竞争秩序，又要体现财富公平分配和社会保障，例如第二次世界大战后的德国就一直推崇竞争法，直接影响到欧洲一体化后欧盟竞争法的发展；另一方面，欧盟及其前身欧共体是由多个主权国家组成，各国均有其自身的产业和市场运行机制，因此当这些国家组成统一联盟并建立统一市场时，其首要任务就是维护好市场竞争的同时协调好成员国之间的利益。

从《欧共体条约》第81～89条发展到《欧盟运行条约》第101～109条，欧盟竞争法对垄断和竞争进行了阐述，涉及限制竞争协议和协同行为、滥用市场支配地位、合并控制、豁免、主要执行机构、竞争案件所涉各方提供的关键程序等。上述条约不仅提供了指导性意见，同时通过详细例举以求为市场提供更准确的指引。例如，《欧盟运行条约》规定了证明企业之间达成限制竞争的垄断协议的四个条件：①企业之间必须存在协议；②协议必须具有限制竞争的目的或效果；③对竞争必须有明显的影响；④协议必须对成员国之间的贸易产生明显的影响。❶ 可见，欧盟从竞争法的角度来对限制竞争的行为进行规制。

3. 日本反垄断法的发展

日本在第二次世界大战后制定了禁止垄断法。早期《日本禁止垄断法》不仅学习了美国反托拉斯法的精神，同时立足于日本自身的国情，以促进日本经济战后快速恢复为主要目的，各条款相对于美国更宽松。后期随着日本经济发展到一定水平，为了满足市场公平竞争的需要，多次对该法进行了修改。

《日本禁止垄断法》主要包括三大规制措施，分别为禁止私人垄断、禁止不正当的交易限制和禁止不公正的交易方法，亦被称为《日本禁止垄断法》的三个支柱。《日本禁止垄断法》所称的私人垄断是指经营者不论单独还是利用与其他经营者的结合、通谋以及其他任何方法，排除或控制其他经营者的经营活动，违反公共利益，实际上限制一定交易领域内的竞争。《日本禁止垄断法》所称不

---

❶ 刘湘. 环境协议的反垄断豁免：基于《欧盟运行条约》第101条的分析 [J]. 郑州航空工业管理学院学报（社会科学版），2018，37（4）：55–65.

正当的交易限制是指生产同类产品的企业为了获取高额利润，在划分市场、规定产量、确定价格等方面达成协议，从而限制、排除竞争。《日本禁止垄断法》所称不公正的交易方法是针对对象为经营者、经营者团体、国际协议与契约三种情况的不公正交易。不公正交易方法涉及的行为大致分为三类：①限制自由竞争的行为，包括拒绝交易、差别交易、不正当廉价出售、限制再销售价格等；②竞争手段本身不公正，包括以欺骗的手法和提供不正当利益引诱顾客、搭售、掠夺性定价、歧视性价格等差别待遇等；③利用交易上的优越地位，强加于交易对方不利的交易条件的行为❶。

应注意到作为日本反垄断体系的核心，《日本禁止垄断法》执行机构单一，刑事处罚偏弱。

4. 中国反垄断法的发展

中国反垄断立法晚于西方，改革开放后中国逐渐建立起中国特色社会主义市场经济体制。为了满足市场要求，促进经济健康发展，鼓励和保护公平竞争，制止不正当竞争，保护经营者和消费者的合法权益。1993年全国人大常委会通过了《中华人民共和国反不正当竞争法》，1997年又通过了《中华人民共和国价格法》。前者主要针对不正当竞争行为，目的是规范竞争行为；后者则聚焦于市场价格。可以看到，这一时期主要是从规范市场经济秩序的角度进行立法，还未针对市场垄断行为进行反垄断立法。

随着我国加入WTO，全面融入全球市场竞争，迫切需要反垄断法为市场保驾护航，为此我国于2007年通过了《反垄断法》。该法第一章第3条明确指出："本法规定的垄断行为包括：（一）经营者达成垄断协议；（二）经营者滥用市场支配地位；（三）具有或者可能具有排除、限制竞争效果的经营者集中。"该法还在第二至第四章，先后对垄断协议、滥用市场支配地位、经营者集中进行了列举。之后，原国务院反垄断委员会和国家市场监督管理总局又先后发布《国务院反垄断委员会关于相关市场界定的指南》《国务院反垄断委员会关于知识产权领域的反垄断指南》《禁止垄断协议规定》《禁止滥用市场支配地位行为规定》《制止滥用行政权力排除、限制竞争行为规定》《标准必要专利反垄断指引》，不断完善中国的反垄断体系。

---

❶ 尚明. 反垄断：主要国家与国际组织反垄断法律与实践［M］. 北京：中国商务出版社，2005：193.

（三）标准必要专利与反垄断法的关系

1. 标准必要专利和垄断的关系

标准必要专利作为一种专利权，具有排他性和专有性等专利权所具备的特点，例如，《专利法》规定任何单位和个人未经专利权人的许可，都不得实施其专利，因此其本身就具备一定的垄断属性。

同时标准必要专利作为行业标准普遍应用于标准所对应的市场，因其可以给专利权人带来更为可观的利润，如果任由其毫无边界地发展和扩张，就有可能出现滥用专利权、损害消费者利益的行为，从而构成垄断。标准必要专利与垄断之间的关系主要表现在以下几方面：①通过限制标准必要专利产品转售价格保证标准必要专利权人的收益水平，实现其自身利益的最大化；②通过标准必要专利许可不断扩大和巩固专利权人的市场优势地位，增加其他主体进入市场的难度，例如通过独占性许可的方式；③通过标准必要专利许可消除竞争，例如通过标准必要专利许可协议中的不竞争限制条款消除许可人和被许可人之间的竞争；④通过标准必要专利许可阻碍相关市场以外其他市场的竞争，例如通过搭售的方式转移到被搭售品市场，从而阻碍其他市场的竞争。

2. 标准必要专利反垄断规制的立法

尽管加入标准化组织的专利权人承诺按照 FRAND 原则向标准实施者许可专利，力求在专利权与反垄断之间达到平衡，但该原则的具体标准因个案不同，例如有关限制竞争行为的范围、判断标准和分析方法，大多由各成员国国内法进行规定和处理，而各国国情、经济发展水平、市场竞争情况各不相同，往往难以形成普遍约束力。因此，各国在标准必要专利的保护与运用中建立起各具特色的反垄断机制。

（1）美国反垄断规制

美国司法部和联邦贸易委员会于 1995 年共同发布了《知识产权许可的反托拉斯指南》。该指南包括"知识产权保护与反托拉斯法""一般原则""反托拉斯问题与分析模式""主管机构根据合理原则评估许可安排的一般原则""一般原则的适用""无效知识产权的执行"六部分❶。该指南集中表达了美国司法部和联邦贸易委员会在反垄断执法中对知识产权所持的基本立场，正式确立了三个基

---

❶ 胡滨斌. 国际贸易中的知识产权限制研究［D］. 上海：复旦大学，2007.

本原则：一是在确认是否触犯反托拉斯法时将知识产权与其他财产同样对待；二是不假定知识产权产生反托拉斯意义上的市场力量；三是承认知识产权许可行为一般是有利于竞争的。❶ 2007 年，美国司法部和联邦贸易委员会又共同发布了《反垄断执法与知识产权：促进创新与竞争》的报告。该报告旨在实现反托拉斯执法和知识产权保护之间的平衡，对知识产权领域的反托拉斯执法作了进一步调整。在反托拉斯法和知识产权保护的交汇处，该报告继续采用合理原则来指导反托拉斯的执法工作。2017 年，两部门又联合发布了新版的《知识产权许可的反托拉斯指南》。该指南中明确了横向竞争对手和纵向竞争对手之间的许可活动的法律适用，但是摒弃了国际公认的"公平、合理、无歧视"的专利许可原则，对专利许可费率不再加以限制，而且允许对专利池进行强制性"一揽子"许可，在反托拉斯审查中仅采用"合理原则"，而排除适用"当然违法原则"。❷

此外，美国司法部与专利商标局联合发布的 2013 版政策声明表达了对禁令救济的排斥，认为只有在例外情况下才能够签发禁令，例如标准实施者拒绝进行标准必要专利许可的协商谈判，标准实施者拒绝接受符合 FRAND 原则的许可条款，标准实施者拒绝支付合理的许可使用费等。❸

（2）欧盟反垄断规制

欧盟同样针对知识产权中的限制竞争行为进行了规制。2011 年，欧盟委员会发布了《关于横向合作协议适用〈欧盟运行条约〉第 101 条的指南》，其中第七章是标准化协议相关的规定。该指南明确指出："在技术标准制定的特定背景下，持有对实施标准而言必要的专利的权利人可以凭借其知识产权获得对标准使用的控制权。当该技术标准阻碍了市场准入时，则此类权利人可能会由此控制技术标准所涉及的产品或服务市场。这反过来又可以使他们以反竞争的方式行事，如在标准实施者采取标准之后，通过专利的拒绝许可或收取过高的专利许可费形成专利劫持，由此妨碍了对标准的有效使用。"《欧盟运行条约》第 101 条主要针对垄断协议进行规制，在该条款框架之下，该指南从主要的竞争关注、限制竞争的目的、对竞争的限制性影响以及豁免条件等方面进行详细讨论，主要集中在标准化协议与标准条款限制竞争的可能性途径、可能性的排除以及影响评估方

❶ 王先林. 我国反垄断法适用于知识产权领域的再思考 [J]. 南京大学学报（哲学·人文科学·社会科学版），2013，50（1）：34 – 43，159.

❷ 张卫东. 美国知识产权许可的反垄断规制研究：兼论对我国知识产权保护的借鉴 [J]. 价格理论与实践，2017（7）：36 – 40.

❸ 黄颖. SEP 许可中的 FRAND 承诺性质及禁令适用限制研究 [D]. 苏州：苏州大学，2020.

面。可以看出,该指南的发布不仅明确了标准化协议的范畴,而且将协议的标准条款纳入讨论范围,从而基于垄断协议的角度更好地将标准化协议纳入欧洲竞争法的规制。

2014 年 4 月,欧盟委员会在"摩托罗拉和三星反垄断审查"案的调查决定中指出,标准实施者可以对专利的有效性、必要性及是否侵权保留寻求法律救济的可能,这种保留不能被视为标准实施者无"协商意愿"。2014 年 6 月,欧盟委员会发布《标准必要专利涉及垄断问题的竞争简报》,再次明确阐述了欧盟对标准必要专利权人滥用权利问题的立场,即严格限制标准必要专利权人通过禁令救济限制和排除竞争,实施垄断行为。欧盟委员会对标准必要专利权人使用禁令救济进行限制,避免其通过这一方式实施垄断行为,有利于保护标准实施者的利益,但这也会导致标准实施者通过破坏或拖延许可谈判的方式避免支付许可费,有损标准必要专利权人的利益。为此,欧盟委员会于 2017 年 11 月发布了《制定标准必要专利的欧盟方法》,强调通过多种方式来平衡标准必要专利权人和标准实施者之间的紧张关系。例如,为标准必要专利权人和标准实施者创造更加透明的 FRAND 谈判环境,增强许可费确定的原则性和规范性,将利益平衡原则作为禁令签发的重要依据,并倡导标准必要专利纠纷的替代性争议解决方式(alternative dispute resolution,ADR)(特别是仲裁方式)等。2020 年 11 月,欧盟委员会进一步发布《充分利用欧盟的创新潜力支持欧盟复苏和恢复的知识产权行动计划》,对规制标准必要专利许可问题发表了最新的观点。欧盟委员会认为,建立稳定、高效和公平的规则以规制标准必要专利许可问题至关重要,应当鼓励诚信谈判,而不是频频诉诸诉讼。❶

可见,欧盟将标准必要专利纳入竞争法的规制范围,不断平衡标准必要专利权利人与标准实施者之间的利益,为标准必要专利在欧盟市场的健康发展提供法律保证。

(3)日本反垄断规制

日本于 1999 年发布《专利与技术秘密的反垄断法指南》,2007 年通过《知识产权利用的反垄断法指南》,论述了知识产权领域反垄断法的适用原则,分别从私人垄断、不正当的交易限制、不公正的交易方法三个方面进行了分析:第一,区分合法行使知识产权的行为与滥用知识产权的行为,合法行使知识产权的

---

❶ 贾明顺. 欧盟竞争法视域下标准必要专利规制问题研究 [J]. 北京航空航天大学学报(社会科学版),2021,34(2):21-28.

行为属于《日本禁止垄断法》的除外领域，滥用知识产权的行为则应当受到《日本禁止垄断法》的规制；第二，对相关技术和技术产品市场的界定原则，对于与知识产权技术许可有关的限制竞争行为进行评估时，必须首先分别对该技术和与该技术产品相关的市场中的限制竞争的行为可能产生的影响进行评估；第三，只有滥用知识产权的行为限制了市场竞争，才会受到《日本禁止垄断法》的规制。❶

为了提高日本企业作为标准必要专利权人的地位，获得标准必要专利全球的主动权和话语权，日本特许厅于 2018 年 6 月发布了《关于标准必要专利的许可谈判指南》，旨在提高标准必要专利许可谈判的透明度和可预测性，促进标准必要专利人和标准实施者之间的谈判。

（4）中国反垄断规制

针对知识产权和标准必要专利领域可能出现的垄断行为，我国的立法不仅包含原则性的规定，而且也从知识产权到标准必要专利逐步细化。

《反垄断法》提供了原则性的规定，其第八章"附则"第 68 条中规定："经营者滥用知识产权，排除、限制竞争的行为，适用本法。"作为一个指导性的条款，其并没有对经营者滥用知识产权，排除、限制竞争的行为进行具体的解释和列举。而随着中国科技水平的不断提高及市场的飞速壮大，知识产权许可不断增多，标准必要专利所涉及的利益越来越大，仅有上述指导性的规定是远远不够的。为此，我国先后发布多个知识产权和反垄断的行政规章，其中几份重要的规章分别是《关于禁止滥用知识产权排除、限制竞争行为的规定》（2023 年已废止）、《禁止滥用知识产权排除、限制竞争行为的规定》、《国务院反垄断委员会关于知识产权领域的反垄断指南》、《标准必要专利反垄断指引》。

《禁止滥用知识产权排除、限制竞争行为规定》定义标准必要专利为实施该项标准所必不可少的专利，列举了标准的制定和实施过程中不得实施的排除、限制竞争的行为，例如：在参与标准制定过程中，未按照标准制定组织规定及时充分披露其权利信息，或者明确放弃其权利，但是在标准涉及该专利后却向标准实施者主张该专利权；在其专利成为标准必要专利后，违背公平、合理、无歧视原则，以不公平的高价许可，没有正当理由拒绝许可、搭售商品或者附加其他不合理的交易条件、实行差别待遇等排除、限制竞争的行为。而《国务院反垄断委员

---

❶ 陈星星. 知识产权垄断性的法学分析［D］. 广州：暨南大学，2016.

会知识产权领域的反垄断指南》则详细介绍了知识产权领域反垄断的分析原则，分析思路，相关市场，分析排除、限制竞争影响的考虑因素，并在第二至第四章中分别从"可能排除、限制竞争的知识产权协议""涉及知识产权的滥用市场支配地位行为""涉及知识产权的经营者集中"进行了规定，在第五章"第二十七条 标准必要专利涉及的特殊问题"中指出标准必要专利是指实施某项标准必不可少的专利。同时，该指南列举了认定拥有标准必要专利的经营者是否具有市场支配地位还可以考虑的因素，指出拥有市场支配地位的标准必要专利权人通过请求法院或者相关部门作出或者颁布禁止使用相关知识产权的判决、裁定或者决定，迫使被许可人接受其提出的不公平高价许可费或者其他不合理的许可条件，可能排除、限制竞争，并且就具体分析时需要考虑的因素也进行了说明。上述规定为我国知识产权领域的反垄断提供了比较详细的指导。

《标准必要专利反垄断指引》在适用《反垄断法》《国务院反垄断委员会关于知识产权领域的反垄断指南》等相关规定的基础上，就标准必要专利进行了针对性的规定，涉及信息披露、许可承诺、善意谈判、标准制定与实施过程中的垄断协议、涉及标准必要专利联营的垄断协议、包括不公平的许可费、拒绝许可、搭售、附加其他不合理的交易条件、差别待遇、滥用救济措施等滥用市场支配地位的行为、涉及标准必要专利的经营者集中申报和集中审查等标准必要专利实操中问题，明确了标准必要专利许可领域的基本原则和规范。

这些法律、规章的发布和实施，为我国知识产权市场相关业务提供了指导和操作规范，为知识产权市场的健康发展提供了制度保障。

二、标准必要专利与垄断协议

垄断协议的规制是反垄断法的主要组成部分，是反垄断制度研究的重要内容。标准必要专利许可和运营过程中涉及大量协议，这些协议与垄断协议的关系是反垄断研究所关注的。

（一）垄断协议的概念和分类

1. 垄断协议的概念

垄断协议是指以排除、限制竞争为目的所达成的协议。各国反垄断法对垄断协议的表述不尽相同，如卡特尔、竞争者合谋、联合行为、不正当交易限制、限制竞争协议等。概括起来，垄断协议主要有以下两个特征：一方面，垄断协议具有两个或两个以上的市场独立主体，即垄断协议的主体必须是两个或两个以上的具有独立性的经营者；另一方面，垄断协议的表现形式多样化，垄断协议包括协议、决定和协同行为三种形式。其中，协议与合同法上的协议相同，既包括书面协议，也包括口头协议；决定则指企业集团、其他形式的企业联合组织以及行业协会等要求其成员企业共同实施排除、限制竞争行为的决议；协同行为则是指经营者虽然没有达成协议，也没有可供遵循的决定，但相互通过意思联络，共同实施的排除、限制竞争的协调、合作行为。❶

2. 垄断协议的分类

对于垄断协议，可以将其分为纵向垄断协议和横向垄断协议。对于一个产业链，其有位于上下游的不同公司，也有位于同一层级的多个公司，一个公司与上下游公司之间达成的与市场、价格、技术相关的，为了限制竞争而采取的联合行为的协议就是纵向垄断协议；而位于同一层级的多个公司之间达成的与市场、价格、技术相关的，为了限制竞争而采取的联合行为的协议则属于横向垄断协议。

（1）纵向垄断协议

纵向垄断协议发生在处于不同的生产经营阶段或者环节的经营者之间，即上下游经营者之间，如生产商与批发商之间、批发商与零售商之间。反垄断法将其表述为经营者与交易相对人达成的垄断协议。大部分学者认为纵向垄断协议对于市场经济存在一定程度的积极作用，譬如提高经销商的销售积极性、减少"搭便车"行为、保证产品和服务质量的标准化、树立品牌形象等。因此反垄断法对其采取了不同于横向垄断协议的规制制度。一般而言，在认定纵向垄断协议是否违法时，不但需要证明协议内容满足法律规定的形式要件，还需要说明协议具有排除、限制竞争效果的实质要件。

纵向垄断协议大致可以分为三种类型：一是维持转售价格协议，即供应商确定销售商向客户转售商品价格的协议；二是独家交易协议，又称为排他性交易协议；三是附加条件协议，即供应商在与销售商进行交易时，要求对方当事人接受与交易无关的附加义务，作为交易的条件。❷

❶ 杨德敏. 经济法通论［M］. 2 版. 上海：复旦大学出版社，2019：245 - 246.
❷ 王先林. 知识产权与反垄断法：知识产权滥用的反垄断问题研究［M］. 3 版. 北京：法律出版社，2020：575 - 576.

（2）横向垄断协议

横向垄断协议主要是指处于产业链同一环节的经营者为了限制竞争而采取的联合行为，其被认为是最原始、最直接、危害最大的垄断协议，以至对横向垄断协议的认定，一般采用本身违法原则，即不需要证明横向垄断协议是否产生排除、限制竞争效果，就认定其违法。

相对于纵向垄断协议是非竞争者之间达成的协议，横向垄断协议则往往是竞争者之间达成的协议，所带来的是公司之间的默契，更容易导致位于产业链中其他环节的公司没有更多的选择，而必须接受参与协议的各公司的要求，从而限制竞争，形成垄断。例如掌握原材料的所有公司之间达成统一价格，大型芯片制造商在销售价格、销售对象、销售市场上达成统一或默契。

在欧盟，横向垄断协议被称为卡特尔。构成卡特尔的要件有三：一是存在协议；二是协议方是相互竞争关系；三是协议限制了竞争。❶

美国《谢尔曼法》第 1 条对垄断协议的规制进行了规定：任何契约、托拉斯或者其他形式的联合、共谋，用于限制各州之间或与外国之间的贸易或商业，是非法的。任何人签订上述契约或从事上述联合或共谋，是严重犯罪。即通过"联合""共谋"等表述了垄断协议。而《欧盟运行条约》则对垄断协议有更明确的列举，其在第 101 条规定："……所有企业之间的协议、企业协会的决定和可能影响成员国之间贸易的一致做法，其目的或效果是防止、限制或扭曲内部市场内的竞争，特别是下列协议或行为：（a）直接或间接确定买入或卖出价格或任何其他交易条件；（b）限制或控制生产、市场、技术开发或投资；（c）划分市场或者供货来源；（d）对与其他交易方的等价交易适用不同的条件，从而使它们处于竞争劣势；（e）订立合同的条件是其他当事人接受补充义务，而这些补充义务就其性质或商业惯例而言，与此类合同的标的无关。"该条款还禁止两个或更多公司试图限制竞争的协议（即卡特尔）。❷

《日本禁止垄断法》将经营者间合意限制竞争的垄断协议行为称为不正当交易限制，并予以禁止。

我国禁止具有竞争关系的经营者达成下列垄断协议：①固定或者变更商品价格；②限制商品的生产数量或者销售数量；③分割销售市场或者原材料采购市场；④限制购买新技术、新设备或者限制开发新技术、新产品；⑤联合抵制交易；⑥反垄断执法机构认定的其他垄断协议。

---

❶❷ 李嘉. 国际贸易中的专利标准化问题及其法律规制［D］. 上海：华东政法大学，2012.

（二）标准必要专利许可与垄断协议的关系

标准必要专利许可过程中标准必要专利权人之间、标准必要专利权人与上下游均会达成各种协议，这些协议是否会导致垄断，所达成的协议是否为一种垄断协议，一直是焦点问题。

标准必要专利许可中涉及的纵向协议，主要是标准必要专利权人与其上下游所签订的授权许可协议。例如大众汽车公司由于在生产制造过程中需要使用华为公司标准必要专利，于 2021 年与华为公司达成专利许可协议，两家公司的产品位于供应链的不同层级，属于上下游关系，两家公司所达成的专利许可协议主要涉及纵向协议。

标准必要专利许可中涉及的横向协议主要包括：标准必要专利权人与其他标准必要专利权人达成的交叉许可协议，例如华为公司与诺基亚公司、爱立信公司、小米公司、VIVO、OPPO、高通公司均签订有专利交叉许可协议；组建专利池实现专利联营的各标准必要专利权人之间的协议，尤其是当其中各标准必要专利权人处于竞争关系时所达成的上述协议，例如多家 4G、5G 标准必要专利权人组成 Avanci 专利池协商向车企许可的费率的协议。

相对上述纵向协议，标准必要专利许可中所涉及的横向协议更容易受到反垄断法的关注，各国也均提出了指导意见。美国 2007 年发布的《反垄断执法与知识产权：促进创新与竞争》报告第 3 章"交叉许可与专利池的反垄断法分析"指出：首先，专利池相对于交叉许可更容易引起反垄断法的关注。其次，非排他的交叉许可一般不会引起竞争法上的问题，交叉许可协议对产品市场的限制竞争性，以 1995 年《知识产权许可反托拉斯指南》中所规定的双方市场总额不超过20% 为安全港；交叉许可协议对技术市场的限制竞争性，则以市场上是否还存在四种或以上的替代性技术为标准。最后，对交叉许可的反垄断法分析，应在合理原则下进行。对标准必要专利许可过程中的专利联营的反垄断问题，该报告从专利池的内容、专利许可方式、信息获取方式、许可收费四个方面进行了分析：①从专利池的内容来看，专利池中的专利应当是必要且专利技术之间具有互补性，这样可降低专利池对竞争可能带来的不利影响，并更有利于发挥专利池在提高效率方面的积极作用；②从专利许可方式来看，专利池的许可包含非排他许可和排他性许可，非排他许可一般认为不会引起垄断问题，而排他性许可则需要在合理原则下进行个案具体分析；③从信息获取方式来看，由于专利池中各成员之间既有横向竞争关系，又有纵向协作关系，因此专利池中应特别防止成员之间通过个人或商务信息的交流实现诸如固定价格、划分市场等限制竞争行为；④从专利许可收费来看，对于许可费的合理与否，反垄断法机构不负责进行审定，也不认为对于成员与非成员授权不同的许可费必然引起反竞争效果，许可费在审查是否存在价格同盟上是一个参考因素。❶

在欧盟，对于专利联营的反垄断法分析，除了适用欧盟竞争法的普遍性规定，对于专利联营这种涉及技术转让许可的情况，可以参照欧盟 2004/C101/02 指南。该指南从技术池运行的条款和条件、竞争性、技术联营对竞争的积极和消极影响等方面进行了规定，并就联营的个别限制性做法进行了分析：技术联营可能具有反竞争的性质；技术联营对竞争所造成的危害及其有多大的可能性来促进竞争，与参与联营的各技术之间的关系以及联营技术与联营之外的技术的关系存在很大的相关性；为了防止联营产生反竞争效果，需要在联营组织和经营方式上进行制度性安排，防止联营的成员之间交换敏感信息以及提供独立的争端解决机制等。对于产生技术联营和技术联营许可中特有的许可问题，该指南指出以下三个原则作为指导：首先，联营的市场地位越强，产生反竞争效果的风险越高；其次，在市场上拥有强大地位的联营，应该是开放的和非歧视性的；最后，联营不应当排斥第三人的技术，或限制替代性联营的产生。

我国在《禁止滥用知识产权排除、限制竞争行为规定》中针对知识产权中所出现的专利联营进行了规定，其中第 17 条中规定："经营者不得在行使知识产权的过程中，利用专利联营从事排除、限制竞争的行为。专利联营的成员不得交换价格、产量、市场划分等有关竞争的敏感信息，达成反垄断法第十七条、第十八条第一款所禁止的垄断协议。但是，经营者能够证明所达成的协议符合反垄断法第十八条第二款、第三款和第二十条规定的除外。"第 18 条明确规定："经营者没有正当理由，不得在行使知识产权的过程中，利用标准的制定和实施达成下列垄断协议：（一）与具有竞争关系的经营者联合排斥特定经营者参与标准制定，或者排斥特定经营者的相关标准技术方案；（二）与具有竞争关系的经营者联合排斥其他特定经营者实施相关标准；（三）与具有竞争关系的经营者约定不实施其他竞争性标准；（四）市场监管总局认定的其他垄断协议。"

以索尼公司、飞利浦公司、先锋公司组成的 3C 专利联盟为例，三家企业在DVD 市场中处于竞争关系，并且均掌握大量 DVD 标准必要专利，因此从该联盟形成之初开始就一直受到反垄断的关注。1998 年 3C 联盟向美国司法部提出审查

❶ 罗静. 知识产权许可的反垄断立法规制［D］. 长沙：湖南大学，2008.

专利联营协议的请求，最终关于联合许可用于制造 DVD－VIDEO 和 DVD－ROM 光盘和碟机的标准必要专利的申请得到了批准。但美国司法部在审查意见中也明确表示，如果专利池中收入非必要专利，将扼杀相互可以替代的技术之间的竞争——既包括专利池中专利间的竞争，也包括专利池内部和外部专利技术的竞争，而如果专利池中包含的是无效专利或过期专利，就与串通联合定价一样属于企图垄断市场的行为。可见，美国司法部对该专利池可能构成的横向垄断表达了担忧并给出了指引。

而事实上，3C 专利联盟给 DVD 标准实施者带来了困扰，并受到了反垄断诉讼。2004 年无锡多媒体公司和无锡东强公司两家中国公司代表其他中国 DVD 机制造商向美国南加州地区法院一同起诉 3C 专利联盟，声称 3C 专利联盟行为限制竞争违反美国《谢尔曼法》。起诉书认为：1998 年美国司法部的审查意见要求 3C 的联合许可行为必须符合以下条件：①进入专利池的专利应仅限于实施 DVD 标准所必需的"必要"专利；②相对于下游产品的制造成本，许可费应当合理，不应形成价格限制；③针对所有利益人无歧视许可；④任何一个专利权人都可以在专利联营之外自由许可其专利权；⑤应当限制相互串通交换与竞争有关的敏感信息行为；⑥避免使用损害创新激励的回授条款。

显然，起诉人认为 3C 专利联盟并没有遵守上述联合许可行为必须符合的条件。主要表现为：①不区分标准必要专利与非必要专利，强制"一揽子"许可；②许可费设置不合理，没有考虑 DVD 市场价格下滑；相反 DVD 联盟内部的交叉许可条件却优厚；③许可带有歧视性，无锡多媒体公司及其所代表的其他企业或个人完全符合 3C 专利联盟此前的许可条件，但飞利浦公司拒绝许可；④3C 专利联盟承诺的独立许可不切实际，因为专利被捆绑许可，除非获得所有专利的许可，否则即使实施人在 3C 专利联盟外各成员独立获得许可，该许可也没有实际意义；⑤3C 联合许可的高额许可费事实上可能构成联合定价的反竞争行为。

综上，当标准必要专利涉及交叉许可、专利池等专利联营方式时，其内部合作协议如果涉及例如约定许可费率、数量限制、市场划分、集体拒绝交易等，均有可能使其构成垄断协议，从而受到反垄断的规制。

三、标准必要专利与滥用市场支配地位

滥用市场支配地位是反垄断研究的热点问题，也是占比较高的一类垄断行为。"市场支配地位"这一术语在欧盟竞争法和《德国反对限制竞争法》以及我

国《反垄断法》中使用；美国反托拉斯法中没有"市场支配地位"这一术语，而是使用"垄断力量"（monopoly power）或者"市场力量"（market power）的术语；日本则使用"垄断状态"的表述。反垄断法一般并不反对企业处于市场支配地位，而对市场支配地位的滥用进行规制才是反垄断法的主要目的。对于标准必要专利权人，利用专利权的独占性和标准所带来的市场优势更容易获得行业的支配地位，在标准必要专利许可以及许可费率定价上，是否会导致标准必要专利权人滥用其市场支配地位，均是标准必要专利诉讼中的热点问题。

（一）市场支配地位的认定

何为市场支配地位，欧共体委员会在关于"大陆制罐公司"案❶的裁决中作了经典描述：如果企业有能力独立行为，即它们在行为时不考虑竞争者、买方和供货方的情况，它们就是处于市场支配地位的企业；如果企业凭其市场份额，或者凭借其与技术秘密或者与取得原材料和资金的渠道以及与其他重大优势例如商标权等相关的市场份额能够决定相关产品一个重大部分的价格或者控制其生产或者销售，这就表明它具有市场支配地位。该案还详细分析了相关市场的界定与市场支配地位判断的关系，指出相关市场界定是判断企业市场支配地位的前提。我国《反垄断法》第 22 条第 3 款直接将市场支配地位定义为：经营者在相关市场内具有能够控制商品价格、数量或者其他交易条件，或者能够阻碍、影响其他经营者进入相关市场能力的市场地位。

美国反托拉斯法中使用垄断力量或者市场力量来描述市场支配地位，例如在"阿斯攀滑雪公司"案中，美国联邦地区法院法官认为对《谢尔曼法》第 2 条的违反是由两个要素构成的：①在相关市场上拥有垄断力量；②以反竞争或排他为目的或通过使用反竞争或排他的方式企图取得、维持或使用这种垄断力量。❷ 在美国联邦最高法院关于"杜邦"案判决中把"垄断力量"定义为"支配价格或者排除竞争的能力"。❸

《日本禁止垄断法》使用垄断状态描述市场支配地位，该法第 2 条第 7 款对垄断状态进行了规定。

可以看出，欧盟和中国在认定市场支配地位时，均明确了相关市场；美国和

❶ 王晓晔. 欧共体竞争法［M］. 北京：中国法制出版社，2001：229.
❷ 李小明. 反垄断法中滥用市场支配地位法律问题研究［D］. 北京：中国政法大学，2005.
❸ 尚明. 反垄断法之滥用市场支配地位规则研究［D］. 北京：对外经济贸易大学，2006.

日本在认定是否具有垄断力量或者是否处于垄断状态时，也需要确定出所对应的市场。

1. 相关市场的概念和界定

（1）相关市场的概念

相关市场的界定是反垄断制度的基础和关键，是认定滥用市场支配地位以及判断经营者集中的一个重要步骤。

2009 年原国务院反垄断委员会印发了《关于相关市场界定的指南》，其中第 2 条中指出："任何竞争行为（包括具有或可能具有排除、限制竞争效果的行为）均发生在一定的市场范围内。界定相关市场就是明确经营者竞争的市场范围。在禁止经营者达成垄断协议、禁止经营者滥用市场支配地位、控制具有或者可能具有排除、限制竞争效果的经营者集中等反垄断执法工作中，均可能涉及相关市场的界定问题。"科学合理地界定相关市场，对识别竞争者和潜在竞争者、判定经营者市场份额和市场集中度、认定经营者的市场地位、分析经营者的行为对市场竞争的影响、判断经营者行为是否违法以及在违法情况下需承担的法律责任等关键问题，具有重要的作用。因此，相关市场的界定通常是对竞争行为进行分析的起点，是反垄断执法工作的重要步骤。

《反垄断法》第 15 条第 2 款规定："本法所称相关市场，是指经营者在一定时期内就特定商品或者服务（以下统称商品）进行竞争的商品范围和地域范围。"可以看出，我国相关市场的界定涉及两个方面，分别是相关商品市场和相关地域市场。

涉及反垄断的诉讼中，也往往从相关商品市场和相关地域市场出发来判断。在"深圳微源码公司与腾讯公司滥用市场支配地位纠纷"案中，深圳市中级人民法院认定：被告在即时通信软件及服务市场中具有市场支配地位。其中相关商品市场为即时通信软件及服务市场，相关地域市场为中国市场。在"奇虎公司与腾讯公司等滥用市场支配地位纠纷"案中，广东省高级人民法院一审认为：原告奇虎公司关于综合性即时通信服务构成一个独立的相关商品市场以及该案相关地域市场应为中国大陆市场的主张不能成立，该案相关商品市场远远超出综合性即时通信服务市场，相关地域市场应为全球市场。后续奇虎公司上诉后，最高人民法院认为：该案相关市场应界定为中国境内即时通信服务市场；既包括个人电脑端即时通信服务，又包括移动端即时通信服务；既包括综合性即时通信服务，又包括文字、音频以及视频等非综合性即时通信服务。而在"华为公司与交互数字公司滥用市场支配地位纠纷上诉"案中，广东省高级人民法院采纳了原告对于相关市场的主张，即相关地域市场是中国市场和美国市场，相关商品市场是被告方在 3G 无线通信技术中的 WCDMA、CDMA2000、TD - SCDMA 标准下的每一个必要专利许可市场构成的集合束，即被告方在中国和美国的 3G 无线通信技术标准中的每一个标准必要专利许可市场，均构成一个独立的相关市场，该案的相关市场是该一个个独立相关市场的集合束。可见，在反垄断诉讼中，界定相关市场不仅是证明是否构成垄断首要而基础的问题，也往往是一个焦点问题。究其原因，界定的相关市场的大小对是否构成市场支配地位具有直接影响：如果将相关市场界定得范围过小，那么在同等情况下相关企业就会表现出更大的市场支配力，从而使其更容易想到受到反垄断的规制；相反，如果将相关市场界定得范围过大，那么在同等情况下相关企业所表现出的市场支配力就会相对较小，从而使其更容易逃脱反垄断的规制。

相对于我国，欧美在反垄断诉讼中，对相关市场的研究更有历史。例如 1948 年"哥伦比亚钢铁公司"案中，美国联邦最高法院判决书中写道："本案双方就联合钢铁公司产品的销售范围和产品的功能存在着激烈的争论。被上诉人认为，钢材的销售范围具有全国性，对大型钢铁企业而言，美国应被视为一个市场。由此看来，联合钢铁公司生产的钢材在美国市场上占极少部分，不足 0.5%。司法部则反驳说，市场须经严格界定，这个相关市场是联合钢铁公司销售产品的 11 个州，且在这 11 个州它只销售钢构件和钢加工品。"❶ 该案被认为是相关市场概念的来源，后续经过不断的发展和丰富，成为反垄断案件的重要组成部分，并体现在经过多次修订的《横向合并指南》中。

欧盟对于相关市场的认定，体现在其 1997 年发布的《关于相关市场界定的通知》中。该通知指出：相关市场是根据产品的性能、用途及其价格，从消费者的角度认为可以交换或者相互替代所有产品和/或服务所称的市场。在 2014 年"苹果诉摩托罗拉"案中，欧盟委员会先后界定了相关技术市场和相关地域市场，基于三个方面论述摩托罗拉公司的相关标准必要专利技术在相关技术市场中具有不可替代性，同时指出其相关地域市场即摩托罗拉公司的相关标准必要专利的许可市场至少为整个欧洲经济区。

（2）相关市场的界定方法

界定相关市场的理论方法有多种，早期使用的方法主要包括同质产品认定

---

❶ 参见 United States v. Columbia Steel Co., 334 U. S. 495, 508（1948）。

法、需求替代分析法、附属市场理论、商品群理论和供给替代认定法。❶ 随着市场发展的要求，假定垄断者测试法开始广泛使用，其以 SSNIP 方法为核心，因此也被称为 SSNIP 测试法。该法首先在美国司法部适用。假定垄断者测试法在 1982年美国发布的《横向合并指南》中首次被提出，并在后续得到不断调整和丰富。欧洲借鉴美国经验，在出台的《关于相关市场界定的通知》中同样借鉴了 SSNIP测试法。

我国《国务院反垄断委员会关于相关市场界定的指南》涉及了界定相关市场适用的多种方法。其中基本依据部分考虑了替代性分析，包括需求替代和供给替代。该指南规定在界定相关市场方法适用时，可以基于商品的特征、用途、价格等因素进行需求替代分析，必要时进行供给替代分析。当经营者竞争的市场范围不够清晰或不易确定时，可以按照"假定垄断者测试"的分析思路来界定相关市场，该指南第四章专门介绍了"假定垄断者测试法"的基本思路以及确定相关商品市场和相关地域市场的方法。

1）需求替代分析法

需求替代分析法是指站在消费者角度，从需求出发，将具有相同或者相似功能、特性的不同产品或服务进行替代，从消费者角度确定可替代的程度，从而来界定出相关市场的方法。

需求替代分析法通过特定视角将反垄断执法机关和法院置于消费者或者使用者的地位，从产品的质量、用途、功能、价格等多个因素来综合考察与涉案企业经营的核心竞争产品具有可替代性关系的其他产品，从而能够比较客观地确定涉案企业所处的竞争领域，特别是相关产品市场。

使用需求替代分析法来分析界定相关市场的典型案件当属"美国司法部诉杜邦公司垄断玻璃纸"案。1947 年 12 月 13 日，美国司法部根据《克莱顿法》第 4条向哥伦比亚特区法院提起反托拉斯民事诉讼。该诉讼指控杜邦公司生产的玻璃纸占据美国玻璃纸包装材料市场的 75%，并且依靠这个优势地位对州际贸易进行垄断，违反了《谢尔曼法》第 2 条；要求禁止杜邦公司垄断或者试图垄断州际贸易的行为，并通过剥离资产或者其他方式来消除垄断造成的影响。初审法院认为美国司法部没有证明被告具有市场支配地位，驳回了原告的诉讼请求。美国联邦最高法院最终也维持初审法院的判决。

在该案审理过程中，各方争论和关注的焦点在于杜邦公司所处的相关产品市

---

❶ 丁茂中. 反垄断法实施中的相关市场界定研究［M］. 上海：复旦大学出版社，2011：11.

场。原告美国司法部认为该案的相关市场是玻璃纸包装市场，而被告杜邦公司则认为应当是整个灵活包装材料市场。被告意见得到了哥伦比亚地区法院和美国联邦最高法院的支持。美国联邦最高法院在该案审理中首先质疑了倚重产品性质界定相关产品市场的方法，首次提出以产品用途为基点，从需求的角度来合理考察产品之间的替代性，重点从产品的质地、用途和价格三个因素分析玻璃纸和其他灵活包装材料之间的合理替代性，在确认了四类包装材料后，法院认为玻璃纸综合了其他包装材料的诸多优点，与其他产品存在较大差异，但是这个并不能排除玻璃纸和其他灵活包装材料的替代使用，法院除了对用途的可替代性作了阐述，还从价格方面认为在同一市场相互竞争的产品之间存在较高的需求交叉弹性。

在上述案件之后，需求替代分析法在 20 世纪 50 年代后期开始登上反垄断法的舞台。该方法逐步流行的原因至少有以下两点。第一，参与市场博弈的利益集团之间的形势发生根本性转变。"二战"以后，无论是反垄断执法部门还是法院或者是经营者，他们只有站在消费者或使用者的立场上才能比较客观地判断就特定产品可能发生的竞争所存在的领域。所以在这种情况下，反垄断法的实施者必然转变以往界定相关市场的思维，从消费者或者使用者的需求角度来对相关方面作出判断。第二，反垄断执法理念的嬗变。20 世纪 50 年代至 70 年代，奉行"行为主义"的芝加哥学派逐渐取代奉行"结构主义"的哈佛学派，在反托拉斯政策中的主导地位，使得反垄断执法机关和法官进行相关市场分析时，不同程度上会惯性地导入对相关主体的行为认识，例如消费者或者使用者在经营者相关产品价格或者其他因素发生变化的情况下可能作出的反应，而这个就是需求替代分析法的核心要义。❶

需求替代分析法的产生不仅为相关市场的界定提供了更为科学的方法，而且在深层次上挖掘出了相关市场界定的核心原理之一——需求替代。无论是早期的附属市场理论、商品群理论，还是后来的 SSNIP 测试法，它们本质上都贯彻了需求替代性主要思想。采用需求替代分析法界定出来的相关市场，尤其是相关产品市场相对比较能够真实地反映出实际情况，有效地克服了早期同质产品认定法所可能存在的市场范围过于狭隘的问题。但也应注意到，需求替代分析法是建立在产品和服务替代性程度明确的基础上；如果这种替代性程度关系不清晰，则无法通过这种方式准确地界定出该产品或服务所对应的相关市场的边界。

---

❶ 丁茂中. 反垄断法实施中的相关市场界定研究［D］. 上海：华东政法大学，2010.

2）SSNIP 测试法

SSNIP 的全称是 "small but significant non – transitory increase in price"，即数额不大但很重要且非临时性的涨价，是基于价格的假定垄断者测试方法。该方法分为四步：第一步，确定最初的候选市场，一般仅包括与并购有关的产品及其密切替代品，以一个最小的产品范围和地理范围作为测试的起点；第二步，假定在上述范围出售的商品全部处于垄断，假定垄断者提高价格 5%～10%，并测试提价后会出现的情况；第三步，如果涨价后没有利润，则涉案产品还面临其他替代品的竞争压力，说明最初所确定的相关市场过小，则加入最相近的替代品扩大候选市场，然后再作 SSNIP 测试；第四步，不断重复上述步骤，直到大多数消费者不再转向其他替代品，则说明假定的垄断者可使用市场力量，使产品价格保持一个不大但显著的上涨，从而获得利润，整个测试过程结束，此时所对应的候选市场就是相关市场。可以看出，SSNIP 测试法，使用了需求替代思想，同时结合了严格的经济学理论，从而使其结论更加客观科学。

但是应当注意，SSNIP 测试法也存在一些问题：一是 SSNIP 测试法要求基准价格必须是竞争性价格，而现实情况往往是市场价格已经是垄断价格，以现行价格为基础进行 5%～10% 的涨价行为分析很可能导致相关市场界定的扩大化；二是 SSNIP 测试法是建立在大量数据分析基础之上的，在数据来源不可靠或并非充分的情况下，分析结果可能会造成相关市场界定的缩小或扩大化。❶ 上述问题的存在可能导致 SSNIP 测试法适用不准确，但这并不妨碍基于该测试方法进行适当变通后再进行适用。例如在 "奇虎公司与腾讯公司滥用市场支配地位纠纷" 案中，一审法院直接运用基于价格上涨的假定垄断者测试；而最高人民法院经审理认为如果采取基于相对价格上涨的假定垄断者测试，很可能将不具有替代关系的商品纳入相关市场中，导致相关市场界定过宽，但仍可以采取该方法的变通形式，例如基于质量下降的假定垄断者测试。由于质量下降程度较难评估以及相关数据难以获得，因此可以采用质量下降的假定垄断者测试进行定性分析而不是定量分析。通过该案可以看出，用于界定相关市场的各种方法均有其严格的适用逻辑和适用场景，适用不当可能对最终相关市场的界定结果带来影响。

2. 市场支配地位的认定方法

各国均有市场支配地位的认定方法。我国《反垄断法》第 23 条规定："认

---

❶ 程贵孙. 互联网平台竞争定价与反垄断规制研究：基于双边市场理论的视角 [M]. 上海：上海财经大学出版社，2016：139 – 140.

定经营者具有市场支配地位，应当依据下列因素：（一）该经营者在相关市场的市场份额，以及相关市场的竞争状况；（二）该经营者控制销售市场或者原材料采购市场的能力；（三）该经营者的财力和技术条件；（四）其他经营者对该经营者在交易上的依赖程度；（五）其他经营者进入相关市场的难易程度；（六）与认定该经营者市场支配地位有关的其他因素。"第 24 条指出："有下列情形之一的，可以推定经营者具有市场支配地位：（一）一个经营者在相关市场的市场份额达到二分之一的；（二）两个经营者在相关市场的市场份额合计达到三分之二的；（三）三个经营者在相关市场的市场份额合计达到四分之三的。有前款第二项、第三项规定的情形，其中有的经营者市场份额不足十分之一的，不应当推定该经营者具有市场支配地位。被推定具有市场支配地位的经营者，有证据证明不具有市场支配地位的，不应当认定其具有市场支配地位。"

可以看出，我国《反垄断法》分别通过推导分析和具体量化指标两种方式对市场支配地位进行认定，不仅指出了市场支配地位需要考虑的因素，并且对部分因素提供了量化指标使其具备可操作性。例如在"华为诉交互数字"案中，深圳市中级人民法院经审理认为，基于 3G 标准中每一个必要专利的唯一性和不可替代性，被告方在 3G 标准中的每一个必要专利许可市场均拥有完全的份额，具有阻碍或影响其他经营者进入相关市场的能力。因此，应依法认定被告方在原告界定的相关市场中具有市场支配地位。

在欧盟认定某个企业是否具有市场支配地位，往往会基于市场数据，例如根据该企业在欧盟内部市场中所占据的份额来判断其是否具有支配地位，这种方式直接但也不是唯一考量。例如欧盟在"微软公司收购雅虎公司搜索"案中，先后从用户角度和广告角度出发，基于用户角度就从搜索请求量份额和付费搜索份额两个方面来认定市场支配地位。而在"微软公司收购 Skype 公司"案中，欧盟则从市场份额和市场进入难度来进行判断。

美国尽管没有"市场支配地位"这个名词，但其通过多种方法来认定市场统治力，不仅包括市场份额、市场进入障碍等，也包含其他多种方式，例如在同样涉及 Skype 公司的"Streamcast v. Skype"案中，法院认为原告的所诉内容不能有效证明"反垄断损害"，即以是否存在垄断为出发点和落脚点来进行判断。

（二）标准必要专利权人滥用市场支配地位的反垄断规制

关于滥用市场支配地位的典型行为，在美国《谢尔曼法》中仅禁止损害竞争过程的排斥性滥用行为，并没有列举具体的行为。而《欧盟运行条约》第 102

条则明确指出滥用行为，尤其包括：①直接或间接地强加不公平的购买或销售价格，或者其他不公平的贸易条件；②限制产品、市场或技术的发展，从而对消费者产生损害；③对其他的贸易伙伴适用不同的交易条件，使其在竞争中处于不利的地位；④在缔结合同时，要求对方接受附属义务，而这些义务无论从合同的性质抑或商业惯例而言，都与合同的目的没有关联。

同样，我国《反垄断法》第 22 条第 1 款也指出："禁止具有市场支配地位的经营者从事下列滥用市场支配地位的行为：（一）以不公平的高价销售商品或者以不公平的低价购买商品；（二）没有正当理由，以低于成本的价格销售商品；（三）没有正当理由，拒绝与交易相对人进行交易；（四）没有正当理由，限定交易相对人只能与其进行交易或者只能与其指定的经营者进行交易；（五）没有正当理由搭售商品，或者在交易时附加其他不合理的交易条件；（六）没有正当理由，对条件相同的交易相对人在交易价格等交易条件上实行差别待遇；（七）国务院反垄断执法机构认定的其他滥用市场支配地位的行为。"

通过分析欧盟和我国关于滥用市场支配地位的规定发现，滥用市场支配地位的行为大致可以归结为价格和交易两个方面。而当上述滥用行为应用在标准必要专利市场时，表现形式也有所变化，例如：不公平的高价销售商品具体表现为对于许可费率的不公平的高定价；没有正当理由，拒绝与交易相对人进行交易则表现为拒绝许可行为。事实上，在《标准必要专利反垄断指引》中明确了涉及标准必要专利的滥用市场支配地位的行为，分别是：以不公平的高价许可标准必要专利、涉及标准必要专利的搭售、拒绝许可标准必要专利以及标准必要专利滥用禁令救济等。

1. 以不公平的高价许可标准必要专利

以不公平的高价许可标准必要专利属于标准必要专利市场中不公平的高定价行为的具体体现。一般情况下不公平的高定价行为表现为具有市场支配地位的企业利用其市场支配地位以高于竞争水平的价格对其相应的服务和产品进行定价。这种不公平的高定价行为，降低了消费者的购买力，损坏了消费者的利益，同时超高定价使得本已取得市场支配地位的企业获得额外可观利润，容易降低其进一步创新的动力。但不公平的高定价行为是否一定就是反垄断应该规制的行为，美欧有不同的认识。美国经济崇尚自由竞争，强调市场自身的力量和调节力，因此没有强制的价格管制以及对不公平价格行为的规制。在 2004 年的"Version v. Trinko"案中，美国联邦最高法院认为：仅仅因为拥有垄断势力并由此索取了垄断价格不能被视为违法，因为这是自由市场经济的重要机制。索取垄断价格对企业来说首先是一种激励机制，同时还可以降低企业在创新和研发中的风险。[1] 而欧盟在《欧盟运行条约》中对不公平价格作了明确规定，这是因为，在欧盟价格合理被认为是对消费者福利的保护，对于价格的认识不仅是一个经济学问题，也是一个社会公平的问题，而且利用市场支配地位进行超高定价所带来的利润是充分竞争的市场环境中不可能实现的。我国《反垄断法》借鉴欧盟做法，在第 22 条对不公平价格进行了明确规定。

具体到知识产权标准必要专利许可不公平的高价许可，我国《禁止滥用知识产权排除、限制竞争行为规定》第 9 条也明确指出，具有市场支配地位的经营者不得在行使知识产权的过程中，以不公平的高价许可知识产权或者销售包含知识产权的产品，排除、限制竞争。同时需注意该项知识产权的研发成本和回收周期、许可费计算方法和许可条件，还可以比照历史许可费或者许可费标准并关注经营者就该项知识产权学科所作的承诺。《标准必要专利反垄断指引》第 12 条"以不公平的高价许可标准必要专利"中指出："通常情况下，合理的许可费能够保障标准必要专利权人就其研发投入和技术创新获得回报。但是，标准必要专利权人等经营者可能滥用其市场支配地位，以不公平的高价许可标准必要专利或者销售包含标准必要专利的产品，排除、限制竞争，具体分析时可以考虑以下因素：（一）许可双方遵循本指引第二章开展良好行为的情况；（二）许可费是否明显高于可以比照的历史许可费或者其他经营者的许可费；（三）许可谈判过程中，是否主张对过期、无效的标准必要专利或者非标准必要专利收取许可费；（四）标准必要专利权人等经营者是否根据标准必要专利数量、质量和价值发生的变化合理调整许可费；（五）标准必要专利权人等经营者是否通过非专利实施实体等进行重复收费。"当标准必要专利被许可人不得不接受这种不公平的高额许可费时，就会形成标准必要专利的"专利劫持"问题，从而导致标准实施成本提高，并且高额许可费最终将传递到对应的产品和服务价格上，从而转嫁到消费者身上，并最终损害消费者利益。

在深圳市中级人民法院对"华为诉交互数字"案作出的判决中指出：标准必要专利的交易价格，是反映标准必要专利权人是否按 FRAND 原则进行授权许可的关键因素；将被告授权给苹果、三星等公司的专利许可条件，与被告向原告发出的要约条件进行比较，无论是按照一次性支付专利许可使用费为标准，还是

---

[1] 王晓晔. 反垄断法［M］. 北京：法律出版社，2011：207.

按照专利许可使用费率为标准，被告拟授权给原告的专利使用费均远远高于苹果、三星等公司；该案被告方不仅要求原告支付高昂的许可费，还强迫原告及其联属公司给予其所有专利的免费许可，使之可以获得额外的利益，这表明被告方存在过高定价行为。在广东省高级人民法院作出的终审判决中，更是对是否构成过高定价的问题进行了重点论述。首先，交互数字公司对华为公司提供的标准必要专利许可费明显高于交互数字公司对其他公司的专利许可费。原审法院根据交互数字公司年报披露的内容、其他被许可人的销售收入和其他情况，推算出专利许可费率，从而与交互数字公司拟对华为公司收取的专利许可费率予以比对，作为判断是否存在过高定价的参考，具有一定合理性和科学性。其次，交互数字公司对华为公司收取过高的专利许可费缺乏正当性。交互数字公司在 3G 无线通信领域的相关必要专利，其成本已基本稳定。在交互数字公司已有预期其专利使用费逐年降低的情况下，仍对全球手机销售量排名、综合实力远远不及美国苹果公司、韩国三星公司等的华为公司提出收取过高许可费，显然缺乏合理性和正当性。而且这一行为，直接制约华为公司竞争能力。最后，交互数字公司不仅要求华为公司支付高昂的许可费，还强迫华为公司给予其所有专利的免费许可，而华为公司专利的数量与价值远远高于交互数字公司，加剧了不公平的过高定价。

　　在"无线星球"案中，美国无线星球公司从爱立信公司获得 2000 多项无线专利，其中相当比例为标准必要专利。其后，无线星球公司在英国起诉华为公司、谷歌公司和三星公司侵犯了其专利权。上述被控侵权人基于违反竞争法提出了抗辩和反诉，它们特别指出，总销售协议违反了《欧盟运行条约》第 101 条有关主张专利权转让无效的规定，理由是根据该协议无线星球公司从爱立信公司获得了专利，爱立信公司获得了无线星球公司许可费中的一部分，该协议只是一种在 FRAND 原则之外增加收入的手段。如果进行了有效的转让，无线星球公司的许可要约是否符合 FRAND 原则和/或违反了《欧盟运行条约》第 102 条，关键争议点在于提供的许可费率和许可的适当范围。英国法院没有明确总销售协议是否违反《欧盟运行条约》第 101 条。相比之下，德国杜塞尔多夫地区法院驳回了以下论点：依据《欧盟运行条约》第 101 条或第 102 条的规定认定专利转让无效，并且转让的目的是在 FRAND 原则之外设置过高的定价。法院认为标准必要专利权人通过分割其标准必要专利组合来寻求谈判中更优地位的做法是合法的，或者认为非专利实施主体不得不继续标准必要专利权人许可的做法也是合法的；唯一的要求是其许可应为 FRAND 许可。因此，法院认为，为专利组合设定公平

报酬是一个合理合法的目标。❶

可以看出，对于不公平的高定价行为，我国与欧盟都将其作为滥用市场支配地位的行为予以规制，美国则认为其是自由市场经济的重要机制而没有针对性的规制。具体到标准必要专利不公平的高价专利许可费时，我国和欧盟同样对其进行规制。

2. 标准必要专利的搭售行为

标准必要专利的搭售行为是在标准必要专利许可和交易的同时对其他产品进行搭售的行为，是一般搭售行为在标准必要专利市场的具体表现。一般搭售行为是指销售方向购买方出售产品的条件是：购买方必须购买销售方指定的另一种产品。搭售商品和被搭售商品一般情况下完全不同或相互独立。搭售的方式包括合同搭售、捆绑搭售、技术性搭售等。合同搭售即通过签订合同实现搭售。捆绑搭售则是将搭售商品和被搭售商品捆绑销售。

从经济学角度分析，搭售行为给市场竞争带来了多方面影响。其一是影响被搭售产品市场。由于取得市场支配地位的企业强迫购买被搭售的产品，其必然获得被搭售产品市场更多的市场份额，消费者因此可能不再需要购买被搭售的产品，这就使得生产被搭售产品的其他企业处于不利的境地。如果强迫搭售的企业的搭售达到一定程度，将使得被搭售产品占据被搭售产品市场的绝大部分市场份额，取得该市场的市场支配地位，从而挤占到被搭售产品的其他企业的市场份额。再考虑价格因素的影响，如果被搭售的产品定价高于成本，则搭售企业还将因此获得高额垄断利润；即使被搭售的产品定价与成本持平或略低，搭售企业也借此扩大了市场份额，利用掠夺性定价手段将竞争对手挤出该市场。其二是增加被搭售产品生产企业的成本。一个取得市场支配地位的企业如果它在纵向上控制相关企业进行搭售，如以较高价格搭售生产用的原材料，而这种生产用的原材料又是生产被搭售产品的企业必需的，则搭售的结果是增加了生产被搭售产品的企业的成本，使其成本高于竞争对手，从而导致其在竞争中处于劣势甚至最终被迫退出市场。其三是搭售损害消费者利益。搭售除了损害市场竞争，还对消费者利益产生损害，这是因为搭售企业具有市场支配地位，被搭售的产品在市场竞争中通过搭售强迫消费者购买。鉴于被搭售产品的性质与用途，一方面，可能消费者并不愿意购买这种产品而被迫购买，因此需要更多支出；另一方面，被搭售产品

---

❶ 比德尔. 复杂技术产品与专利救济：迈向全球共识 [M]. 国家知识产权局专利局专利审查协作天津中心，译. 北京：中国科学技术出版社，2022：242－243.

的维护也需要消费者支出更多费用。

欧盟和美国将搭售行为进行区分，分别进行规制。在欧盟，搭售行为受到《欧盟运行条约》第102条"滥用市场支配地位行为"的规制：与本质上或依据商业惯例无关联，要求对方当事人接受附加义务为条件订立合同。欧盟较少使用"捆绑"概念。第一次使用该概念的案件是"微软诉欧盟委员会"案。在该案中，欧洲初审法院将"搭售"与"捆绑"交替使用，未对两者刻意进行区分。欧盟委员会2009年发布的《欧盟滥用市场支配地位指南》也使用了"捆绑""捆绑销售"等术语。不过，欧盟和美国对折扣的规制明显不同。首先，在范围方面，欧盟不仅规制多产品折扣，也规制单一产品折扣；而美国只规制多产品折扣。其次，在规制标准方面，美国重视成本价格分析而欧盟法不重视。欧盟将折扣分为数量折扣和忠诚折扣两大类。数量折扣也被称为标准化折扣，指具有市场支配地位的经营者以购买数量为基础给予购买者的折扣。数量折扣对所有购买者一视同仁，欧盟视其为本身合法行为。忠诚折扣因人而异，因此也被称为个性化折扣，具体是指具有市场支配地位的经营者以购买者在一定时期内购买经营者某种产品的数量超过一定购买量为条件或根据购买者购买某些产品占购买者对该产品总需求量的比例向该购买者提供的折扣。个性化折扣属于歧视性折扣，属于欧盟重点规制对象。《欧盟滥用市场支配地位指南》明确指出，作为"以价格为基础的排他性行为"，捆绑折扣的非法性将根据等效率竞争者标准进行分析，即只有捆绑折扣"已经妨碍或能够妨碍被认为与占支配地位的经营者具有同等效率的竞争对手的竞争时"，欧盟委员会才会干预；为了判断一个与占支配地位的企业具有同等效率的竞争对手是否可能被捆绑折扣行为所封锁，欧盟委员会将重点"调查占支配地位的企业是否以低于成本的价格"销售商品，其中的"成本"指"平均可避免成本与平均长期增量成本"❶。

美国对于搭售行为的立场实际上具有一个变化演进过程。来自哈佛学派的卡尔·凯森和唐纳德·特纳在1959年提出搭售应属于本身违法，即不管搭售产生的原因和后果，均得被视为非法。1976年阿瑞达撰写的一篇文章认为，大多数搭售损害具有内在抵消性，卖方只有通过降低其中一种产品的价格，才能相应提高另一种产品的价格。因此他认为，被迫接受搭售的买家无资格提起损害赔偿诉讼。针对搭售导致多付价款之主张，这种观点一定程度上接受了芝加哥学派反对传导效应理论的立场：由于仅存在单一的利润最大化价格，搭售中一种产品的价

---

❶　郑鹏程. 论搭售的违法判断标准［J］. 中国法学，2019（2）：183-201.

格上涨要求另一种产品的价格相应下降。阿瑞达也不认为价格歧视型搭售会带来竞争损害。1986 年，阿瑞达在一篇演讲稿中直言不讳地主张搭售应适用合理原则。❶ 芝加哥学派采用价格歧视理论来分析搭售产生垄断利润的可能性。该学派认为：不同的消费者对一种产品有不同的需求意愿因而可能存在不同的需求价格，如果利用这种价格上的差异在两种产品上进行组合搭配销售、分别按用户的价格进行交易即有实现垄断利润的可能。芝加哥学派还认为在某些情况下搭售有可能增加产出，节约生产成本和交易成本，维护商品信誉。因此不应当以反垄断法来禁止搭售或者至少应当对其进行深入的分析。可以看出，在美国对于搭售行为既有搭售限制竞争的观点，也有认为其有利于产品服务销售，有利于市场发展的观点。

以微软公司将 IE 浏览器捆绑在 Windows 个人电脑操作系统中的行为为例，在美国，微软公司被诉违反《谢尔曼法》第 1 条和第 2 条，在销售操作系统和浏览器时滥用市场支配地位。起诉人认为：首先，微软公司强制使用 Windows 操作系统的计算机公司同意使用 IE 作为默认的浏览器，不得预先安装或推销其他任何公司的浏览器；其次，微软公司强迫使用 Windows 的电脑公司与之签署协议，协议强制电脑公司不能许可、推销与微软公司的软件产品相竞争的软件产品；最后，操作系统和浏览器是独立商品，微软公司在自己的操作系统上"搭售"浏览器，致使所有 Windows 用户默认使用 IE 浏览器。法官认定：微软公司通过实施违反《谢尔曼法》第 2 条的滥用行为维持垄断；微软公司从事违反《谢尔曼法》第 1 条的排他性行为，非法地把 IE 浏览器捆绑到 Windows 操作系统上销售。微软不服上述判决并上诉，法院仍然认定其为滥用行为。

在欧盟市场，针对微软的上述搭售行为，欧盟委员会指出：在确认企业在搭售市场上占有支配地位的情况下，如果要认定其搭售行为违法，需要满足两个条件：①搭售产品与被搭售产品是两个独立的产品；②搭售行为有可能造成限制性封锁。"限制性封锁"是欧盟对于滥用市场支配地位评估体系中的一个指标，指现实或潜在竞争对手不能有效地组织原料供应，或者在支配地位企业阻碍甚至消灭了市场运作，从而有可能通过抬高价格来牟利，损害消费者的福利。欧盟在判断处于垄断地位的竞争者是否违法时，在确认存在市场支配地位和构成具体的滥用行为（搭售、拒绝交易和掠夺性定价）之外，通常需要证明存在限制性封锁。

---

❶ 霍温坎普. 美国反垄断运动到底发生了什么？［J］. 兰磊，王也钦，译. 经贸法律评论，2021 (6)：129 – 130.

认定是否存在限制性封锁一般会考虑以下因素。①支配地位企业的地位。一般而言，支配地位越牢固，为保护此地位所采取的行动就越有可能造成限制性封锁。②相关市场的市场条件，包括进入市场和扩大产能的条件。③支配地位企业的竞争对手的地位。④客户和原料供应商的地位。

通过该案，可以看出欧美对于搭售行为是否限制竞争、是否滥用市场支配地位具有不同的理解和尺度。

在我国，搭售行为同样受到了反垄断法的规制。《反垄断法》第 22 条中所规定的禁止具有市场支配地位的经营者从事滥用市场支配地位的行为就包括没有正当理由搭售商品。

具体到标准必要专利的搭售行为，主要表现为标准必要专利权人将标准必要专利许可给标准实施者的条件是：标准实施者需要接受不需要或者不相关的专利许可，尤其是非标准必要专利许可。其本质上就是标准必要专利权人通过逆向交叉定价方式和内部转移定价机制，规避 FRAND 原则对其标准必要专利进行高定价限制，将组合专利价格提高至不存在 FRAND 约束时的最大化水平，从而获取垄断利润。因此，这种搭售行为属于间接的专利劫持行为，是具有市场支配地位的企业将其市场势力延伸到被搭售技术或产品市场的表现，是标准必要专利权人利用专利的合法垄断权创造的一种非法垄断。

针对这种搭售行为，我国在《标准必要专利反垄断指引》第 15 条指出："通常情况下，在标准必要专利许可时进行一揽子许可，可以降低整体交易成本，提高标准实施效率。但是，标准必要专利权人等经营者可能滥用其市场支配地位，没有正当理由，在许可时强制标准实施方接受一揽子许可、接受非标准必要专利许可或者购买其他不必要的产品，排除、限制竞争，具体分析时可以考虑以下因素：（一）许可双方遵循本指引第二章开展良好行为的情况；（二）是否符合正当的行业惯例和交易习惯；（三）是否具有技术上的合理性和必要性；（四）拆分一揽子许可是否具有可行性，是否会给标准实施方造成不合理的标准实施成本；（五）标准实施方是否可以自主选择许可组合或者所购买的产品。"

仍以"华为诉交互数字"案为例，华为公司指控交互数字向其发出的标准必要专利授权许可要约的条件，包括将其非必要专利捆绑搭售给华为公司，属于滥用市场支配地位的行为。深圳市中级人民法院认为：标准必要专利具有唯一性和不可替代性，而非标准必要专利具有可替代性。对于特定的标准组织成员来说，其拥有的标准必要专利和专利申请权是可以确定的。专利权人不应当利用标准化的力量为自己的非必要专利寻求最大化的许可市场。交互数字公司利用其标准必要专利授权许可市场条件下的支配地位,将非标准必要专利搭售属于滥用市场支配地位的行为。广东省高级人民法院在二审判决书中支持了深圳市中级人民法院的判决,并指出:将非标准必要专利捆绑销售,将导致标准必要专利权利人在标准必要专利许可市场上的市场力量延伸到非必要专利所在市场,从而将阻碍或限制非必要专利所在市场的竞争。将非标准必要专利捆绑销售,将导致华为公司要获取必要专利许可时,无论其是否需要其他非标准必要专利都必须同时购买,该行为显然限制了市场竞争,构成滥用市场支配地位。

在高通案中,国家发展和改革委员会责令高通公司停止滥用市场支配地位的违法行为,其中包括:高通公司在对中国境内的无线通信终端制造商进行无线标准必要专利许可时,不得没有正当理由搭售非无线标准必要专利许可;高通公司对中国境内的无线通信终端制造商销售基带芯片,不得以潜在被许可人接受过期专利收费、专利免费反向许可、没有正当理由搭售非无线标准必要专利许可等不合理条件为前提;不得将被许可人不挑战专利许可协议作为高通公司供应基带芯片的条件。

可以看出,利用市场支配地位进行搭售使相关公司快速开拓占领新市场,挤压了新市场上其他公司的市场空间,同时增加了消费者的消费开支。而标准必要专利市场的搭售行为除具备上述特点外,由于标准必要专利权人和标准实施者之间往往还存在竞争关系,通过这种搭售行为可以提高对方成本,削弱对方的竞争力。

3. 拒绝许可标准必要专利

拒绝许可标准必要专利是拒绝交易行为在标准必要专利市场的具体体现。拒绝交易行为,即没有正当理由,拒绝与交易相对人进行交易,表现为拒绝提供产品或服务。虽然根据经营自由原则,经营者有权选择交易对象,但如果其具有市场支配地位,则有责任向所有具备资格的交易对象提供产品或服务,否则其将直接左右市场竞争。拒绝交易行为的危害主要有两个方面:一方面,减少市场上经营者数量,降低市场竞争程度;另一方面,优势地位的企业通过拒绝交易阻止相邻市场或下游市场的竞争者参与竞争,在相邻市场或下游市场收取超过竞争水平的价格,从而获得垄断利润。

拒绝交易行为在标准必要专利市场主要表现为拒绝许可行为。标准必要专利权人作出 FRAND 原则的声明,就应该公平、合理、无歧视地进行专利许可,因此标准必要专利权人的拒绝许可行为首先可能违反 FRAND 原则,同时可以帮助其获得相关市场的市场支配地位。

欧盟委员会在 2009 年发布的《关于适用〈欧共体条约〉第 82 条查处具有市场支配地位的企业排他性滥用行为的重点执法指南》（2009/C 45/02）指出：拒绝交易的范围是宽泛的，包括拒绝向现有的客户或者新的客户提供产品，或者拒绝许可知识产权，包括当某些知识产权许可是提供接口信息所必需的时，或者拒绝授权进入基础设施或者网络。如果存在下列情形，则委员会将考虑将拒绝交易作为执法重点：①所涉产品或者服务对在下游市场参与有效竞争是客观必要的；②拒绝交易很可能消除下游市场的有效竞争；③拒绝交易很可能导致消费者损失。❶ 在国际商业机器公司案中，国际商业机器公司拒绝向非国际商业机器公司主机提供软件的行为使得非国际商业机器公司的主机处于不利竞争地位，这种拒绝行为被认为是一种滥用行为。在著名的微软垄断案中，太阳公司向欧盟委员会投诉，微软公司拒绝披露 Windows 2000 和 Office 软件与其工作组服务器操作系统之间的接口代码，致使太阳公司无法向微软计算机用户提供非微软工作组服务器的特定服务。2004 年，欧盟委员会经调查认为微软公司在 Windows 操作系统市场上具有近乎垄断的市场支配地位，故意拒绝许可 Windows 操作系统与非微软工作组服务器之间的兼容信息和将视窗媒介播放器与 Windows 操作系统捆绑销售的做法，妨碍了正常的市场竞争，违反了《欧共体条约》第 82 条，即认为微软公司拒绝许可的行为属于滥用市场支配地位。

美国认为，具备市场统治力的企业拒绝交易，它的拒绝交易行为很可能是为了维持其垄断地位，因此可能受到《谢尔曼法》第 2 条的规制，这一点同样适用于拒绝专利许可。可以从多个判例了解美国对拒绝交易行为的态度。1908 年的"Continental Paper Bag Co. v. Eastern Paper Bag Co."案中，美国联邦最高法院主张自己不使用其专利的专利持有者也可以禁止其他人使用该专利。1999 年"鹰图诉英特尔"案中，美国联邦巡回上诉法院拒绝命令被告发放该许可证，由于两个公司在任何相关市场上都不是竞争者，而且不允许其他人使用其中一方的知识产权的愿望是有效的。另外，在 1997 年的"图像技术服务公司诉柯达"案中，美国联邦第九巡回上诉法院主张：垄断者的非法独占行为包括其单方面地拒绝专利或版权许可的行为；虽然垄断者不让其他人使用其被保护的作品具有有效的商

---

❶ 参见 European Union Commission. Guidance on the Commission's enforcement priorities in applying Article 82 of the EC Treaty to abusive exclusionary conduct by dominant undertakings：2009/C 45/02 [EB/OL]. [2025 - 03 - 26]. https：//eur - lex. europa. eu/legal - content/EN/ALL/?uri = CELEX%3A52009XC0224%2801%29.

业合理性。❶ 由上述三个案例可以看出，美国法院更倾向于拒绝许可行为体现经营自由原则。而在"美国联邦贸易委员会诉高通"案中则体现了两种观点的碰撞，即拒绝许可行为体现了自由市场中权利人自由交易的权利的观点以及具备市场支配地位的企业拒绝许可行为属于滥用市场支配地位的观点。该案中，美国联邦贸易委员会指控高通公司违背 FRAND 原则。一审法院认为在证明高通公司具备市场支配地位的基础上，拒绝交易是认定高通公司构成垄断行为的重要理由之一。被拒绝交易的对象分为两类：一类是 OEM 厂商这样的下游制造商，对于不及时达成专利许可协议的制造商威胁不供应芯片，甚至拒绝提供调制解调器芯片样品，不提供技术支持，延迟交付软件或威胁要求归还软件；另一类是芯片供应商竞争对手，高通公司拒绝向这类公司许可其持有的标准必要专利。高通公司在调制解调器芯片市场具有无可争议的市场支配地位，这进一步强化了其相关专利许可市场的强势地位，阻止被许可人议价，规定只有达到其规定的采购比例方可通过获取返利的方式适度降低许可费。该返利方式又进一步挤压了芯片竞争对手的市场空间，扭曲了芯片供应市场的自由竞争。因此一审法院认为高通公司的拒绝许可行为违反了《谢尔曼法》第 1 条，构成垄断，同时支持美国联邦贸易委员会的禁令。二审法院则推翻了一审法院认定高通公司在芯片销售和专利许可方面的行为构成垄断的判决，并且在判决中指出："权利人没有义务按照竞争对手所偏好的条款和条件进行交易""一般而言，企业可自由地选择交易对象、确定交易价格和条件。反托拉斯法是保护竞争，而不是保护竞争对手"。❷

我国《反垄断法》第 22 条明确拒绝交易行为属于滥用市场支配地位的行为。《禁止滥用知识产权排除、限制竞争行为规定》和《国务院反垄断委员会关于知识产权领域的反垄断指南》均对具有市场支配地位的经营者拒绝交易行为进行规制，同时考虑下列因素：①该项知识产权在相关市场上不能被合理替代，为其他经营者参与相关市场的竞争所必需；②拒绝许可该知识产权将会导致相关市场的竞争或者创新受到不利影响，损害消费者利益或者公共利益；③许可该知识产权对该经营者不会造成不合理的损害。《标准必要专利反垄断指引》第 14 条"拒绝许可标准必要专利"中也提出："通常情况下，在标准必要专利权人按照标准必要组织的规则作出公平、合理和无歧视承诺后，如果没有正当理由，标准必要

---

❶ 白艳. 欧美竞争法比较研究 [D]. 北京：中国政法大学，2004.

❷ 参见 Federal Trade Commission v. Qualcomm Incorporated，No. 19‒16122D. C. No. 5：17‒cv‒00220‒LHK［Fed. Trade Comm'n v. Qualcomm Inc.，No. 19‒16122，2019 U. S. App. LEXIS25326（9th Cir. Aug. 23，2019）］。

专利权人等经营者不得拒绝任何愿意获得许可的标准实施方，否则可能对市场竞争产生排除、限制影响，具体分析时可以考虑以下因素：（一）许可双方遵循本指引第二章开展良好行为的情况；（二）标准实施方是否有不良信用记录或者出现经营状况恶化等严重影响交易安全的情况；（三）是否因不可抗力等客观原因无法进行标准必要专利的许可；（四）拒绝许可相关标准必要专利对市场竞争和创新的影响；（五）拒绝许可相关标准必要专利是否会损害消费者利益或者社会公共利益。

标准必要专利因大多具有不可替代性，拒绝许可行为使得意欲使用该标准的企业因无法使用该标准，而不得不退出该市场，或者投入更多资金研发，增加相关企业的成本，从而构成滥用市场支配地位。例如在"华为诉交互数字"案中，华为公司作为原告在诉状中就指出：在双方谈判过程中，交互数字公司在美国联邦最高法院和美国国际贸易委员会同时起诉华为公司，其本质属于拒绝交易行为。

综上所述，拒绝许可行为并不必然意味着垄断，只有当拒绝许可行为的主体具有市场支配地位时，其才更有可能构成滥用市场支配地位，从而受到反垄断的规制。

4. 标准必要专利滥用禁令救济

禁令救济本身是专利权人用于保护自身专利权不受侵害的一种手段，但是申请滥用禁令救济可能导致出现排除、限制竞争行为。在标准必要专利市场，标准必要专利权人具备市场支配地位，其在与标准实施者的许可谈判中违反 FRAND 原则的声明，导致无法达成专利许可协议，而标准实施者是善意谈判，在此基础上标准必要专利权人以实施者侵犯专利权为由申请禁令，这种行为就可能构成滥用禁令救济的行为，其属于标准必要专利领域滥用市场支配地位的独立行为。同时，与不公平的高价许可、专利搭售行为等不同，上述过程并不涉及标准必要专利许可的内容，主要涉及程序。实际上，对于上述过程中标准必要专利权人申请救济是否构成滥用，是否应该对其进行规制，在国际上也有不同看法。

在欧洲，可以通过多个案例看出其对禁令救济的看法。"华为诉中兴案"中，华为公司和中兴公司就有关专利侵权和专利许可等事项进行谈判，未能缔结许可合同。华为公司随即向德国杜塞尔多夫地区法院起诉中兴公司专利侵权，并寻求禁令救济。该案中，中兴公司侵犯华为公司专利权的事实并无异议，关键在于华为公司能否以此获得禁令救济。在该案之前，德国联邦最高法院的"橙皮书"案和欧盟委员会对三星公司的反垄断调查案分别给出了标准必要专利权人能否获得禁令救济的判断标准，而两者存在实质性的区别。德国联邦最高法院认为，在专利侵权诉讼中标准实施者能否进行反垄断抗辩，免于禁令措施，取决于：标准必要专利权人拥有市场支配地位与标准必要专利权人拒绝许可是否缺乏合理性和公正性。其还对标准实施者提出两点要求：在达成许可合同的过程中，标准实施者应该先向标准必要专利权人发出要约，要约应符合 FRAND 原则；如果标准实施者在未获得许可授权的情况下实施标准必要专利，则应当履行自己在要约中的义务。欧盟委员会认为标准必要专利权人寻求禁令救济的行为是否构成对市场支配地位的滥用主要根据两点来判断：标准必要专利权人是否作出FRAND 原则的声明；标准实施者是否向标准必要专利权人表达过就标准必要专利事项进行协商的意愿。按照德国联邦最高法院的标准，中兴公司没有向用户公司提出合理且无条件的要求，且使用涉案专利没有获得华为公司的许可，也没有先履行义务。因此，华为公司的禁令救济应当得到支持。相反，按照欧盟委员会的标准，华为公司作出过 FRAND 原则的声明，中兴公司也表达过协商的意愿，所以华为公司构成市场支配地位的滥用，不能获得禁令救济。为此，德国杜塞尔多夫地区法院向欧盟法院提出一系列释疑请求，欧盟法院作出先行裁决，提出了"五步骤＋三保留"的方法，用以判断标准必要专利权人需求禁令的行为是否构成对市场支配地位的滥用。

在美国，针对禁令救济同样经过了不断调整的阶段。在"微软诉摩托罗拉"案中，摩托罗拉公司拒绝向微软公司许可标准必要专利后，微软公司提起违约之诉，即摩托罗拉公司违反了 FRAND 原则，并寻求禁令救济。一审判决认为摩托罗拉公司要承担违约责任和赔偿，而后上诉法院支持了一审判决。该案判决认为标准必要专利权人需要承担根据 FRAND 原则许可其标准必要专利的义务，作为标准实施者的被告可以提起违约之诉来反诉标准必要专利权人不履行上述许可义务的行为。该案揭示了 FRAND 的契约义务可以阻止标准必要专利权人对其专利进行侵略性的主张，如收取过高的专利费或实施禁令。[1] 而在"苹果诉摩托罗拉"案中，则没有适用上述原则。美国联邦上诉法院认为：受 FRAND 授权条件的限制，只有在苹果公司拒绝支付专利许可费的情况下，法院才会允许禁令的发放，并且法院在决定允许采用禁令救济时还需考虑：标准必要专利权人证明的如果不采用禁令则无法挽回损害的情况；被控侵权者是否单方面拒绝支付符合

---

[1] 郑文科. 首都法学论坛：第 16 辑 ［M］. 北京：中国政法大学出版社，2020：41.

FRAND 原则的专利许可费或不合理地拖延谈判以达到同等效果；标准必要专利所有者是否基于 FRAND 原则向侵权人提出给予许可的要约；鼓励标准的推广和确保标准必要专利许可费未被高估。❶

而从美国社会看，基于标准必要专利禁令救济的授予，更看重其对社会公共利益的影响。美国司法部和美国专利商标局共同发布的 2013 版政策声明指出：美国国际贸易委员会对作出 FRAND 原则的声明的标准必要专利权人的排他性救济可能引发专利劫持，产生竞争损害，这样的救济与社会公共利益不相符。美国相关政府和组织在标准必要专利涉及垄断和限制竞争问题上持有以下立场：在 FRAND 原则下，严格限制对标准必要专利权人授予禁令救济的情形；当禁令救济可能会损害公共利益时，禁令的授予还需考虑公共健康和福利、经济环境和消费者影响等因素。❷

我国在《标准必要专利反垄断指引》中首次将涉及标准必要专利的滥用救济措施单独作为一项滥用市场支配地位的行为列出。其第 18 条"涉及标准必要专利的滥用救济措施"中规定："通常情况下，标准必要专利权人有权依法请求法院或者相关部门作出或者颁发停止侵害相关专利权的判决、裁定或者决定。但是，标准必要专利权人等经营者可能违反公平、合理、无歧视原则，未经善意谈判，滥用上述救济措施迫使标准实施方接受其不公平的高价或者其他不合理的交易条件，排除、限制竞争。具体分析时应当考虑许可双方是否根据本指引第八条进行善意的许可谈判，并可以考虑《国务院反垄断委员会关于知识产权领域的反垄断指南》规定的其他因素。"

《最高人民法院关于审理侵犯专利权纠纷案件应用法律若干问题的解释（二）》中引入了关于专利法的救济标准，其中第 24 条第 2 款规定："推荐性国家、行业或者地方标准明示所涉必要专利的信息，专利权人、被诉侵权人协商该专利的实施许可条件时，专利权人故意违反其在标准制定中承诺的公平、合理、无歧视的许可义务，导致无法达成专利实施许可合同，且被诉侵权人在协商中无明显过错的，对于权利人请求停止标准实施行为的主张，人民法院一般不予支持。"上述规定实际从专利法和侵权责任法的视角来确定是否授予禁令救济，标准必要专利权人寻求禁令救济的行为并不必然属于滥用市场支配地位的行为。根

---

❶ 刘彤. 知识经济时代的竞争法 ［M］. 北京：对外经贸大学出版社，2021：171.
❷ 董新凯. 反垄断法规制标准必要专利滥用中的利益平衡 ［M］. 北京：知识产权出版社，2022：239 – 241.

据我国目前的法律体系，标准必要专利权人对于 FRAND 义务的违反可能招致两方面的法律调节。如果案件涉及的是标准必要专利权人在谈判中申请禁令救济的行为涉嫌构成滥用市场支配地位，反垄断执法机构可以自行或应要求进行调查；而如果被许可人将该行为诉至法院，则法院将在反垄断法框架下进行分析。如果案件涉及的是标准必要专利权人向法院申请禁令救济，则法院将根据最高人民法院的司法解释判断标准必要专利持有人的行为是否违反了 FRAND 原则以及双方是否有过错。❶

　　在微软公司收购诺基亚公司案的附限制性条件批准中，商务部要求双方按照 FRAND 条件对外许可所涉标准必要专利，不得就所涉标准必要专利寻求针对中国企业的禁令救济。也就是说，提前规制微软公司收购诺基亚公司后可能出现的滥用禁令救济行为。在"华为诉交互数字"案中，法院认为：交互数字公司向华为公司发出要约，双方还处于谈判阶段时，交互数字公司在自身在缔约阶段违背公平、合理、无歧视义务的情况下，向美国国际贸易委员会和美国特拉华州地区法院，对华为公司提出标准必要专利的禁令之诉，要求禁止华为公司使用其标准必要专利。由于华为公司在与交互数字公司的谈判中一直处于善意状态，交互数字公司在美国提起诉讼的目的，在于逼迫华为公司接受过高专利许可交易条件。这种行为构成滥用禁令救济的行为。

　　禁令救济措施不仅可以在某个国家使用，其同样有可能在各个国家和地区同时进行，以实现标准必要专利权人的利益最大化。在美国和欧洲判决的"微软公司诉摩托罗拉公司"案中，其中就涉及滥用禁令救济行为。该案中摩托罗拉公司作为标准必要专利权人，微软公司作为标准必要专利实施人，双方就可能侵犯的专利权进行交叉许可谈判时，微软公司向华盛顿西区地区法院起诉称摩托罗拉公司违反了向标准制定组织 ITU 和 IEEE 所作的 RAND 声明。次日，摩托罗拉公司在威斯康星西区地区法院状告微软公司侵犯其专利，并请求该法院签发禁令，同时向美国国际贸易委员会申请启动对微软公司的"337 调查"，还向德国法院寻求禁令。华盛顿西区地区法院向摩托罗拉公司发出禁诉令。摩托罗拉公司碍于华盛顿西区地区法院的禁诉令，无法使德国法院的禁令措施生效。在此基础上微软公司变更诉讼请求，认为摩托罗拉公司的禁令救济行为构成对 RAND 声明的违约行为。于是，华盛顿西区地区法院首先审理了摩托罗拉公司是否构成违约，裁定摩托罗拉公司不能获得标准必要专利的禁令救济。即法院认为摩托罗拉公司作为

　　❶ 刘彤. 知识经济时代的竞争法 ［M］. 北京：对外经贸大学出版社，2021：180－181.

标准必要专利权人寻求禁令的行为属于滥用禁令救济的行为。

可以看出，禁令救济作为标准必要专利领域特有的程序手段，被标准必要专利权人经常使用。尽管对禁令救济措施是否构成滥用存在不同看法，但各国仍对其高度关注，而标准必要专利权人是否遵守 FRAND 原则、谈判双方是否善意、专利权人是否具备市场支配地位是决定其是否构成滥用所考虑的主要因素。

综上所述，相对于传统滥用市场支配地位，标准必要专利滥用市场支配地位有其自身特点，例如其不公平的高定价将会导致专利劫持，滥用禁令救济的大量出现，各国适时针对标准必要专利滥用市场支配地位的各种行为提供了对应的指引，使其能够得到较好的规制。

四、标准必要专利与经营者集中

经营者集中能增强企业竞争力和市场集中度，同时也会带来对垄断和限制竞争的担忧，尤其是涉及标准必要专利的经营者集中，更容易产生限制竞争的结果，因此一直都是反垄断的热点问题。

（一）经营者集中的概念

经营者集中涉及企业合并、财产控制、经营控制和人事控制。反垄断法从市场竞争的角度出发，将合并分为横向合并、纵向合并和混合合并。横向合并是指生产经销同类产品或者提供同类服务的同行业的竞争企业之间进行的合并，参与合并的企业通常处于直接的竞争关系或者潜在的竞争关系之中。横向合并的结果是在特定市场上产生一个更大的经营者，提高市场的集中度。因此横向合并的反竞争后果是非常明显的：首先，合并后的企业可能具有市场支配地位，不但容易造成市场垄断，而且提高了市场进入难度；其次，竞争主体减少以后的市场更容易出现垄断协议。纵向合并也称为垂直合并，是指处于不同经济层次或经营环节上但又具有某种交易关系的企业之间进行的合并，例如存在于相互关联的前后或者上下游市场之中的原材料供应商、成品制造商到销售商之间的经营者的合并，这些纵向企业的合并往往能够给合并后的企业带来极大的效率优势。纵向合并虽然并不影响集中度，但也会给其他企业造成进入市场的障碍。混合合并，则是指从事不相关类型经营、没有内在联系的企业之间的合并，例如房地产企业与食品制造企业的合并。混合合并有利于拓展市场，分散企业经营风险，其合并并没有改变各市场的集中度，因此一般不会成为反垄断法规制的重点。实践中，由于横

向合并可以消灭竞争对手，减少竞争者数量，直接影响市场结构，因此各国法律对企业合并的监控主要集中在横向合并上。❶

　　经营者集中行为对于市场经济来说是一把双刃剑：它能带来规模经济效应，能在短时间内迅速集中不同经营者之间的资金、技术和人员等经营资源，汇集并且协调、整合多个生产经营者之间的生产经营能力；虽然经营者集中可以提高生产经营的效益，强化企业在市场中的竞争力，但过度的经营者集中行为会因为促进经营者规模过大而容易形成垄断状态，进而更容易产生限制、排斥竞争的效果，也会给市场竞争带来不利影响。竞争是市场经济的精髓和要义，对竞争造成的破坏和损害最终会扭曲市场机制，扼杀经济活力，损害消费者的整体利益。市场机制本身并不能够有效地制止和解决破坏竞争秩序的任意集中行为，所以应通过反垄断法律责任制度的完善来对其形成有效制约和恰当规制，以国家有形之手来对其破坏竞争秩序的行为进行矫正。

　　经营者集中一般垄断行为的法律责任也要注意利益平衡。经营者的利益主要体现在企业效率方面。在当今世界作为一个大市场以及我国企业面临着激烈的国际竞争的背景下，高效率的企业对未来我国企业的发展至关重要。这也表明经营者合法利益的保护在反垄断法律责任的实施过程中不能够被忽视。经营者的利益提升虽说是经营者私人利益的获取过程，但是如果真正提高了企业效率，也将有利于我国企业参与国际市场竞争。

（二）经营者集中的反垄断规制

　　与垄断协议和滥用市场支配地位行为反垄断规制制度不同，经营者集中审查制度是通过对经营者集中后可能出现的排除、限制竞争行为进行预判，从而对反竞争行为进行预防性规制。对经营者集中行为的规制应具体包括事前申报审查制和事后监督审查制两种模式。事前申报审查制，是在经营者集中行为实施前，向反垄断机构提交相关资料，以便反垄断机构评估集中行为是否会对市场构成不利影响，是否易于发生垄断行为。事后监督审查制，则是经营者集中实施后，反垄断机构对其执行情况进行持续监督，以确保经营者遵守反垄断法相关规定。事前申报审查制由于能及时避免具有消极因素的经营者集中行为的发生，能够维护良好的市场竞争结构，并能迅速地提升市场经济效率，故此种模式越来越受到大多数国家和地区的重视。美国在 1976 年制定的《哈特－斯科特－罗迪诺反托拉斯

---

❶ 倪振峰. 竞争法案例教程［M］. 上海：复旦大学出版社，2005：326－327.

改进法》对《克莱顿法》第 7 条作出了补充，即条款 7A，该条款要求涉及大企业的合并应该在合并前向联邦贸易委员会或者司法部反托拉斯局进行申报。《德国反限制竞争法》在 1998 年第 6 次修改时，将原来实行的事先登记和事后申报这两个制度修改成为单一的事前申报制度。2004 年欧盟部长理事会通过的《欧盟理事会关于企业集中控制的条例》也采用了事前申报制度。我国《反垄断法》中的经营者集中审查制度，主要借鉴了欧盟竞争法和《德国反限制竞争法》的相应内容。《反垄断法》第 26 条第 1 款规定："经营者集中达到国务院规定的申报标准的，经营者应当事先向国务院反垄断执法机构申报，未申报的不得实施集中。"

我国针对经营者集中审查制度，主要依据是《反垄断法》第四章。在经营者集中判断中一般包括相关市场的界定、对相关市场的竞争评估以及附条件批准三部分。相关市场的界定不仅是判断市场支配地位的重要一环，同样也是经营者集中判断的起点，一般包括相关产品市场的界定和相关地域市场的界定。竞争评估贯穿于反垄断执法的各个阶段，手段多样，例如从市场份额、市场进入的障碍等方面进行评估。根据《反垄断法》第 33 条可知，我国主要考虑的因素包括经营者在相关市场的市场份额、对市场的控制力、市场集中度以及对下游和其他经营者的影响等。附条件批准则是经营者集中的救济措施，因为集中行为在被认定存在构成垄断、限制竞争的影响时，该集中行为将被禁止。通过附加限制性条件，一方面，允许修改集中行为的内容可以减少或消除垄断的担忧，从而增加集中行为被批准的可能性，有利于当事人；另一方面，又实现了对于集中行为的监督，使得最终批准的集中行为减少或消除对市场的垄断的影响，有利于市场健康发展。

（三）标准必要专利经营者集中的反垄断规制

近些年，经营者集中案件中涉及标准必要专利的案件尤其引人注目，例如苹果公司及其竞购伙伴以 45 亿美元战胜谷歌公司获得已于 2009 年申请倒闭的北电网络的 6000 多项专利，谷歌公司以 125 亿美元价格收购摩托罗拉公司从而获得 1.7 万多项专利。我国涉及标准必要专利的经营者集中案件主要包括 3 件，分别是"谷歌公司收购摩托罗拉移动"案、"微软公司收购诺基亚设备和服务业务"案以及"诺基亚收购阿尔卡特朗讯股权"案。这些经营者集中案件，金额巨大，目的明确，就是为了获得这些公司的知识产权，从而更快速完成专利布局。例如谷歌公司获取的摩托罗拉移动公司 1.7 万多项专利，其中相当比例为标准必要专利，而诺基亚公司和阿尔卡特朗讯公司双方都持有大量标准必要专利。标准必要专利自身在标准实施中本就具有不可替代性，其在相关市场中更易占据市场支配地位，上述商业行为使标准必要专利更加集中，从而引发垄断市场损害竞争的担忧，因此急需经营者集中反垄断审查作为预防性措施。涉及标准必要专利的经营者集中审查将属于事后控制的市场支配地位滥用行为前移到事前审查，从而对标准必要专利滥用市场支配地位的可能性加以预测和控制。❶

我国在坚持《反垄断法》所规定的经营者集中审查制度的基础上，《国务院反垄断委员会关于知识产权领域的反垄断指南》和《标准必要专利反垄断指引》分别结合知识产权尤其是标准必要专利进行了进一步的指引，涉及知识产权和标准必要专利的经营者集中审查时相关市场的界定需要考虑的因素、如何评估对市场竞争的消极和积极影响、限制性条件应该包含的具体内容等。例如，涉及知识产权的行为性条件包括知识产权许可、保持知识产权相关业务的独立运营、对知识产权许可条件进行约束、收取合理的许可使用费等。涉及标准必要专利的经营者集中申报还可以考虑标准必要专利是否构成独立业务或者产生独立且可计算的营业额以及标准必要专利许可的方式和期限。

1. 经营者集中审查的相关市场界定

涉及标准必要专利的经营者集中的判断，首先同样要界定相关市场。在"谷歌公司收购摩托罗拉移动"案中，反垄断执法机构认定移动智能终端和移动智能终端操作系统构成相关商品市场，但并未明确体现专利许可相关市场，而是在竞争分析中对摩托罗拉移动专利许可问题进行分析。而其后的"微软公司收购诺基亚设备与服务"案和"诺基亚公司收购阿尔卡特朗讯公司股权"案，前者中将与移动智能终端相关的专利许可市场作为相关产品市场，后者中将通信技术标准必要专利许可作为相关产品市场，都体现了经营者集中审查中对于标准必要专利认识的变化。有观点就将与知识产权有关的经营者集中的相关市场分为三类：受知识产权保护的产品市场、受知识产权保护的技术市场以及所谓的"创新市场"。《标准必要专利反垄断指引》中"相关市场"部分并没有使用备受争议的"创新市场"，但明确使用了"技术市场"这个名词，指出涉及标准必要专利的相关商品市场主要是技术市场和实施标准所涉及的产品和服务市场。

---

❶ 袁嘉. 标准必要专利与经营者集中反垄断审查［M］//国家知识产权局条法司. 专利法研究2013. 北京：知识产权出版社，2015：236.

2. 经营者集中审查的竞争评估

界定出经营者集中所对应的相关市场，下一步就要基于该相关市场来评估经营者集中给该市场的竞争所带来的影响。竞争评估的方式可以分为两种：第一种可以概括为基于市场因素的竞争评估，例如市场份额、对市场的控制力、市场集中度等，这些因素直观甚至可以量化，因此易于操作；第二种是基于限制竞争效应的评估。

（1）基于市场因素的竞争评估

参与经营者集中的各方，与其相关的市场因素直观甚至可以量化，例如产量、营业额、利润、市场份额、市场统治力等，这些因素无论是经营者集中前还是集中后均易于获得，从而便于集中后的竞争评估。我国《反垄断法》第 33 条就从相关市场的市场份额、对市场的控制力、市场集中度以及对下游和其他经营者的影响这几个市场因素出发来进行竞争评估，商务部在《关于评估经营者集中竞争影响的暂行规定》第 5～11 条比较详细地解释了从市场份额、市场控制力、市场集中度、市场进入壁垒、对技术进步的影响、对消费者的影响、对其他经营者的影响、对国民经济发展的影响等多个因素出发进行竞争评估。而具体到知识产权和标准必要专利，《国务院反垄断委员会关于知识产权领域的反垄断指南》从对竞争的消极影响出发，考虑了以下因素：行业特点与行业发展状况；主要竞争者及其市场份额；市场集中度；市场进入的难易程度；交易相对人的市场地位及对相关知识产权的依赖程度；相关技术更新、发展趋势及研发情况等。对具体行为进行分析，考虑以下因素：经营者之间的竞争关系；经营者的市场份额及其对市场的控制力；行为对产量、区域、消费者等方面产生限制的时间、范围和程度；行为设置或者提高市场进入壁垒的可能性；行为对技术创新、传播和发展的阻碍；行为对行业发展的阻碍；行为对潜在竞争的影响等。而在《标准必要专利反垄断指引》中，除了考虑上述因素，还考虑以下两个因素：标准必要专利所覆盖的产品或者服务是否构成独立业务或者产生独立且可计算的营业额；标准必要专利许可的方式和期限。

在"谷歌公司收购摩托罗拉公司"案中，由于摩托罗拉公司主要涉及通信标准必要专利以及移动终端，而谷歌公司主要是安卓操作系统，因此商务部考虑了安卓系统的免费、开源问题，谷歌公平对待终端制造商问题，摩托罗拉移动专利许可问题以及市场准入等多个市场因素。而在"微软收购诺基亚设备与服务"案中，由于微软公司涉及操作系统、游戏终端，诺基亚公司涉及移动终端和标准必要专利，因此商务部从终端、操作系统、标准必要专利几个市场出发，通过市场份额，对市场的控制力，集中行为对产量、区域、消费者等方面产生的限制，市场准入的难度进行了分析，尤其是合并后专利许可、标准必要专利的影响进行了分析。

可以看出，由于各种市场因素直观、易于获得且容易量化，在经营者集中的竞争评估中经常使用基于市场因素的评估方法。

（2）基于限制竞争效应的竞争评估

可以将各种集中形式所产生的限制竞争效应分为单边效应、协同效应和封锁效应。单边效应，是指集中导致参与集中的经营者之间失去竞争，使得集中后的经营者可以不考虑竞争对手的反应，而单方面从事排除、限制竞争的行为，包括抬高价格、降低产量、减少创新等。协同效应，是指集中导致市场上的竞争者数量减少，有利于竞争者之间进行信息交换或者意思联络，从而诱发联合排除、限制竞争行为。封锁效应，是指集中使得参与集中的经营者的实际或者潜在竞争对手在获取原材料或者客户方面受到限制，削弱竞争对手参与竞争的能力与激励，从而发生单方实施的反竞争行为。通过上述定义可以发现，单边效应最容易由横向集中引起，封锁效应最容易由纵向集中情况引起，而协同效应则是各种集中方式均需要考虑的情况。《反垄断法》第34条仅规定经营者集中具有或者可能具有排除、限制竞争效果，但没有从上述限制竞争的效应出发提供评估方法。《关于评估经营者集中竞争影响的暂行规定》第4条针对上述第34条进行了细化，规定了三种评估方法：评估经营者集中对竞争产生不利影响的可能性时，首先考察集中是否产生或加强了某一经营者单独排除、限制竞争的能力、动机及其可能性，即单边效应；当集中所涉及的相关市场中有少数几家经营者时，还应考察集中是否产生或加强了相关经营者共同排除、限制竞争的能力、动机及其可能性，即协同效应；当参与集中的经营者不属于同一相关市场的实际或潜在竞争者时，重点考察集中在上下游市场或关联市场是否具有或可能具有排除、限制竞争效果，即封锁效应。在"谷歌公司收购摩托罗拉公司"案中，两家公司并不是明确的竞争对手，谷歌公司提供安卓操作系统和搜索服务等，而摩托罗拉公司则是通信终端制造商以及通信标准必要专利权人，两者的集中更倾向于纵向集中。商务部指出：此项集中完成后，谷歌公司将同时拥有强大的软硬件开发和集成能力，借助其在移动智能终端市场的支配地位，谷歌公司有动机也有能力在专利许可中向相对方附加不合理的许可条件，这将对相关市场的竞争造成损害，并最终损害消费者的利益。可以看出，上述内容是基于集中行为可能对第三方产生的封锁效应所作的表述。"微软公司收购诺基亚案设备与服务"案与"谷歌公司收购摩托罗拉公司"案类似，也可以看到商务部从封锁效应的角度进行的表述。而"诺基亚公司收购阿尔卡特朗讯公司"案，由于两者均为通信设备制造商和通信标准必要专利权人，两者在通信市场主要是竞争关系，因此两者的集中属于横向集中，因此商务部公告中有如下表述：合并后诺基亚公司在4G通信标准必要专利的排名从第二位升至第一位；标准必要专利许可对移动终端和无线通信设备制造业至关重要，是下游企业进入市场的必要前提；通信标准必要专利权人，在该特定标准设置方面，具有对该标准使用的控制权，当这个标准构成进入障碍时，该权利持有人可以控制该标准相关的产品和服务市场；如果该权利持有人通过滥用其权利，从事排除、限制竞争的行为，如拒绝许可、过高收取许可费或进行歧视性许可等，都可能扭曲下游市场的有效竞争。很显然上述内容主要是基于集中行为可能对上下游产生的单边效应进行的表述。

由此可见，通过限制竞争效应的方式进行竞争评估可以直接感受到经营者集中对限制竞争的影响。

3. 经营者集中的救济措施

附加限制性条件作为经营者集中的救济措施，附加的限制性条件一般分为结构性条件、行为性条件和综合性条件三大类型。结构性条件涉及改变合并企业的产权配置，通过改变市场结构来应对合并交易对竞争产生的不良后果，很普遍的一种方式就是资产剥离；行为性条件涉及限制合并企业的产权，❶ 通过约束交易方或者第三方的行为来应对合并交易对竞争产生的不良后果；综合类条件则是两种兼而有之。

《国务院反垄断委员会关于知识产权领域的反垄断指南》中，针对结构性条件提出了指导性意见，针对行为性条件进行了具体的列举。其在结构性条件部分指出："经营者可以提出剥离知识产权或者知识产权所涉业务的限制性条件建议。经营者通常需确保知识产权受让方拥有必要的资源、能力并有意愿通过使用被剥离的知识产权或者从事所涉业务参与市场竞争。剥离应有效、可行、及时，以避免市场的竞争状况受到影响。"在行为性条件部分，则涉及以下内容：知识产权许可；保持知识产权相关业务的独立运营，相关业务应具备在一定期间内进行有效竞争的条件；对知识产权许可条件进行约束，包括要求经营者在实施专利许可

---

❶ 莫塔. 竞争政策：理论与实践［M］. 沈国华，译. 上海：上海财经大学出版社，2006：224.

时遵守公平、合理、无歧视义务，不进行搭售等，经营者通常需通过具体安排确保其遵守该义务；收取合理的许可使用费，经营者通常应详细说明许可费率的计算方法、许可费的支付方式、公平的谈判条件和机会等。具体到标准必要专利，《标准必要专利反垄断指引》指出：附加涉及标准必要专利的限制性条件，通常根据个案情况，针对经营者集中具有或者可能具有的排除、限制竞争效果，对限制性条件建议进行评估后确定，包括但不限于要求相关经营者剥离标准必要专利在内的相关资产、遵循公平合理无歧视原则进行许可、禁止搭售等行为和对标准必要专利受让人的行为进行必要约束等。即针对涉及标准必要专利的经营者集中时，需要具体案例具体分析。

在实际操作中，欧盟和美国更倾向于使用结构性条件作为救济手段。例如，在美国比较典型的案例是：2011 年 4 月，由微软、苹果、甲骨文和 EMC 四家公司联合成立的 CPTN 公司以 4.5 亿美元收购 Novell 公司的 882 项专利一案，CPTN 的成员之一 EMC 公司被要求放弃其中 30 多项专利的收购，且美国司法部对收购后 Novell 专利组合的后续分配问题保留继续调查和监督的权利。通过采取上述结构性限制条件，可以防止专利被过多的权利主体持有，导致专利许可谈判难度的增加或许可费用的提高，且反垄断执法机构可以根据不同专利持有人的不同动机和目的对其行为予以干预。❶ 当然这并不意味着美国完全不使用行为性条件，而是在于哪种方式更有利于对可能出现的反竞争行为进行规制，例如在"谷歌公司收购摩托罗拉公司"案中，出于并购后谷歌公司将获取大量标准必要专利，可能出现滥用禁令救济的情况，美国联邦贸易委员会要求谷歌公司所使用的禁令救济必须事先经过其严格审查。

我国结构性条件使用频率偏低，更倾向于使用行为性条件。在"诺基亚公司收购阿尔卡特朗讯公司股权"案中，考虑到并购双方均为传统的通信公司，掌握大量通信领域核心标准必要专利，并购后最有可能实施的垄断行为就是利用标准必要专利许可从事反竞争行为，因此商务部在公告中附加了三个行为性条件。该等行为性条件主要集中于标准必要专利许可，包括：集中后的诺基亚公司必须遵守其向标准化组织承诺的 FRAND 义务，按照 FRAND 条件向第三方实施标准必要专利许可；承诺将其标准必要专利转让第三方的情况下，第三方也将必须遵守并购当事人向标准化组织所作出的 FRAND 原则的声明；不得滥用禁令救济。而

---

❶ 李国海，张羽伦. 论适用于涉标准必要专利经营者集中的限制性条件 [J]. 竞争政策研究，2023（1）：18 – 27.

在"微软公司收购诺基亚公司设备和服务业务"案中，商务部在公告中还附加了不得高价许可的条件。

可以看出，涉及标准必要专利的经营者集中案件，各国所关注的主要在于集中后标准必要专利可能出现的各种滥用行为，因此通过附加限制性条件对上述滥用行为进行规制，避免反竞争行为的出现。

需要注意的是，随着经济全球化和新经济时代的到来，涉及标准必要专利的经营者集中成为我国反垄断执法关注的重点。无论是横向、纵向还是混合并购，都需考虑国际技术标准的开放性和标准必要专利所涉及的社会公共利益，因此应特别重视标准必要专利应在 FRAND 原则下实施许可的问题。

通过本章可以看到，标准必要专利的快速发展给反垄断审查带来挑战，因此需要发展与标准必要专利相适应的反垄断制度，扬长避短，在反垄断与保护竞争间找到平衡，通过对标准必要专利使用的合理规制，充分发挥标准必要专利促进科技创新服务于经济社会快速发展的优势。